On the Fringe of the Neoavantgarde
Ai confini della Neoavanguardia

Palermo 1963 - Los Angeles 2013

All rights reserved.

ISBN: 978-1-946328-00-7

AGINCOURT PRESS
P.O. Box 1039
Cooper Station
New York, NY 10003
www.agincourtpress.org

© 2017 by Agincourt Press

ON THE FRINGE OF THE NEOAVANTGARDE
AI CONFINI DELLA NEOAVANGUARDIA
PALERMO 1963 LOS ANGELES 2013

Edited by
Gianluca Rizzo

Agincourt Press
New York, 2017

Indice

7 Gianluca Rizzo
Introduzione

22 Francesco Muzzioli
La mappa e il movimento. Centri e margini del Gruppo 63

37 Adrian R. Duran
Operatic Neo-Avant-Gardism in Luigi Nono's Intolleranza 1960

51 Lindsay Caplan
The Electronic Brain/Il cervello elettronico: Algorithms in Italian Art of the early 1960s

69 Joel Calahan
Paraipotassi *and Narrative Structure in Sanguineti's* Capriccio italiano

84 Federica Santini
Colorless Green Ideas Sleep Furiously: *Notes on the* Novissimo *Alfredo Giuliani*

96 Lucia Re
"The Wary Meaning of the Word:" Reading and Translating Amelia Rosselli's Poetry

107 Paul Vangelisti
The Delirious Part of Speech

119 Guy Bennett
sign > word > text > page: translating giovanna sandri

130 Renato Barilli
Il Gruppo 63 e il postmoderno

143 Federico Milone
Due poeti sulla novissima frontiera: Nelo Risi e Sandro Sinigaglia

164 Luca Barbieri
Il fonodèrma lucido d'un adediretto

175 Beppe Cavatorta
E il romanzo?… Non pervenuto. *Parole 'color nostalgia' a proposito del romanzo neoavanguardista*

189 Gianluca Rizzo
Il Faust *della Neoavanguardia: Celli, Pagliarani e le riscritture di Goethe*

218 Mimmo Cangiano
Il chierico dietro la maschera. Il travestimento come ritorno della Storia nel teatro di Sanguineti

233 Luigi Ballerini
Di confini e margini, e frange (e di un centro di cui si può fare a meno)

Luca Barbieri e Luca Congedo (ensemble Dhau)
De-composizioni da Hilarotragoedia *di Giorgio Manganelli*
Disponibile all'indirizzo http://agincourtpress.org/fringe/

Gianluca Rizzo

Introduzione

Il 17 ottobre 2013 un gruppo di giovani (e meno giovani) studiosi e scrittori si è riunito a Los Angeles per ricordare un altro, ben più fatidico incontro che si era svolto cinquant'anni prima a Palermo, e per la precisione il 3 ottobre 1963, presso l'hotel Zagarella e la Sala Scarlatti del Conservatorio. L'appuntamento principale, in quell'inizio di autunno di cinquantatré anni fa, era per il Festival Internazionale della Nuova Musica, che ormai da diverso tempo portava in Sicilia i più aggiornati esperimenti musicali d'ambito europeo e mondiale. Una riflessione sulla letteratura contemporanea era sembrata agli organizzatori un'aggiunta ragionevole: ne sarebbe scaturita "l'avanguardia in vagone letto," per usare la spiritosa definizione di Umberto Eco.

Ma nonostante le comodità ferroviarie degli inizi, sembrerebbe che questa avanguardia non abbia alcuna intenzione di andarsene a dormire se, a distanza di mezzo secolo e diecimila chilometri, si continua a sentire il bisogno di discuterne. Ed è già questo il primo dato notevole della nostra manifestazione losangelena.

Per dare una direzione ai lavori, si era scelto di prendere come idea guida il confine. Da un luogo centrale (per la musica di ricerca) ma periferico (per la letteratura di consumo) come Palermo, a un altro luogo periferico (geograficamente, per la distanza che lo separa dall'Italia) eppure centralissimo (per il ruolo svolto nell'immaginario collettivo) come Los Angeles.

Questo il paragrafo descrittivo che era stato inviato ai partecipanti:

> This year marks the 50th anniversary of the first meeting of Gruppo 63. Poets, writers, artists, and performers assembled in Palermo, creating a venue for a national discussion on issues of aesthetics, and bringing the neo-avant-garde to the attention of the general public.
> Over the last fifty years, however, critics have elected to focus on a handful of authors, and only on a fraction of their works at that. As a result, one could say that the neo-avant-garde has been neutralized, turned into a museum art (*s'è fatto della neo-avanguardia un'arte da museo*).

The most recalcitrant experiments have been almost invariably brushed aside, labeled as intractable, and thus neglected. Yet, these are some of the most fruitful, vital, and useful texts produced by the neo-avant-garde. They are "minor," because of the authors who wrote them, the genre they belong to, the medium they use, or because they are lesser known works of artists famous for something else entirely.

Ed era su questi testi "minori" che ci si voleva soffermare: li si intendeva collocare all'interno del contesto che li aveva prodotti, tracciando tutti quei collegamenti utili a comprendere meglio il Gruppo nel suo insieme e ormai resi necessari dal passare degli anni e dalle inevitabili incrostazioni critiche. Per rendere la discussione più vivace, ed evitare il rischio, insito in tutti gli eventi organizzati attorno ad un anniversario, di dar semplicemente vita a una sterile celebrazione, si è cercato di includere punti di vista quanto più possibile diversi, che provenissero da differenti aree dell'accademia e dal mondo della ricerca artistica e letteraria. Gli incontri sono stati divisi in tre giornate, ripartite fra tre luoghi: l'Istituto Italiano di Cultura di Los Angeles, l'Otis College of Art and Design, e l'UCLA.

Questo volume raccoglie i risultati di quella conferenza, conservandone l'ordine nella successione degli interventi. Il lettore noterà le molte differenze formali fra i vari contributi e, si spera, le vorrà considerare come un punto di forza. Alcuni dei relatori hanno scelto di scrivere in inglese, altri in italiano; allo stesso modo, lo stile nelle annotazioni e nei riferimenti bibliografici riflette gli usi e le consuetudini di diverse tradizioni disciplinari. Posto davanti al compito di armonizzare questa piccola giungla, chi scrive ha deciso di agire da guardia forestale più che da giardiniere: invece di ridurre il tutto a una lingua uniforme, ad un progetto unitario, si è solo preoccupato della leggibilità; per restare nella metafora, ci si è limitati a manutenere i sentieri, piantando qua e là qualche cartello, con direzioni e distanze, mentre ci si è astenuti scrupolosamente dal delimitare aiuole e potare siepi.

Nel corso della preparazione di questo volume, in visita presso il Centro Manoscritti di Pavia, mi è capitato fra le mani un ritaglio di giornale che Germano Lombardi aveva messo da parte. Si tratta di un articolo pubblicato nel periodico *Successo*, del novembre 1963. Il trafiletto reca un'annotazione con la data e il nome della rivista, ma purtroppo, non ne indica l'autore. Ne riportiamo qui sotto alcuni stralci (riassumendo le parti meno interessanti), perché possono servire a farsi un'idea (per quanto faziosa) dell'atmosfera che si respirava a Palermo:

"LA SPEDIZIONE DEI '63 CONTRO I NIPOTINI DEL GATTOPARDO"

A Palermo si è svolto il primo convegno della letteratura italiana di avanguardia che, sotto l'etichetta di "Gruppo 63", ha riunito più di trenta fra giovani poeti, romanzieri e critici

Un ubriaco scamiciato che bestemmia in dialetto padovano contro la miseria, le corna, il governo, barcollando al centro del palcoscenico; sullo sfondo, a destra una balia che imbocca col cucchiaio un giovanotto travestito da lattante e issato su di un gigantesco seggiolone verde; a sinistra un signore azzimato che tenta continuamente di telefonare a un numero sempre occupato. "Quartetto su un motivo padovano" è il titolo della *pièce*, durata dieci minuti, scritta da Germano Lombardi e rappresentata la sera del 3 ottobre alla Sala Scarlatti di Palermo nel corso della serata dedicata al teatro degli scrittori del "Gruppo 63".

L'articolo si apre con una descrizione dello spettacolo teatrale organizzato alla Sala Scarlatti. È questo un dato che conferma la centralità del palcoscenico, tanto per la riflessione teorica quanto per la presenza mediatica (si direbbe nel linguaggio di oggi), del Gruppo 63. Questa dell'importanza del teatro è una questione che affronterò nel mio saggio, ma che riaffiora anche in un buon numero degli interventi qui raccolti. Il giornalista fa poi i nomi delle due compagnie teatrali coinvolte nella rappresentazione, con i loro rispettivi registi, e annota il maggior successo (relativo agli altri lavori in cartellone) degli atti unici di Lombardi e Giuliani. L'attenzione si sposta verso il pubblico:

> Nelle ultime file della platea sedevano, leggermente preoccupati i promotori dell'impresa: gli assessori della regione siciliana e i dirigenti dell'azienda del turismo: volgevano di tanto in tanto nervosamente lo sguardo verso i rappresentanti dell'élite palermitana, gli Alliata, i Lanza, i Paternò. Questi, anche se considerati tuttora nobili "gattopardiani", hanno reagito al modo giusto, secondo le aspettative dell'avanguardia: sono passati infatti attraverso i due stati, prima dell'irritazione e poi della curiosità.
> Alle due di notte il lunghissimo spettacolo era finalmente terminato, gli autori erano stanchi, gli attori sfiniti, ma il barone Francesco Agnello, dinamico organizzatore della settegiorni musico-letteraria, ha invitato Edoardo Sanguineti, Alberto Arbasino e Umberto Eco, le punte di diamante dell'équipe letteraria degli scrittori d'avanguardia, a palazzo Trabia, sede del Circolo dell'Unione, il più chiuso e aristocratico di Palermo. Qui, davanti a una tavola illuminata da candele e servita da camerieri in polpe, si è avuto un attimo di *suspence* quando la voce di un "novissimo" ha proposto per la sera seguente un "happening" nel *foyer* del Teatro Massimo, durante l'intervallo del più importante concerto del Festival: punto culminante sarebbe stato il rogo di una copia del "Gattopardo". Il gelo si è però sciolto alla domanda di un'avvenente signora che chiedeva con candore cosa fosse l'"happening". Il poeta Nanni Balestrini si è allora

impegnato in una esauriente spiegazione, illustrando come l'"happening", che trae le sue origini dai beatnik americani, sia un avvenimento non preordinato che assume il valore di opera d'arte.

Straordinaria questa descrizione dell'accoglienza riservata al Gruppo dalle "autorità" palermitane, divisa fra il disagio a teatro, la cena illuminata dai candelabri e servita da valletti in polpe, e il gelo all'idea di bruciare una copia del Gattopardo. E pensare che agli invitati di Los Angeles noi avevamo ammannito umilissimi *tacos*… e altro che camerieri in polpe: self service! L'articolista continua offrendo una descrizione dei lavori che si svolgevano durante l'incontro, accennando brevemente allo scambio di idee e di critiche che avveniva fra gli scrittori. Si identifica anche il gruppo dei collaboratori del Verri come il principale responsabile per l'organizzazione dell'evento. Ecco, più nei dettagli, gli orari tenuti dai partecipanti:

> Le giornate dei congressisti erano organizzate secondo un ritmo frenetico: nonostante le ore piccole causate dagli spettacoli musicali e teatrali della sera, ogni mattina i partecipanti si sedevano intorno a una lunga tavola allestita nel night-club dell'albergo e a turno leggevano poesie, brani di romanzo o di lavori teatrali, che venivano poi discussi collettivamente. Ci sono stati momenti emozionanti, l'atmosfera era quella degli esami di maturità, i professori della commissione erano di volta in volta Angelo Guglielmi, Renato Barilli, o Enrico Filippini. C'erano i primi della classe, che sono passati ad ali spiegate, come il poeta Elio Pagliarani, avvantaggiato anche da una dizione da primo attore, o come Francesco Leonetti, che ha presentato un brano del suo nuovo romanzo, da tutti lodato; mentre nessuno si aspettava di vedere uscire così malconcio Massimo Ferretti, vincitore quest'anno di un premio Viareggio, accusato da Sanguineti di "stile da complesso di inferiorità".

Lascia un po' interdetti l'atmosfera da esami di maturità che, ci si dice, aleggiava nel nightclub adibito a sala congressi, con Guglielmi, Barilli e Filippini in veste di professori della commissione. Altri resoconti dei lavori insistono su un ambiente al tempo stesso più democratico e più agguerrito, nel quale le critiche non si risparmiavano a nessuno, e a tutti i partecipanti era dato uguale diritto di parola. Forse una scelta d'immagine infelice da parte del giornalista? Di sicuro è deprimente il commento che si legge subito dopo su Carla Vasio:

> Buon successo ha riportato la poetessa Amelia Rosselli, e così anche l'altra componente femminile del gruppo, la romana Carla Vasio, la cui piattaforma elettorale è stata costituita, oltre che dai meriti letterari, anche dalla galanteria di Paolo Milano.

Poco credibile suona anche l'episodio riportato subito dopo, e che coinvolge gli scrittori della "scuola di Palermo":

> La sorpresa maggiore è stata però offerta da tre giovani autori siciliani, recentemente pubblicati da una Casa editrice milanese in un libro collettivo dal titolo "La scuola di Palermo"; si sono presentati al convegno con aria battagliera e hanno dichiarato: «Prima eravamo in tre, adesso siamo in sei, l'anno venturo saremo ancora di più e vi batteremo tutti».

Ricordiamo, infatti, che proprio Giuliani aveva scritto l'introduzione al volume di Feltrinelli (la "Casa editrice milanese" cui si accenna) che, di fatto, aveva costituito "la scuola di Palermo". In quell'occasione Giuliani aveva avuto parole decisamente incoraggianti per il lavoro dei colleghi palermitani.[1] Non è ben chiaro, infine, chi fossero i tre che si erano aggiunti a Perriera, Di Marco e Testa, a raddoppiare una così plateale dichiarazione di sdegno. Ma, continuando a leggere delle abitudini tenute dai conferenzieri, veniamo a sapere che:

> Alle due le riunioni avevano termine, ma proseguivano ai tavoli del ristorante con nuove energie, provocate spesso dall'apparizione di Alberto Moravia che si aggirava per la Conca d'Oro attentissimo alle mosse dei giovani rivali. Soprattutto durante le conferenze pubbliche del pomeriggio che il "Gruppo 63" aveva organizzato nella sala del Conservatorio, Moravia si è generosamente buttato nella mischia delle discussioni, impegnandosi in una lotta disperata con avversari incalzanti e ferratissimi. E un maligno aveva messo in circolazione la voce che fosse stato inviato in avanscoperta dagli scrittori della "vecchia guardia", decisi a organizzare l'anno venturo un loro festival a Ferrara, in un famoso giardino.

Impagabile l'immagine di Moravia che si aggira circospetto nei dintorni dell'hotel Zagarella, a sorvegliare una gioventù ostile e intenta a fargli le scarpe... anche qui credo che la fantasia del cronista abbia aggiunto un bel po' di colore alla realtà. Prima di chiudere, ci viene detto che questo incontro di Palermo "è stato soprattutto un convegno programmatico" e che ce ne saranno da vedere delle belle l'anno successivo, quando si prevede l'aggiunta di una grande mostra d'arte. Si insinua anche il dubbio, che poi resterà tipico di moltissima critica della neoavanguardia, che la prova vera della qualità degli scrittori si vedrà dalle opere, la cui esistenza si dà ancora per incerta. Ma ecco la scena con la quale il giornalista decide di congedarsi:

> Luciano Anceschi, l'eminenza grigia di questo possibile "nuovo corso" della letteratura italiana, l'unico critico più anziano a cui i giovani si sentano legati, ne era eviden-

temente convinto, e aveva uno strano sorriso dietro i rotondi occhiali da professore universitario, mentre a Punta Raisi saliva sull'aereo che lasciava l'isola dove le avanguardie sono di casa.

Non si capisce bene a chi fosse diretto o per quale motivo Anceschi avesse questo "strano sorriso" sulle labbra, e non si dice neppure come abbia fatto il giornalista a vederlo... che l'abbia immaginato? O forse ha pedinato il povero professore fin davanti allo sportello dell'aeroplano? D'innegabilmente effetto, però, la conclusione così escogitata. È difficile sfuggire a una fitta di nostalgia per un tempo in cui le questioni della letteratura venivano riportate sui rotocalchi popolari, ma si è presto confortati dal constatare la consueta prospettiva strapaesana di certo nostro giornalismo, che più gli anni passano più rimane uguale.

Va bene che Ezra Pound, nel suo *ABC of Reading*, scriveva: "Gloom and solemnity are entirely out of place in even the most rigorous study of an art originally intended to make glad the heart of man", ma qui si esagera! E, del resto, a noi che ci eravamo riuniti a Los Angeles non interessava per niente, come detto, una celebrazione solenne, ma piuttosto una discussione vivace sull'eredità della neo-avanguardia, e soprattutto sull'impatto che avevano lasciato quei suoi esperimenti più "recalcitranti", come scrivevamo nel paragrafo di invito. E gli interventi dei convenuti hanno tutti confermato questo nostro desiderio di confronto e di critica lontana dalla piaggeria celebrativa. Ecco una breve panoramica degli interventi qui raccolti.

Francesco Muzzioli ha fornito un'utilissima introduzione ai lavori della conferenza riflettendo sulla possibilità di tracciare una mappa della neo-avanguardia. Il suo intervento comincia con un riferimento a quella riprodotta in copertina della prima antologia del Gruppo 63, pubblicata da Feltrinelli nel 1964, e tracciata da Gastone Novelli. Dopo averne ipotizzate altre, il discorso si porta verso la costruzione di una mappa procedurale, che mostri i processi di cui si sono serviti gli scrittori nelle loro opere. Guardando alla poesia, Muzzioli individua come prima caratteristica una generale oscurità dello stile, che considera come una forma di contestazione della lingua omogenea e innocua propugnata dai mezzi di comunicazione di massa. Infatti la contestazione si può dire una delle modalità della poesia dei neo-avanguardisti. Una modalità che porta anche a contestare l'io tradizionale della lirica, una riduzione dell'io che avviene principalmente in due modi: il montaggio di materiali verbali eterogenei, e l'emergere di un inconscio che getta una luce inquietante sul reale, sul mondo che si sperimenta da svegli. A questo si aggiunge un impiego di strutture metriche irregolari, mentre un ultimo tratto in comune, condiviso da tutti i poeti neoavanguardisti, è l'ironia. Considerazioni simili si fanno per il romanzo: anche qui la dimensione onirica e quella dell'inconscio giocano un ruolo importante. Il romanzo sperimentale, che pur nella sua eterogeneità appartiene alla neo-avanguardia, si può definire anche nei termini di una resistenza estrema alla mercificazione di questo genere letterario: l'ultimo tentativo per tenerlo nella sfera di influenza delle arti e non lasciarlo andare irreparabilmente verso l'intrattenimento più smemorato e d'evasione. La caratteristica stilistica più ricorrente per combattere queste tendenze alla normalizzazione è l'interruzione, elevata a sistema e struttura portante. Muzzioli individua un tipo di frammentarietà seria e un altro tipo orientato sul comico, e fornisce numerosi esempi per ciascuno dei procedimenti impiegati dai diversi autori. A questo elemento si aggiunge poi la sperimentazione con i linguaggi bassi. Al lavoro fatto in poesia e teatro, conclude Muzzioli, andrebbe aggiunto quello fatto in sede critica e teorica: uno dei risultati più importanti sta nell'aver messo a fuoco problemi e idee che restano rivoluzionari ancora oggi. Da qui la necessità di studiare e riscoprire la neo-avanguardia, soprattutto in una società come la nostra, incline a "doparsi di *fiction* o di misticismo lirico".

Adrian Duran esplora l'opera di Luigi Nono intitolata *Intolleranza 1960*. Non solo la musica è importantissima per la neo-avanguardia (e basti ricordare, come abbiamo fatto più sopra, che l'incontro di Palermo avviene proprio a lato della Settimana Internazionale della Nuova Musica), ma questo lavoro di Nono, con un libretto scritto da Angelo Maria Ripellino e le scenografie di Josef Svoboda ed Emilio Vedova, è un esempio straordinario di quella trasversalità fra le diverse forme d'arte che è una delle caratteristiche distintive della neo-avanguardia. Duran usa quest'opera, e alcuni aneddoti legati alla sua prima rappresentazione, il 13 aprile 1961, come un banco di prova per il giudizio espresso da Peter Burger sulla neoavanguardia, nel suo volume *Theory of the Avant-Garde*. Per Duran, l'opera di Nono mostra come non siamo di fronte a una semplice e pedissequa rivisitazione delle avanguardie storiche, ma piuttosto alla continuazione di un discorso interrotto, dal Fascismo e dalla seconda guerra mondiale. La generazione di Nono e della neo-avanguardia, si sostiene nel saggio, porta a compimento le promesse implicite nella rottura avanguardistica con la tradizione, ricorrendo anche alle nuove tecnologie che si sono rese disponibili nel frattempo. La messa in scena di *Intolleranza 1960*, con l'innovativa macchina scenica inventata da Svoboda (e da lui chiamata *lanterna magika*), unita ai collage e alle pitture di Vedova, è, conclude Duran, un modo per riconciliare il formalismo dodecafonico con l'urgenza delle tematiche sociali.

Il saggio di **Lindsay Caplan** guarda agli inizi degli anni '60, e ai collegamenti che si possono instaurare fra le scoperte e le invenzioni in ambito informatico e gli esperimenti in arte e letteratura. Il documento sul quale concentra la sua analisi è l'*Almanacco Bompiani* del 1962; in particolare, è la metafora del "cervello elettronico" che guida la studiosa nella sua ricostruzione di quello che considera un cambiamento fondamentale: il passaggio da un tipo di autorialità ancora influenzata dal romanticismo, a un tipo di autorialità "diffusa" e quindi radicalmente nuova, resa possibile dall'introduzione dei computer e degli algoritmi. L'utilizzo di metodi stocastici per la composizione di opere d'arte, infatti, non è di per sé un indicatore di novità. Già le avanguardie storiche l'avevano codificato come uno dei loro principi operativi. La differenza sta nel fatto che tali principi non sono più messi al servizio dell'individualità dell'autore. Al contrario, attraverso una progressiva riduzione dell'io, che va dunque al di là della poesia e della letteratura, l'autore vede il proprio ruolo ridefinito e limitato a uno solo dei numerosi componenti che (spesso in collaborazione con le macchine) generano l'opera. Il risultato non è, come i critici spesso lamentano, un'abolizione del significato e una fine dell'espressione dell'autore. Piuttosto ci si trova di fronte a una nuova modalità, capace di esprimere significati radicalmente nuovi rispetto a quelli tradizionali. Caplan ne mostra gli esempi più illustrativi, rimanendo sempre fra le pagine dell'*Almanacco Bompiani*: le poesie di Balestrini, le opere visive di Giovanni Anceschi e Munari, e i saggi teorici di Eco e Pacifico.

Joel Calahan si occupa di uno scrittore situato solidamente al centro della neo-avanguardia, Edoardo Sanguineti, e si concentra sul suo romanzo sperimentale *Capriccio italiano*. Si parte da una dichiarazione teorica nella quale, dovendo descrivere la sintassi della neo-avanguardia (quello stesso procedimento stilistico che Giuliani aveva chiamato schizomorfismo), il poeta impiega il termine *paraipotassi*. Calahan ci spiega cosa intendesse di preciso Sanguineti, fornendoci esempi tratti dalla letteratura della tradizione; poi, utilizzando questo stesso concetto, ricostruisce la struttura di *Capriccio italiano*, individuando una serie di corrispondenze inedite e sorprendenti. Sanguineti usa la paraipotassi non solo per dare una forma al suo romanzo sperimentale, ma anche per esplorare quell'attività umanissima che è l'affabulare. Combinando un approccio retorico ad uno fondato sulla psicologia di Jung e le osservazioni di Hayden White, Calahan costruisce un'originalissima interpretazione del romanzo, rivelandone una dimensione di riflessione epistemologica rimasta, fino ad ora, in ombra.

Federica Santini mette in parallelo la poesia e gli scritti teorici di Giuliani, mostrando come nelle due forme di scrittura non si esprima semplicemente una coerenza di sensibilità e di poetica, ma si assista piuttosto a una simbiosi, grazie alla quale la poesia percorre quei sentieri che sarebbero altrimenti lasciati interrotti dalla teoria. Santini guarda alle due introduzioni scritte da Giuliani, per la prima e la seconda edizione dell'antologia novissima, pubblicate rispettivamente nel '61 e '65, e mostra come lo schizomorfismo e la riduzione dell'io portino a una nuova tipologia di realismo, che cerca allo stesso tempo di riflette una realtà frammenta e di proiettarvi nuovi significati. Giuliani persegue questi risultati attraverso un intenso lavorio linguistico, che diventa presto evidente nell'analisi rigorosa di alcune sue poesie. In ciascuna di esse l'io del poeta occupa una posizione subordinata rispetto alla lingua e, anzi, si costituisce spesso a partire dalla lingua, ribaltando il consueto rapporto di forza fra soggettività e linguaggio. Santini continua ricostruendo la fitta rete di riferimenti intertestuali intessuta da Giuliani, rivelando come quella che a prima vista molti critici hanno considerato una "ossessione per la metafisica" sia in realtà una forma di ironia propositiva, usata da Giuliani per ricaricare di energia e dare significati nuovi al linguaggio che utilizza.

Nel suo intervento **Lucia Re** inquadra la figura di Amelia Rosselli, poetessa di assoluto primo piano nel panorama italiano (ed europeo) del secondo Novecento, eppure sempre rimasta ai confini della scena culturale. Ed è proprio questa sua marginalità la ragione principale della sua rilevanza. Una marginalità che è in primo luogo linguistica: Rosselli costruisce il suo linguaggio poetico a partire da una interferenza e contaminazione deliberata fra italiano, francese e inglese. Quelli che la critica ha in un primo momento, e con frettolosa leggerezza, interpretato come lapsus, sono in realtà creazioni, neologismi, e trovate multilinguiste che intendono mettere in relazione non solo le tre lingue, ma anche le loro rispettive tradizioni letterarie. Re mostra come all'origine del linguaggio della Rosselli non ci sia quasi mai un semplice gusto ludico per la creazione di nuovi significanti, ma piuttosto una riflessione profonda sulla realtà politica e sociologica della letteratura europee. A questa marginalità linguistica e poetica se ne aggiunge una biografica: Rosselli è una delle pochissime (tre) donne invitate a partecipare alla riunione di Palermo, e dunque osserva e partecipa ai lavori da una posizione eccentrica. Allo stesso modo la sua storia personale e familiare, che l'aveva portata a vivere in Francia e in Inghilterra prima del trasferimento in Italia, l'allontana dagli altri membri del Gruppo, che negli anni '60 si entusiasmavano per i testi di Joyce, Eliot e Pound, da poco diventati disponibili in Italia, ma che Rosselli già conosceva intimamente. Un ultimo elemento è costituito dalla malattia mentale, che ha accompagnato la poetessa attraverso tutta la sua esistenza e che ha costituito spesso un motivo di marginalizzazione e semplificazione riduttiva del suo stile e della sua poetica. Re restituisce a Rosselli il posto che le spetta fra gli scrittori europei del secondo Novecento, mostrandola produttivamente al confine di diverse lingue e tradizioni letterarie: un esempio straordinario delle possibilità artistiche ed espressive ottenibili attraverso un'esplorazione consapevole dei limiti che separano codici linguistici diversi.

Paul Vangelisti ricorda i suoi scambi con Giulia Niccolai, con la quale, fin dagli anni del Mulino di Bazzano, ha collaborato a traduzioni di poesia fra italiano e inglese. Sia Vangelisti sia Niccolai, vivono al confine fra le due lingue, e da questa vicinanza traggono vitalità ed energia per le loro poesie. Per dimostrare quanto fosse importante questo rapporto con l'altro, ma poi, soprattutto, con la lingua dell'altro, Vangelisti include un suo testo, che risponde o, meglio, "corrisponde" a una poesia di Niccolai, al quale fa precedere una dettagliata descrizione delle circostanze che l'hanno generato, e dei principi seguiti per la sua composizione. In chiusura, Vangelisti offre alcune riflessioni su un altro testo di Niccolai, la serie di sonetti intitolata "Solitude", alla cui traduzione sta lavorando. Anche qui il rapporto fra le due lingue, l'italiano e l'inglese, costituisce il motore della poesia e la sfida più stimolante per il traduttore.

Guy Bennett concentra l'attenzione su un'altra figura vitalissima e di grande interesse, ma rimasta ai margini della neo-avanguardia: Giovanna Sandri. Anche in questo caso, il rapporto con la poetessa e con i suoi testi viene strutturato dal problema della traduzione. Le poesie di Sandri sono tanto "visive" quanto "lineari", e spesso generano significati dall'interferenza fra questi diversi piani di espressione. Si vede bene quante e quali siano le difficoltà da affrontare quando si voglia trasferire questi testi dall'italiano all'inglese. Bennett ripercorre, anche grazie alla sua corrispondenza con l'autrice, le vicende della traduzione di diverse poesie, mostrando, di volta in volta, le occasioni che l'atto di tradurre ha offerto alla creazione di varianti, momenti di originalità e incomprensioni proficue, così come a un migliore apprezzamento per l'originalità e le potenzialità espressive latenti in questi versi.

Renato Barilli ricostruisce le vicende storiche del Gruppo 63, partendo dalle origini, dalla figura di Luciano Anceschi, che ha creato le condizioni per la formazione del Gruppo e ne costituisce, in un certo senso, il padre spirituale. Avendo partecipato direttamente a tutta la storia della neo-avanguardia, ce ne offre un ricordo vivo e sfaccettato, presentando le forze in campo e le resistenze offerte dalla parte più tradizionalista del panorama letterario e culturale di allora. I rapporti con le avanguardie storiche vengono illustrati ricorrendo all'immagine del pantografo: la neo-avanguardia isola e ingrandisce (ma anche normalizza e diffonde su scala maggiore) le innovazioni radicali formulate dalle avanguardie storiche. Se quelle puntavano sull'intensità e la completa novità degli strumenti che si erano forgiate, la neo-avanguardia si occupa di raffinare l'uso di tali strumenti rendendoli disponibili a un pubblico molto più numeroso e vario. Barilli offre anche un interessante punto di vista sul collegamento fra neo-avanguardia e postmoderno, mostrando come molti di quelli che sarebbero stati i tratti salienti di quest'ultimo fossero già presenti (e non solo in germe) nel primo. Infine, parla dello scioglimento del gruppo, osservando come in quegli stessi anni la società italiana stesse attraversando profondissimi cambiamenti che, per forza di cose, avrebbero causato ripercussioni sul piano artistico e letterario. In conclusione del suo excursus storico, Barilli mostra come l'eredità del Gruppo abbia poi continuato a dare frutti, attraverso suoi recuperi e reincarnazioni, che hanno punteggiato gli ultimi cinquant'anni della storia letteraria italiana.

Federico Milone ci riporta più direttamente al tema del convegno, il confine della neo-avanguardia, che nel suo caso è la linea che separa Novissimi e Gruppo 63. Tradizionalmente, si è contrapposta la relativa coerenza (nonostante i diversi stili individuali) dei Novissimi, al più variegato e inclusivo Gruppo 63. Lo studio delle carte di Giuliani dimostra come questo discrimine sia in realtà molto più sfumato e problematico. Milone ricostruisce la genesi dell'antologia attraverso la corrispondenza fra Giuliani e gli altri protagonisti e compagni di viaggio di quegli anni. Vengono considerati gli elenchi dei poeti dei quali si discuteva l'inclusione, elenchi che si fanno via via più corti e selettivi. Si parla dell'aggiunta di Pagliarani, assente dai primi elenchi, e poi l'esclusione di Risi e Sinigaglia. Attraverso un'accuratissima analisi testuale, Milone mostra la contiguità di questi due ultimi poeti al resto della compagine novissima, e allo stesso tempo articola le ragioni per la loro esclusione, documentandole tanto nelle carte d'archivio quanto nelle caratteristiche stilistiche delle poesie vere e proprie.

Luca Barbieri e Luca Congedo compongono il duo DHAU. Attraverso la loro musica reinterpretano alcuni dei protagonisti della letteratura del Novecento. Per questo volume la loro attenzione si è concentrata sul Manganelli di *Hilarotragoedia*, a cui viene infusa nuova vita attraverso i suoni di Congedo e la voce di Barbieri che, in questo intervento, discute le direttive che il duo ha seguito per la sua trasposizione in musica. In particolare si mette in risalto la congruenza dell'operazione svolta con la stessa volontà del testo, che è disseminato di sottili notazioni e, alle volte, perfino pleateali indicazioni, di tipo musicale. L'intero universo, per Manganelli, scricchiola, urla e sconquassa durante il suo eterno precipitare, e a questa baraonda cosmica i due membri di DHAU hanno dato sostanza sonora, che è stata poi registrata e resa così disponibile ai lettori, che la potranno ascoltare scaricandola all'indirizzo http://agincourtpress.org/fringe/.

Beppe Cavatorta parte dalla constatazione di come, nonostante il mezzo secolo che ci separa dalla fondazione del Gruppo, persistano ancora diverse miopie critiche, la più tenace delle quali riguarda una presunta debolezza della sperimentazione in campo narrativo. Ed è proprio su questo che si concentra il suo intervento. Dopo una breve ricognizione dei testi apparsi in stampa fra il '61 e il '68, passa in rassegna le principali recenti pubblicazioni di critica su questo argomento. Indagando, poi, le ragioni delle incomprensioni ormai tradizionali, si scoprono, oltre alle difficoltà oggettive poste dai testi stessi, due fattori, riscontrabili all'interno della neo-avanguardia, che hanno favorito l'insorgere e il perpetrarsi dei pregiudizi: una condanna in blocco di tutta la narrativa del secondo dopoguerra, che ha impedito di individuare debiti e continuità fra l'area avanguardista e i contemporanei (per non dire degli immediati predecessori); e l'assunzione di *Capriccio italiano* di Sanguineti a modello della narrativa sperimentale, un modello che presto diventa quasi prescrittivo. Il saggio si chiude con l'auspicio che si cominci a includere nella discussione la grande varietà di scrittori e testi che hanno animato la narrativa degli anni '60.

Il mio saggio è dedicato al teatro della neo-avanguardia, un aspetto del Gruppo che è spesso trascurato dalla critica, e in particolare a due riscritture del *Faust* di Goethe, una di Celli e una di Pagliarani. Si parte da una rievocazione di quanto fosse importante il palcoscenico per la riflessione teorica e la prassi della scrittura di moltissimi degli autori della neo-avanguardia. Si passa, poi, ad analizzare ciascuno dei due testi, mostrandone le convergenze stilistiche ma, soprattutto, la comunanza di prospettive fra i due autori. Entrambi, infatti, criticano aspramente la presunta neutralità del linguaggio, e mostrano i rischi di uno sviluppo della scienza separato da una pratica coscienziosa della morale e della politica. La critica si estende poi all'idea stessa di rappresentazione neutrale: se ne mostra l'impossibilità e si denuncia la pericolosità di quanti si presentano come cultori di una verità empirica, assoluta, e data una volta per tutte. In conclusione, si offre una riflessione su come si possa meglio intendere l'esperienza della neo-avanguardia e i rapporti fra i suoi scrittori a patto che si decida di includere nella discussione il teatro e l'analisi dei testi scritti per la scena.

Partendo da una riflessione sui versi martelliani adoperati nella riscrittura de *L'amore delle tre melarance*, **Mimmo Cangiano** ricostruisce il senso della produzione teatrale di Sanguineti, della sua idea di travestimento, e mostra come il percorso teatrale segua da vicino la riflessione in ambito teorico, tanto da poter rilevare chiari parallelismi fra queste due direttive di ricerca. Il travestimento in teatro è un modo usato da Sanguineti per riattivare la possibilità di una ricomposizione della frattura fra parola e cosa. Si tratta di un realismo che ha per oggetto l'opera letteraria, e si propone di denunciarne il ruolo ideologico, che è poi l'unica vera realtà che si nasconde sotto le vicende e la lingua dei personaggi. Per poter sfuggire, però, alla maledizione della società dello spettacolo, che trasforma tutto in una rappresentazione e dunque smaterializza il reale e la storia, Sanguineti ricorre alla tecnica del travestimento. In questo modo si dà vita ad un sarcasmo propositivo in grado di superare l'*impasse* e il silenzio. Interessantissima è anche la notazione sul ruolo svolto dalle idee di Benjamin nello spiegare lo stretto rapporto che, per Sanguineti, unisce travestimento e traduzione (e, dunque, poi, recitazione a teatro).

Nell'intervento conclusivo (della conferenza come di questo volume), **Luigi Ballerini** ritorna all'idea che gli aveva dato il titolo, e cioè quella di confine e margine. Si comincia con uno sguardo agli scrittori rimasti alla periferia del Gruppo, per loro scelta o perché la cadenza dei loro passi non si accordava con il ritmo scandito dagli altri compagni di strada. Si passa poi a considerare quelli che, come Pagliarani, sono rimasti fedeli a sé stessi e così facendo sono progressivamente scivolati via dal centro, dal momento che il Gruppo andava via via assestandosi su posizioni meno battagliere, più concilianti nei confronti di una sensibilità *mainstream*. Ballerini continua esplorando i limiti temporali della neo-avanguardia, per poi considerare il gruppo dei redattori di *Officina*, anche loro al margine del gruppo, storicamente contigui ma profondamente diversi nello stile e nella poetica. La parte centrale del saggio viene dedicata alla discussione dell'eredità neo-avanguardistica, ricercandola non tanto negli scritti della critica (troppo spesso ideologizzati, prevenuti o semplicemente male informati), ma nei versi dei poeti stessi. Ci si concentra sugli scrittori che si erano tenuti lontani dal centro del Gruppo ma che, passata la bagarre, non hanno potuto fare a meno di prendere atto degli esperimenti che erano stati condotti e dei risultati nel frattempo ottenuti. Nonostante le numerosissime defezioni, i ripensamenti e i clamorosi tradimenti registrati nel corso dei decenni, Ballerini osserva un'ostinata permanenza dell'eredità della neo-avanguardia, il fiorire, negli ultimi decenni, di una sensibilità critica più pronta a cogliere il senso dei suoi sforzi sperimentali, e conclude puntando l'attenzione su Corrado Costa, poeta marginale e dei margini, "nel senso più proficuo del termine".

Nel licenziare questo volume colgo l'occasione per ringraziare ancora una volta tutti gli studiosi, le studiose, gli scrittori e le scrittrici i cui contributi sono qui raccolti. La mia gratitudine va anche al prof. Thomas Harrison e al Dipartimento di Italiano di UCLA, al dott. Alberto Di Mauro e all'Istituto Italiano di Cultura di Los Angeles, e al prof. Paul Vangelisti e all'Otis College of Art and Design, per avere offerto ospitalità e sostegno alla conferenza.

Note

[1] L'introduzione al volume *La scuola di Palermo*, Feltrinelli, 1963 viene pubblicata anche sul *Verri* n. 7, febbraio 1963, p. 27. Ricaviamo da quest'ultima fonte le citazioni che seguono, dalle pagine 29 e 35, rispettivamente: "La 'scuola' di Palermo è nata come un'operazione di verifica, tentativo di assumere il caos esteriore a modello interiore, fitto discutere insieme, sobbollire e schiumare il linguaggio per toglierne via moralismi, ideologie e spurie fatture di violenza"; "Quale sia il comune impegno dei nostri tre palermitani abbiamo cercato di dire in principio; le differenze e i difetti si coglieranno nella lettura diretta dei loro testi. Qualcuno preferirà l'uno o l'altro, qualcuno proverà interesse a confrontare i loro risultati e trarne un'immagine d'insieme. Noi pensiamo che sia un'immagine, tutto considerato, sorprendente, nuova e intensa. Senza questi tre ragazzi Palermo esisterebbe un po' meno, e la piazza dello Spasimo non prometterebbe di diventare quello che è apparsa a un viaggiatore occasionale, un pomeriggio d'inverno del 1963: un luogo 'figurale', una maceria da cui ci si solleva per vivere in uno spazio mentale diverso dall'antico".

PROGRAM

Thursday, October 17th at the Istituto Italiano di Cultura / Italian Cultural Institute

5 – 8 Welcome by Alberto Di Mauro, director of the Italian Cultural Institute
Opening remarks by Gianluca Rizzo, on behalf of the organizers

First Keynote Address:
Francesco Muzzioli (La Sapienza, Roma), "Le mappe e il movimento: Centri e margini del Gruppo 63"

DHAU (Luca Barbieri and Luca Congedo), "Elettrofonie e rifigurazioni temporali"
Reception

Friday, October 18th at OTIS College of Art and Design

10:00 Welcome and opening remarks by Paul Vangelisti, Otis College of Art and Design
10:15 – 11:45 Panel 1
Adrian Duran (University of Nebraska, Omaha), "Neo-Avant-Gardism in Luigi Nono's *Intolleranza 1960*"
Lindsay Caplan (CUNY), "'*Il cervello elettronico*': Algorithms in Italian Art of the early 1960s
Joel Calahan (University of Chicago), "Concealed Labor: The Grammar of Sanguineti's *Capriccio Italiano*"
Federica Santini (Kennesaw State University), "Green Ideas in the Dark: Notes on Giuliani's Syntax"

12:00 – 1:00 Nanni Balestrini joins us live from the Auditorium Parco della Musica in Rome, where he is hosting 63X50: *I poeti del Gruppo 63*

1:00 – 2:00 Lunch Break

2:15 – 3:30 Panel 2
Lucia Re (UCLA), "'The Wary Meaning of the Word': Translating Amelia Rosselli's Multilingual Poems"
Paul Vangelisti (Otis), "At Play Among Languages: Translating Giulia Niccolai's *Frisbees*"
Guy Bennet (Otis), "Sign > Word > Paper: the Poetry of Giovanna Sandri"

4:00 – 4:45 Second Keynote Address:
Renato Barilli (Università di Bologna), "Gruppo 63 and Post-modernism"

5:00 DHAU (Luca Barbieri, Luca Congedo), "Elettrofonie e rifigurazioni temporali"
5:45 Poetry reading
Reception

Saturday, October 19th at UCLA, Royce Hall, room 306

9:00 Coffee and Breakfast
9:30 Welcome remarks by Thomas Harrison, UCLA
9:45 – 11:00 Panel 3
Stefano Colangelo (Università di Bologna), "La ricerca metrica prima e dopo i Novissimi"
Federico Milone (Università di Pavia), "Due poeti sulla novissima frontiera: Nelo Risi e Sandro Sinigaglia"
Luca Barbieri, Luca Congedo, "De-comporre in nove tempi"

11:15 – 12:30 Panel 4
Beppe Cavatorta (University of Arizona, Tucson), "*E il romanzo? ... Non pervenuto*. Parole 'color nostalgia' a proposito del romanzo neoavanguardista"
Gianluca Rizzo (Colby College), "Il Faust della neo-avanguardia: Celli, Pagliarani e le riscritture di Goethe"
Mimmo Cangiano (Duke University), "La maschera del chierico. Il travestimento nel teatro di Sanguineti"

12:30 – 1:15 Closing Remarks:
Luigi Ballerini (UCLA), "Closing remarks: On Re-Opening Literature"

1:30 Lunch

2:00 Unveiling of *Preludio/Prelude*, a painting donated by artist Claudio Olivieri to the UCLA Italian Department

Visuals by Magdalo Mussio, *In pratica* (Roma: Lerici, 1968)

Francesco Muzzioli

La mappa e il movimento. Centri e margini del Gruppo 63

L'antologia che raccoglie i documenti iniziali del Gruppo 63[1] – finita di stampare nel mese di maggio del '64, ma il convegno fondativo come si sa si era tenuto a Palermo ai primi di ottobre dell'anno precedente (da cui il nome) – l'antologia dunque ha in copertina un elenco di nomi variamente circoscritti con tratti di matita. Il risvolto attribuisce il disegno a Gastone Novelli, ma – più che un elaborato artistico – parrebbe una tabella preparatoria degli interventi, di quelle che si stilano su foglietti provvisori di notes. Sembra, innanzitutto un modo per contare "quanti siamo", perché erano davvero tanti gli autori dell'area sperimentale convenuti in quell'occasione: la copertina nomina 43 partecipanti, 34 scrittori più i contributi critici; erano tanti – io dico: in Italia c'era la più numerosa avanguardia degli anni Sessanta! Ma proprio il numero elevato comporta la varietà e spinge a delineare una mappa. La grafica manuale della copertina non è sufficiente; pur contornando delle zone, risulta abbastanza casuale; ma per forza, era troppo presto per accorgersi delle linee interne. Il convegno di Palermo, però, mise già in luce alcune differenze, la tripartizione (classica per chi si occupa di Gruppo 63) tra Angelo Guglielmi, Barilli e Sanguineti. Un ventaglio si potrebbe dire destra-centro-sinistra, tra l'idea aideologica di Guglielmi e la politicità forte di Sanguineti, con Barilli e la sua ipotesi cognitiva nel mezzo. Ma, una volta passato l'éclat del fenomeno, a distanza di qualche tempo, c'era la possibilità di distinguere meglio. Personalmente, vent'anni dopo, in un libro dal titolo troppo lungo (cominciava *Teoria e critica della letteratura...*[2]) ho provato a organizzare le posizioni del gruppo in sei capitoli: la contestazione più politicizzata (sulla scorta del marxismo eretico, i Benjamin e gli Adorno); l'ala fenomenologica o fenomenica, vicina all'esistenzialismo radicale; l'aspetto logico-ludico o combinatorio, parallelo allo strutturalismo; la metaletterarietà e la valenza allegorica; il versante debitore alla psicoanalisi; la linea del comico. Ma già l'atmosfera letteraria italiana volgeva al postmoderno e gli avversari dell'avanguardia giocavano un ben altro gioco, non già di mappatura, ma di svuotamento dell'area sperimentale, togliendone di volta in volta questo o quell'autore che sembrasse recuperabile ai loro fini per dimostrare che le avanguardie non possono influire né in bene né in male sui grandi autori. Lo abbiamo sentito tante volte: Amelia Rosselli non ha niente a che vedere con Pagliarani, che è un grande poeta anche senza il gruppo, eccetera eccetera, tanto che alla fine par quasi che dentro non rimanga nessuno, o forse solo Balestrini, e a questo punto la cosa andrebbe a suo vanto (del resto, sul piano organizzativo, il suo ruolo è stato certamente decisivo nella *invenzione* del gruppo).

La prospettiva di questo convegno, di esplorare i "margini", va invece in senso contrario; vuole, cioè, recuperare proprio i minori – che magari tanto minori non sono – i nomi più trascurati dalle storie letterarie. La mappa quindi, che occorre tracciare, deve partire dal centro o dai centri (perché come vedremo, la neoavanguardia ha configurazione eminentemente plurale) per allargarsi poi il massimo possibile. Distinguendo provvisoriamente le aree della poesia e della narrativa, nella prima il centro è occupato, non c'è bisogno di dirlo, dai cinque *Novissimi*, Balestrini, Giuliani, Pagliarani, Porta e Sanguineti; un poco più esterni gli emiliani della rivista "Malebolge", i parasurrealisti Spatola e Costa; già ai margini del gruppo, Giuseppe Guglielmi, presente comunque nell'antologia fondativa; sempre nell'antologia figura Amelia Rosselli, che partecipò anche ad alcuni convegni; sul margine estremo, gli importanti sperimentatori che non fecero ufficialmente parte del Gruppo '63, ossia Edoardo Cacciatore, Emilio Villa, Toti Scialoja; a parte il Gruppo 70 con Pignotti e Miccini *in primis*, sorto alcuni mesi prima, in cui si attivarono le direzioni della poesia sonora e della poesia visiva, una tendenza multimediale da cui potremmo diramare altre linee verso la pittura e la musica (perché in quel momento l'avanguardia era decisamente interartistica). Poi nella mappa si dovrebbe mettere una freccia che rimandi alla poesia di Volponi, che esploderà più tardi, in *Con testo a fronte*: un esacerbato sperimentalismo *fuori tempo* – e del resto la mappa di un movimento deve essere per forza una *mappa in movimento*. Passando alla narrativa, al centro dovrebbero stare i nomi più noti, Arbasino, Malerba, Manganelli (quest'ultimo invero di difficile posizionamento). Ma intanto andrebbe segnalata l'area intermedia tra i generi, di commistione con la poesia: i romanzi dei poeti, Sanguineti, Balestrini, Porta e anche Giuliani e poi Spatola e Celli (altro parasurrealista). C'è poi una linea caratteristica di tipo fenomenico o fenomenologico, in concorrenza con l'École du regard francese, e vi troviamo Lombardi, la Vasio e la Niccolai. Mettiamo qui anche il dialogismo allucinato di Marmori (ne *Lo sproloquio*) e *Le donne matte* di Furio Colombo con la loro focalizzazione plurima. Si aggiungono, poi, per la quotidianità straniata, i giovani della "Scuola di Palermo", Perriera, Testa e Di Marco. Quest'ultimo, già nelle prime prove, vanta un piano metanarrativo in continuo contrappunto; e altri procedimenti metanarrativi sono in Filippini, in Massimo Ferretti, nella Ceresa. A parte collocherei nella mappa Leonetti (il più vicino alla neoavanguardia dei provenienti da "Officina") e anche Carmelo Bene (autore, nel periodo, di due testi narrativi di buon peso). Naturalmente è contemporaneo Pizzuto, ma se lo inseriamo allora bisogna diramare anche i collegamenti con gli sperimentatori collaterali (come il Calvino cosmicomico) e i grandi vecchi che si risvegliano (il Palazzeschi del *Doge*) o a quegli autori che comunque *risentono* della neoavanguardia, penso al Landolfi dei diari e addirittura Moravia e Pasolini.

La mappa, per tener dietro al movimento, dovrebbe inglobare gli autori emersi sul finire della attività del gruppo, la Vicinelli nella poesia, Celati e Vassalli nella narrativa (ma questi due si sono poi discostati e il secondo, in particolare, è diventato un "pentito" assolutamente furioso). Ma non basta: solo spulciando l'antologia fondativa ci sarebbero da recuperare e collocare Bruno, Del Buono, Falzoni, Gozzi, Gramigna, La Capria, Lucentini, Novak, Pedio, Ripellino, Tadini, Vivaldi. Una folta partecipazione, come già sottolineavo. Lasciamo però qualcosa da fare alle relazioni del convegno e ai futuri ricercatori. Mi interessa di più, adesso, bypassare gli individui e gli elenchi di nomi per costruire un altro tipo di mappa, più prettamente procedurale. Una indicazione, per quanto schematica, dei procedimenti praticati nell'area sperimentale, per arrivare infine a distinguere i punti cruciali per i quali è importante oggi ristudiare quel decennio ormai lontano circa un mezzo secolo. In ossequio al tema del convegno e proprio per mostrare la validità degli apparentemente minori, darò il privilegio nelle citazioni agli autori meno noti.

Si può partire dall'obiezione usuale, rivolta ai testi dell'avanguardia: non si capiscono, sono illeggibili. Certo, quando ci si trova di fronte all'incipit del *Laborintus* di Sanguineti, «Composte terre in strutturali complessioni sono Palus Putredinis»[3], o quando si incontra il titolo di Giuliani *Azzurro pari venerdì*[4] è logico interrogarsi su che cosa siano quelle "complessioni" che degradano in campi palustri forse lunari oppure come mai il risultato della roulette dia un colore diverso dal rouge-e-noir e al posto del numero porti un giorno della settimana. C'è, se non oscurità, sicuramente difficoltà. O meglio, diventa necessaria una domanda sul senso. Però, la difficoltà non è affatto, come nell'ermetismo, di tipo oracolare; nemmeno si tratta solo dell'aristocratico élitario distacco dalla incomprensione di massa. Il dibattito teorico ci avverte che invece c'è contestazione. Ma contestazione di cosa? La prima domanda che sorge di fronte a quegli strani enunciati è: dove è il poeta? Ecco, il nodo da cui partire è la "riduzione dell'io", un punto programmatico evidenziato fin dalla introduzione ai Novissimi, scritta da Giuliani (che la associava a una versificazione «priva di edonismo, libera» da ogni «ambizione pseudorituale»[5]). Questo punto marca una distanza incolmabile verso il senso comune lirico-poetico che ritiene la poesia una espressione del privato personale, costituita attorno alla triade io-vissuto-natura; l'attenzione si sposta sull'oggetto linguistico, anzi bisognerebbe dire l'ordigno linguistico. Il testo diventa una composizione dove è importante la struttura, per quanto anche la provenienza e la sostanza dei materiali non sia indifferente, anzi è decisiva per la strutturazione stessa. Mi spiego meglio: il principio del montaggio è fondamentale per tutti i Novissimi (e Sanguineti dirà, ancora più in generale che "il montaggio è il Novecento"[6]). Tuttavia, in Balestrini il montaggio è brutale, i brandelli linguistici possono essere ritagliati a piacere (persino nel bel mezzo di una parola), e hanno l'aria di provenire dalle zone più banali della comunicazione – questo ha un preciso senso, ancorché contraddittorio: da un lato, scombinare l'alienazione linguistica per sprigionare da ciò che è scontato nuovi significati grazie agli accostamenti casuali; dall'altro lato, sottolineare l'impersonalità alienata della macchina linguistica che ci possiede. In Pagliarani, (in particolare in *Lezione di fisica*) l'io problematico è soltanto uno dei registri che stridono uno contro l'altro in un insieme eterogeneo, in cui il privato che si impenna in «umori» e «rancori» si alterna al pubblico socio-economico delle "vicende dell'oro" e dell'incubo della bomba. Mentre Balestrini predilige la scomparsa dell'io, occorre notare un versante della ricerca che oltrepassa l'io dalla parte opposta, nella sua essenza non riconosciuta: i materiali, allora, sono quelli dell'inconscio, così nel pionieristico *Laborintus* di Sanguineti e nel suo altrettanto pionieristico testo narrativo *Capriccio italiano*, come in Antonio Porta, dove proliferano crudeltà e animalità («Quel cervo la vigile fronte penetrata nei dintorni / nel vasto prato rotondamente galoppando / s'avviò; a volo le lunghe erbe / da ogni parte afferrava finché l'erba / Cicuta lo pietrificò. (…) / L'uccello il folto / dei cespugli obliò, un lunghissimo verme / succhiò dalle zolle: due amici monelli / appostati gli occhi riuscirono a forargli / sulla gola inchiodandogli la preda dal becco / metà dentro e metà fuori», *Vegetali, animali*[7]).. È certamente il portato della psicoanalisi e la scelta di un "ritorno del rimosso" che sia anche – per usare la formula di Orlando – un "ritorno del represso". C'è anche un aggancio alla più agguerrita delle avanguardie storiche, il surrealismo (e su questo versante anche qualche punto di contatto con la *beat generation*); tuttavia proprio dal gruppo emiliano che si attribuisce la sigla del "parasurrealismo" è chiaro che l'emersione del profondo è sorvegliata, calcolata e messa a confronto con le resistenze sociali, soprattutto la falsa promessa consumistica della soddisfazione del desiderio. Nella antologia fondativa Adriano Spatola (il principale dei parasurrealisti) pubblica *Il boomerang* proprio ad indicare che la suadente seduzione nasconde il degrado ambientale e la omologazione sociale; le pulsioni sono liberate sì, ma per essere volte al consumo, altrettanto la creatività delle immagini e la loro libera metamorfosi si volge in invettiva, nell'ultima strofa:

> ah! Quello che scava nella strada, trapano nel dente
>
> e proprio dentro il buco del dente si posa la nicotina
>
> secrezioni benzoliche, sudori metaniferi
>
> e sotto l'epidermide s'annida l'arabesco dei rami che al profondo pompano pus, rivoltano le scorie di petrolio conciato – gas di scappamento che colorano il sangue
>
> cristo! Voglio proprio vederli galleggiare, sull'acqua anguilliforme della piscina: sputi, carogne: mentre mi si spezza[8]

Per una metafora felice, l'acqua «anguilliforme» che allude al muoversi della superficie, c'è l'insinuarsi nell'artificiale nel naturale, il degrado, la corruzione borghese, per arrivare infine allo spezzarsi del discorso.

L'emersione dell'inconscio comporta, per forza di cose, la rottura delle strutture ordinate del verso, produce un verso lungo, assolutamente irregolare, torrenziale. All'ordine perduto (della metrica e della rima) si sostituisce una struttura ottenuta con i rimandi delle ripetizioni. Tra i margini del Gruppo '63 andrebbero riletti gli *Esercizi di scrittura* di Cesare Vivaldi, datati all'inizio degli anni Sessanta. Ma vorrei portare l'esempio di una poetessa molto nota, Amelia Rosselli e delle sue *Variazioni belliche* che costituiscono, comunque si voglia collocare questa autrice, il suo testo più sperimentale. E in Amelia è chiaro che la strutturazione, dovuta ai parallelismi sintattici, è nello stesso tempo una destrutturazione, in quanto il suo testo mostra una instabilità insuperabile, dove qualsiasi spunto positivo si rovescia quasi subito nel negativo. Per esigenza di spazio, riporto uno dei brani più brevi:

Per il parolaio ch'io fui domando d'esser viva. Nel parolaio
che vive domando d'esser iscritta. Nel parolaio che muore
muore la noia. Tu sarai innocente sì: ma l'alba ha un tiro
a segno più forte.[9] (213)

Saltando il problema di stabilire se e quanto questo testo sia automatico e quanto sia spontaneo lo sperimentalismo della Rosselli, faccio notare la replica della struttura sintattica e il movimento della figura retorica dell'anadiplosi (ripetizione fine-inizio), tuttavia abitate in modo non conseguente e non logico, anzi in contro-senso; come tale anche l'ultima mossa condotta con una avversativa la cui opposizione non è di immediata decodifica (a meno che il tiro-a-segno dell'alba non sia il sole e allora, di fronte al cosmo, l'innocenza del singolo sparisce).

L'impegno della poesia neoavanguardistica è dunque, in primo luogo un impegno costruttivo-linguistico. Tuttavia, come ho accennato per Pagliarani, nella organizzazione del montaggio è possibile e anche opportuno che si intromettano temi sociali e politici. Niente infatti è più adatto a fare contrasto con il linguaggio della poesia tendente all'intimismo e alla sublimazione. E l'elemento *prosaico* ha una portata dirompente. Oltre che Pagliarani e la sua «tradizione anarchica», citerei qui Giuseppe Guglielmi e in particolare il testo da lui presentato nella antologia fondativa, intitolato *La coscienza infelice*. È un testo che espone una profonda coscienza filosofica (il titolo stesso si ispira a Hegel) sulla sostanza ideologica del linguaggio. Nulla sfugge al capitale, il linguaggio è un lavoro, come diceva in quel periodo un semiologo come Rossi-Landi. Il finale del testo, più che il montaggio, utilizza lo slittamento: il tema dell'amore, tipico di tutta la tradizione poetica, scivola inopinatamente nel tema della volgare produzione, attraverso una visuale cinica che però vuole servire a risvegliare e a distruggere i paraocchi del sentimentalismo idealista. Dice dunque Guglielmi:

nessun fuoco nessun carbone possono bruciare più lavoro
del fuoco o del carbone dell'amore nella sua nerezza
dimmela questa negritudo
due operai ne compiono sulla stessa macchina a turno
di lavoro assai più di uno
con otto ore di più alla macchina si dà doppio lavoro sulla donna oggetto anche
otto uomini un'ora ciascuno ne fanno di prestazioni
sull'essenza soggettiva dell'amore
l'amore dall'una all'altra camera nuziale
la donna oggetto come attività riflessa
mezzo di riproduzione

> come soggetto di lavoro persona d'uso compie lavoro
> è la proprietà dell'amplesso non l'amore
> la sua estraneazione
> il gran coito numinoso del dio dell'oro
> la mercificazione nostra la più totale
> che costringe i contrari a baciarsi.[10] (36)

In sorda e aspra polemica, quindi, contro la mercificazione universale che tocca anche il privato più intimo, e perciò la lingua stessa («la mia lingua che l'impingua il capitale», dice un altro brano di Guglielmi).

Un'altra soluzione diffusa nella neoavanguardia è quella dell'ironia. Situazioni paradossali come in Corrado Costa e Giulia Niccolai, ma anche tecnica di montaggio che accosta lacerti incompatibili o che cita ironicamente i materiali del linguaggio delle comunicazioni di massa. In questo versante opera la tendenza parallela dell'arte tecnologica (il Gruppo 70) e in particolare Pignotti: frequenti le sue opere visive che aggiungono fumetti a immagini stereotipate come i francobolli o le opere d'arte o le foto di moda, anche. Le operazioni dei verbovisivi andranno avanti al di là del decennio, risultando una forma di resistenza dell'avanguardia anche nel periodo successivo di riflusso. Tra i testi di Pignotti inseriti nell'antologia fondativa del Gruppo 63, citerei da un testo "lineare" questa breve sequenza di *Vita zero* (la numero 15):

> Se la commissione
> avesse la cortesia di ricordare con me
> taluni fatti caratteristici
> sui quali desidererei portare la sua attenzione
> tenendo anche presente che sono a dieta
> e ho quadri astratti alle pareti.[11] (299)

In questo caso lo straniamento deriva dall'impostazione burocratica della frase (che viene messa in mostra, sottolineata mediante una certa ironia) e la conclusione nelle pezze d'appoggio impreviste e fuori luogo.

Passando alla narrativa, ovvero al romanzo sperimentale, cui venne dedicato uno specifico convegno nel 1965, anche qui la posizione dell'enunciazione si fa decisamente problematica. Sanguineti *docet* anche in questo settore: in *Capriccio italiano* (1963) la scelta dell'onirismo rende precaria qualsiasi identità, sia dell'io che dei personaggi che dell'ambiente, sottoposto a metamorfosi; *Il giuoco dell'oca* (che cade nel 1967, a un passo dagli anni più caldi) si apre con il posizionamento dell'io nel luogo meno indicato che ci sia, ossia «dentro la mia grande bara». Anche nei "parasurrealisti" – dato il loro ascendente – la scena non è facile a rimanere stabile. Un aspetto molto interessante sia ne *L'oblò* di Spatola (1964) che ne *Il parafossile* di Celli (1967) è lo slittamento del personaggio nelle scene di guerra o di tortura nelle vesti del nemico oppure da vittima a carnefice, per significare il gioco delle parti e la difficoltà di fissare la storia in un manicheismo assoluto.

Qui ci inoltriamo in una problematica importante, per due ordini di motivi: il primo è che le avanguardie storiche avevano un po' glissato sulla narrativa o non facendosi troppi scrupoli (il Futurismo) oppure sostituendola con la testimonianza autobiografica (il Surrealismo), ed era quindi venuto il momento di affrontare una possibile alternativa portando alle estreme conseguenze e alla massima consapevolezza critica le indicazioni del Novecento più avanzato degli sperimentatori isolati (Kafka, Musil, Joyce, Gadda, Beckett); il secondo punto è che si avvicinava l'epoca in cui il romanzo sarebbe rimasto l'unico genere sussunto dall'industria culturale, un dominio che avrebbe pagato caro con la riduzione a *fiction*, o, se si vuole, a postletteratura. La stagione del romanzo sperimentale è dunque un tentativo rigoroso ed estremo di praticare l'avanguardia in narrativa, andando controcorrente con una scrittura labirintica, plurilinguistica, polilogica a più registri, ibrida e non-organica. La cifra è quella della frammentarietà: soprattutto i romanzi scritti dai poeti (sono dunque i poeti a dover salvare il romanzo dalla sua incombente banalizzazione?), l'organizzazione per "lasse", brani dell'ampiezza attorno a una pagina, rende l'interruzione il procedimento principale. Non è detto che si debba arrivare all'atomizzazione completa del narrato, come nel *Tristano* di Balestrini (1966: il titolo rievocava il capostipite della narrativa occidentale per contrapporgli, all'altro capo, il cataclisma finale), dove il montaggio casuale produce il completo disordine, con controsensi del tipo: «Si vedevano soltanto la testa e le spalle. Non si vedeva la testa»[12] (7). Per altro l'autore, grazie ai progressi del computer, ha ristampato il suo libro ricombinandolo in tante versioni diverse, ma ugualmente caotiche. Non è così in Sanguineti, il cui *Capriccio* è percorso da alcuni fili e trova un esito e neppure in Porta (*Partita*, 1967), per quanto le sue unità narrative siano raramente chiuse dal punto.

C'è certamente una difficoltà della lettura. Ma questa non è semplicemente dovuta alla provocazione verso il lettore ingenuo, pur essendone effettivamente vanificate le voglie di identificarsi e di rivivere la storia. Né semplicemente si tratta di comunicare al "romanzo borghese" il suo atto di morte. I procedimenti di rottura hanno anche un aspetto costruttivo e in tal senso potremmo suddividere due versanti, uno serio e uno comico. Sul versante serio, la frammentarietà non è altro che il modo della vita moderna che la narrazione si prova a cogliere levando tutte le sovrastrutture ideologiche che tengono insieme la cosiddetta realtà. Si deve partire dal dato percettivo puro e semplice. In questa dimensione fenomenica, come già accennavo, troviamo Germano Lombardi, Carla Vasio e Giulia Niccolai. La narrazione procede con l'elementare gesto di porre: "c'è", "c'era"; oppure "si vede", "si vedeva". La scelta del presente rende l'operazione ancora più viva, sebbene evidentemente paradossale (non si può narrare e vivere contemporaneamente), in presa diretta. La descrizione è molto precisa, come vediamo in questo breve passaggio de *Il grande angolo* (1966) della Niccolai, dove il *regard* è quello della macchina fotografica, ma anche l'udito è all'erta:

> Sente i fischi del jet, le due note di xilofono che precedono gli annunci dei voli e la voce dell'annunciatrice in italiano e in inglese. Vede i quattro gruppi di altoparlanti sistemati sopra le porte nella facciata lunga e bassa. Ogni gruppo è formato da tre trombe esponenziali rivolte in tre direzioni diverse, e la voce dell'annunciatrice si propaga per un chilometro verso i tre lati d'accesso dell'aeroporto.[13] (48)

La prospettiva esterna riduce l'esplorazione dell'interiorità dei personaggi: e questo indica lo svuotamento provocato dall'alienazione. Per quanto, in tutti e tre gli autori, i piani temporali slittino prima o poi verso il passato, i ricordi inseriti non riempiono il vuoto, né indicano la sua causa nel vissuto precedente. Piuttosto l'abrasione delle rassicurazioni del senso e del ruolo sociali, fa sì che alla visuale percettiva si associ un quanto di ribellione alla norma. Ne è buon esempio *L'orizzonte* della Vasio (1966), dove a una parte in cui il personaggio in attesa fa da ricettore dei segnali del mondo esterno, segue la parte della festa grottesca in cui a un certo punto cadono le maschere, con un gesto di protesta che è già femminista:

> Guardandomi allo specchio ai piedi della scala, delicatamente mi stacco dal viso la maschera, come si sguscia una pelle consumata e morta da quella che sotto si è già rinnovata, che vive e respira sulla forma di un viso singolare, mobile nelle espressioni, capace di reazioni dissonanti (...). Mi passo le dita sul naso sulle guance sulla fronte sul mento: riconosco questi nuovi lineamenti che riappaiono alla luce dopo tanta mistificazione.[14] (117-118)

Dal canto suo, *Barcelona* di Germano Lombardi (1963), nel mentre ci descrive un antieroe in crisi esistenziale, che oscilla precariamente tra il letto e il bar, lo mette poi sul treno verso la Spagna per compiere un attentato anarchico contro un truce generale franchista. Un personaggio in dissesto, tanto che una descrizione dettagliata tocca persino al suo vomito («un grumo compatto di bile verde si era condensato sul fondo, al lato del buco di scarico»[15]), ma che tuttavia rimane irriducibile alle sirene della standardizzazione. Vicenda personale e questione politica si intrecciano anche nel romanzo-saggio di Leonetti *L'incompleto* (1964).

Secondo versante, il comico, che contiene pure elementi propositivi: è un genere tenuto in subordine dalla tradizione, quindi rappresenta una tendenza anticlassica; si basa sul corpo e la reazione fisica, quindi è alternativo alle consolazioni sentimentali. Il comico vero e proprio è portato avanti da Malerba, nei suoi capolavori degli anni Sessanta, *Il serpente* (1966) e *Salto mortale* (1968); più avanti da Celati (*Comiche*, 1971). Ma si intrufola spesso; la narrazione può prendere spinta proprio dai giochi di parole, come *Il giovane Max* di Giuliani (1971) del tipo: «Semicupio dissolvi», «Con l'afa che fa a Faenza», «Cadde giù nel bel mezzo della prima sinfonia: s'è sentita Mahler, solo che avendo l'erre un po' moscia è svenuta»[16]; ma anche Carmelo Bene va forte a motti di spirito: «La gente come noi si coniuga, non si declina»[17] (*Nostra Signora dei Turchi*, 1966), «Che cos'è un partito? È una voce del verbo partire»[18] (*Credito italiano*, 1967). I narratori sperimentali che si sono maggiormente affermati hanno tutti qualche sfumatura di comico: Arbasino ha un aspetto satirico (*La narcisata e la controra*, 1964), ironico nel grande romanzo-saggio *Fratelli d'Italia* (1963, poi rielaborato più volte), parodico forse al massimo nel *Super-Eliogabalo* (1969), dove l'impero romano viene attualizzato in modo irriverente e sgangherato, stile Las Vegas. Anche Manganelli, con la sua iper-retorica, non è lontano dal regime della parodia, in quanto disperde e dissemina i grandi linguaggi della tradizione e non a caso intitola il suo primo libro a un genere misto (*Hilarotragoedia*, 1964). Merita però di essere riletto attentamente un curioso testo, *Il gazzarra* di Massimo Ferretti. Dismessa ogni depressione esistenziale, qui l'autore lancia i suoi "indiani" lungo una serie sempre cangiante di procedimenti narrativi, di una estrema vitalità, secondo un principio di eterogeneità incomponibile e di confusione premeditata (ecco il grido di guerra: «Gazzarra!»): dagli aspetti grafici (scrittura a mano, disegni), al dialogato dell'assurdo («Le nove e un quarto quando la valigia è vuota," dico. "Ma la formula è sempre: spiragli e otto e dieci"»), le filastrocche, gli indovinelli osceni, le affermazioni teoriche («Comunque c'è: in Italia: un nuovo romanzo»), gli elenchi al posto delle descrizioni, i brani guidati dalle associazioni sonore, come questo:

(...) andando giù: verso la porta con la tenda. Verso la tenda della porta. Verso la tenda corta. Verso la porta morta. Verso la torta. Verso la sporta. La sporta corta che porta la torta morta sotto la porta. Sotto il letto, sotto il cielo, sotto il tavolo, sotto la pioggia, sotto il cavolo, sotto il balcone, sotto l'albero, sotto la panca, sotto il sole, sotto i piedi, sotto terra, sotto il terrazzo. Perpendicolare al palazzo.[19] (140)

Una beffa al Senso con la maiuscola che arriva al gran finale dove parlano tutti, insieme ai personaggi, anche persone reali come Zavattini, Leonetti, Pound, e molti altri, in sconclusionata polifonia proliferante. Quanto agli indiani – per dare un rapidissimo sguardo ai territori limitrofi – ci sarebbe poco più avanti quel romanzo superbamente pasticciato e pasticcione che è *I due allegri indiani* di Wilcock (1973). E gli indiani sono un indice anti-occidentale evidentissimo.

Poi, il versante del *pastiche* ironico-parodico dovrebbe comprendere anche il finto metalinguaggio, ovvero la ripresa del linguaggio del trattato e del commento. Maestro è Manganelli che, dopo il discorso verbigerante sulla "virtù discenditiva" in *Hilarotragedia*, propone in *Nuovo commento* (1969) un lavoro di note e di note su note che cresce su se stesso. Ma non va dimenticata Alice Ceresa e il suo raziocinante sermone elaborato su *La figlia prodiga* (1967: «Essendovi infatti stato un figliol prodigo, non si vede a prima vista perché non dovrebbe esservi pure una figlia prodiga»[20], ecc. ecc.). E si apre il capitolo metanarrativo, in cui il romanzo sperimentale si dimostra particolarmente ricco in criticità e coscienza della finzione. Esemplare la scrittura ipotetica di Manganelli e di Malerba (l'enunciazione del *Salto mortale*, divisa tra due voci narranti in diverbio: una mette e l'altra leva), ma vorrei soffermarmi in questa circostanza sui casi di Filippini e Di Marco. Enrico Filippini in *Settembre* (datato 1961) si mette a raccontare un romanzo da fare ponendo giù la sua prima frase e poi avanzando riserve («te lo racconto, ma malvolentieri», «il mio personaggio non mi piace» e così via, fino a finire con una smentita). Nell'antologia fondativa Filippini pubblica la parte inziale di *In negativo*, un testo "eventuale", scritto rigorosamente con i tempi al condizionale, seguendo la mera *possibilità*; ad esempio:

> E sempre riassumendo: a questo punto ci sarebbero state due o più o nessuna possibilità. Dopo aver riso: dopo aver balbettato e dopo aver pagato lui si sarebbe mosso da dentro quel dentro e l'avrebbe trascinata e accompagnata fuori per le strade che pressappoco erano le stesse che lei aveva percorso ma che adesso lei non percepiva più perché le percepiva lui.[21] (129)

Roberto Di Marco, scrittore di forte tessuto teorico (anche Filippini, del resto), in *Fughe* (1966) si basa su un quartetto di personaggi, due coppie e i loro rapporti che si allacciano e si slaccciano continuamente, in un luogo ai confini della favola («locanda malfamata», trasformata verso la metà in grattacielo). Il problema è come fuggire da un luogo chiuso che è anche quello della narrazione stessa. Lo scrittore sembra basarsi su una fantasticheria elementare, però la sottopone passo dopo passo a tutta una serie di interrogazioni che la rallentano e la svuotano, inserendo per di più in parallelo il controcanto della riflessione. Vedere questo brano:

> Ed era quasi l'alba e c'era un fracasso indiavolato nella cameretta attigua dove alloggiava la Giustina la quale ha fatto la sua parte sotto il vigile occhio di Masin Mercoledisanto: ma ora che egli non c'è più cosa significa questa parola? (…) bisogna rassegnarsi a questo stato di cose? Cosa può mettere un freno a questo andazzo? E poi c'è il problema dell'acqua che si fa scarsa, dell'aria che risulta troppo spesso irrespirabile. Ma la scomparsa di Masin al freddo intenso (forse un modo di intendere la vita) ha gettato nell'angoscia la Giustina? sepolte in mare le attese? lei, persa ogni speranza, non si sentiva bene, camminava in modo strano.[22] (144)

E anche questo, sul finire, dove l'operazione viene spiegata al popolo, in corsivo:

> *E cosicché io non dico ciò che immagino come se descrivessi ciò che vedo o a cui assisto: tutto questo di fronte al cielo lo sappiamo è una prigione – ma io in realtà mi interrogo soltanto su ciò che esattamente sto immaginando; per cui si produce lo spettacolo, intorno al quale io incentro la fabulazione con ritmo diacronico, soltanto perché io faccio causa comune con l'atteggiamento di stupore della mia immaginazione nell'interrogarsi su se medesima.*[23] (228)

Come abbiamo visto, un ragguardevole numero di procedimenti, cui potremmo ancora aggiungere tutta la ricerca sui linguaggi bassi (recuperando, ad esempio, il Lucentini delle *Notizie degli scavi*, incluso nella antologia fondativa); procedimenti che tuttavia non sono mai semplicemente formali, perché sempre tendenziosi e rivolti a scavalcare il codice e il canone e a produrre sorpresa e straniamento, agilità mentale e decostruzione dell'identità data. In ciò, in buona sostanza, domina la contraddizione tra un "fare diversamente" proprio dello spirito ribelle e un "non poter fare" portato della materialità sociale del linguaggio. Contraddittoria è sommamente la posizione di Manganelli, tra un'aura di sacralità rituale con il suo linguaggio aulico e il livello del bruto, del mostruoso, dell'informe. Ma anche i due romanzi sopra citati di Carmelo Bene sono lampanti nel rapporto tra santità e idiozia (quel grande passo di *Nostra Signora*: «Ci sono cretini che hanno visto la Madonna e ci sono cretini che non hanno visto la Madonna. Io sono un cretino che la Madonna non l'ha vista mai»[24]), i tentativi di volo che non sono altro che maldestre cadute dal balcone di un eroe malconcio («Era livido e sanguinava, soprattutto dalla fronte»[25]), così come in *Credito italiano* il protagonista si affanna invano a bruciare il patrimonio, ma non riesce mai a perdere di *credito*: esattamente come la scrittura della cancellazione (vedi all'inizio e alla fine di *Nostra Signora*: «Flora vestiti e vattene! Non c'era nessuna Flora. Oppure s'è vestita e se n'è andata»[26]) perviene suo malgrado all'esito di una performance superiore.

Non ho potuto dare altro che spunti e non analisi sviluppate. E ci sarebbe tutto il versante della critica e della teoria su cui mi sono soffermato altre volte. Tuttavia gli spunti mi sembrano sufficienti ad indicare l'ampiezza e le caratteristiche del movimento di nuova avanguardia negli anni Sessanta in Italia. A distanza di tempo occorrerebbe a mio parere approfondire la ricerca e mi fa piacere che se ne stiano occupando alcuni giovani ricercatori sia in America (Cavatorta, Chirumbolo, Moroni, la Santini, i partecipanti al convegno) sia in Italia (ricordo i libri recenti di Lugi Weber, Massimiliano Borelli, Cecilia Bello Minciacchi, Andrea Gialloreto[27]). A mio parere ci sono alcuni punti nodali che il Gruppo '63 ha posto con grande lucidità e che risultano a tutt'oggi *rivoluzionari*: la linguisticità o retoricità del testo (per cui l'opera letteraria non è considerata espressione di una qualche sostanza umana interiore, ma è assunta come un meccanismo verbale, teso a raggiungere determinati effetti); l'eterogeneità (per cui l'opera non va giudicata secondo il principio dell'unità e della sintesi fusionale, ma attraverso la ricerca dei rapporti – allegorici – tra le sue parti, anche nel loro dissidio e contrasto interno); l'autocritica (per cui l'opera non deve bearsi in una presunta bellezza, ma attaccare la propria stessa ideologia letteraria, anche a costo di fallire, o – beckettianamente – fallire meglio che si può). Bastano questi tre punti a riconfigurare il campo della scrittura in maniera radicale. L'avanguardia, del resto, non è una semplice emersione di novità che serva a far *continuare* le pratiche invalse; è il tentativo di riformulare per intero il campo in questione. Certo oggi il sistema letterario va a tutto spiano nella direzione opposta, incoraggia l'autobiografismo, la scorrevolezza e la facilità della narrazione, l'immedesimazione irriflessa ed emotiva nei personaggi, la fruizione immersiva. Quasi che la società cerchi di doparsi di *fiction* o di misticismo lirico per non pensare, in una sorta di "apparato sognante" simile alla anestesia di un condannato. In questa situazione, i procedimenti che ho illustrato sono *off limits*, appaiono distanti anni luce, una cosa marziana. E però l'utopia dell'avanguardia, l'effetto-risveglio di una scrittura vivace, variabile, dinamica, vede ognuno che sarebbe – proprio in queste condizioni – assolutamente *necessario*.

Note

[1] AA. VV., *Gruppo 63. La nuova letteratura*, Milano, Feltrinelli, 1964.
[2] Titolo completo: F. Muzzioli, *Teoria e critica della letteratura nelle avanguardie italiane degli anni sessanta*, Roma, Enciclopedia Italiana, 1982.
[3] E. Sanguineti, *Segnalibro*, Milano, Feltrinelli, 1982, p. 13.
[4] A. Giuliani, *Versi e nonversi*, Milano, Feltrinelli, 1986, p. 50.
[5] A. Giuliani, introduzione a *I novissimi. Poesie per gli anni '60*, Torino, Einaudi, 1965, p. 21.
[6] «[P]uò dirsi così, con veloce leggerezza, che questo [il Novecento] fu il secolo delle avanguardie, perché fu il secolo delle anarchie, perché fu il secolo del montaggio» (E. Sanguineti, *Ideologia e linguaggio*, Milano, Feltrinelli, 2001, p. 203.
[7] A. Porta, *Tutte le poesie (1956-1989)*, Milano, Garzanti, 2009, p. 95.
[8] A. Spatola, in AA. VV., *Gruppo 63. La nuova letteratura*, cit., p. 321.
[9] A. Rosselli, *Variazioni belliche*, Roma, Fondazione Piazzolla, 1995, p. 65.
[10] G. Guglielmi, in AA. VV., *Gruppo 63. La nuova letteratura*, cit., pp. 217-218.
[11] L. Pignotti, *ivi*, p. 299.
[12] N. Balestrini, *Tristano*, Milano, Feltrinelli, 1966, p. 7.
[13] G. Niccolai, *Il grande angolo*, Milano, Feltrinelli, 1966, p. 48.
[14] C. Vasio, *L'orizzonte*, Milano, Feltrinelli, 1966, pp. 117-18.
[15] G. Lombardi, *Barcelona*, Milano, Feltrinelli, 1963, p. 86.
[16] A. Giuliani, *Versi e nonversi*, rispettivamente pp. 132, 152, 158.
[17] C. Bene, *Nostra signora dei turchi*, Milano, Sugar, 1978, p. 141.
[18] C. Bene, *Credito italiano*, Milano, Sugar, 1967, p. 36.
[19] M. Ferretti, *Il gazzarra*, Milano, Feltrinelli, 1965, p. 140.
[20] A. Ceresa, *La figlia prodiga e altre storie*, Milano, La Tartaruga edizioni, 2004, p. 27.
[21] E. Filippini, *L'ultimo viaggio* Milano, Feltrinelli, 1991, p. 129.
[22] R. Di Marco, *Fughe*, Milano, Feltrinelli, 1966, p. 144.
[23] Ivi, p. 228.
[24] C. Bene, *Nostra signora dei turchi*, cit., p. 51.
[25] Ivi, p. 39.
[26] Ivi, p. 17 e 156.
[27] Cfr. Beppe Cavatorta, *Scrivere contro*, Piacenza, Scritture, 2010; Paolo Chirumbolo, *Tra coscienza e autocoscienza*, Soveria Mannelli, Rubbettino, 2010; Paolo Chirumbolo, Mario Moroni, Luca Somigli (editors), *Neoavanguardia*, Toronto, University of Toronto Press, 2010; Federica Santini, *Io era una bella figura una volta*, Piacenza, Scritture, 2013; Cecilia Bello Minciacchi, *La distruzione da vicino*, Oèdipus, 2012; Massimiliano Borelli, *Prose dal dissesto*, Modena, Mucchi,

2013; Andrea Gialloreto, *I cantieri dello sperimentalismo*, Milano, Jaca Book, 2013; Luigi Weber, *Con onesto amore di degradazione*, Bologna, Il Mulino, 2007. Altri giovani ricercatori interessanti hanno collaborato al n. 50 di «Autografo» (Novara, Interlinea, 2013) intitolato *Novissimi (e dintorni) tra due sponde*.

Adrian R. Duran

Operatic Neo-Avant-Gardism in Luigi Nono's Intolleranza 1960

On the 13th of April 1961, Venetian composer Luigi Nono premiered his first opera, *Intolleranza 1960* [*Intollerance 1960*], at his native city's Gran Teatro La Fenice. The work, commissioned the October prior, was the centerpiece of that year's International Festival of Contemporary Music, sponsored by the Biennale di Venezia. Nono, 37, was only ten years into his career as Italy's foremost exponent of twelve-tone—or dodecaphonic—music, a style nurtured both in Vienna, under the tutelage of Arnold Schönberg, and at the Darmstadt Ferienkurse. The opera was not Nono's alone. He was aided by Venetian conductor Bruno Maderna who led the BBC orchestra and Milan's "Polyphonic Chorus," Roman writer Angelo Maria Ripellino who penned the *libretto*, Czech director Vaclav Kaslik, scenographer Josef Svoboda and Venetian painter Emilio Vedova, who provided the projections and costume designs.[1]

The night of the premier was eventful. During a pause between the first and second scenes of the first act, members of the Neo-Fascist "Ordine Nuovo" took it upon themselves to disrupt the opera, blowing police whistles, throwing stink-bombs, taunting the audience and letting loose with hundreds of fliers that snowed down from La Fenice's upper levels. The performance was halted and the stage cleared for seven minutes, during which time Vedova, who had fought Mussolini's Fascists during the Resistance, stood on a chair and hollered, protesting the protest. Meanwhile, Nono and Maderna were backstage consoling their 24 year old leading lady, Catherine Geyer, who very calmly said "I'll kill them with my voice."[2]

Above and beyond the spectacle that was its premier, *Intolleranza* stands as a pivotal, though less centrally-recognized, moment in the histories of post-WWII Italian art and opera. It not only inaugurated the decade that would witness the end of High Modernism, but, within the Italian context, *Intolleranza* was a key catalyst of that very challenge. The purpose here is to return to *Intolleranza 1960* and triangulate Nono's opera within its larger histories—operatic,

Modernist, and Italian—and thus establish it, in terms of both content and context, as one of the key iterations of the Italian neo-avant-garde, and a primary conduit towards postmodernity.[3]

Intolleranza 1960 opens in blackness with the words "Live and Love Life" projected onto a screen at the rear of the stage. The first of its two acts opens in a mine, where the opera's protagonist, an emigrant worker, declares his desire to return to his homeland away from "this gray life, this work in the shadows."[4] His fellow miners then remind him that the young men of his land have always been forced to emigrate by the lack of work in their native country. The scene ends with the emigrant declaring "I will be with you no more. My homeland calls me,"[5] thus setting into motion the narrative inevitabilities. Scene Two is a traditional, if not clichéd, operatic breakup, moving from lament to anger before the protagonist's partner concludes the spat by running off stage.

The final five scenes trace the emigrant's journey home. In Scene Three the narrative opens its next tension when our protagonist passes by a political demonstration only to be falsely arrested and interrogated before being sent to a concentration camp, from which he dramatically escapes in Scene Seven before the end of the act.

The Second Act continues the emigrant's journey, including his meeting of a young woman through whom he regains his faith in the world, counterbalancing the tension from Act I's lovers' quarrel. In Scene Three, the new pair is haunted by the first act's female antagonist, whom they quickly frightened off. The final scene of the opera finds the two travelers on the bank of the river that separates them from emigrant's homeland, finally together on the verge of liberation. They need only cross to the other side. Unfortunately for them, the river is flooding to dangerous levels and they are besieged by a chorus of peasants in flight. It is a grim moment of self-recognition for the emigrant before he, his companion, and the peasants are all swept away and drowned.

The formulaism of the opera's plot is deceptive. Rather than rewrite the conventions of operatic narrative, Nono and Ripellino default to these traditions so as to use them as a scaffolding upon and around which to build their musical innovations and topical concerns. What is most remarkable about *Intolleranza 1960* is the ways in which it journeys across decades of European Modernity, absorbing both form and content. The dodecaphonic tonality of the opera was absorbed via Nono's teacher and father-in-law Arnold Schönberg. Vedova's scenography pulls from Russian Constructivism with its harsh geometries and structural malleability and early Modern Expressionism, particularly in its anxiously angular and gestural treatment of surfaces. Ripellino's *libretto* is littered with quotations from Éluard, Majakovskij, Sartre, and Brecht, and the key interrogation scene in the First Act is based on the autobiographical writings of Julius Fučík, who was tortured by the Nazis during WWII, and Hans Alleg, who chronicled French atrocities during the Algerian revolution.[6] Other source materials are drawn from contemporary news events including a series of mining disasters, including a particularly large one at Marcinelles in Belgium on 8 August 1956, neo-Fascist demonstrations throughout Italy (not without irony given the happenings of the premier), the Algerian revolution, racist and Neo-Nazi hate crimes in Europe and America and, finally, a recent flooding of Italy's Po river.[7]

This sprinkling of appropriated sources is perhaps most forceful during the demonstration in Act I, Scene III which quotes directly Käthe Kollwitz's 1924 *Nie Wieder Krieg* poster, the "No pasaran!" chant of the Spanish Civil War, the Italian Partisan slogan "Morte al nazismo! Libertà ai popoli!," "Down with discrimination" from the US civil rights movement, and the indictment of the war in Indochina as "La sale guerre!"[8]

This absorptive appropriation is a key hallmark of *Intolleranza 1960*, a direct link to what has become identified as the neo-avant-garde, and a use of pastiche that situates the opera at the embryonic beginnings of what would become postmodernity.[9] As discussed in Peter Bürger's 1974 *Theory of the Avant-Garde*, in which it is held in rather low esteem, the neo-avant-garde is a return to the tactics of the historical avant-garde.[10] Bürger understands this return as a negation of its predecessor, an imitative exhaustion preventing the neo-avant-garde from ever accomplishing its predecessor's intention of returning art to the praxis of life. I would argue, conversely, that it is exactly these usages of the avant-garde's methods of appropriation, collage, abstraction, and mixed-media vocabulary that entrench Nono's opera within the praxis of life, forging a contemporary politicism on the foundations of the revolutions instituted by Cubism, Dada, Futurism, Constructivism, and their peers beyond the visual arts such as Schönberg and the Ballet Russes. Moreover, if we are able to sidestep Bürger's regurgitative and corrupting vision of the neo-avant-garde, we might be able to recuperate both the moment and its tactics as a refusal of the hermetic self-absorption of the propagandist cultural spectacles of Fascist Italy and Nazi Germany, a movement beyond the newly-emergent hyperbolic fabrications and mutually-exclusive binaries of Cold War rhetoric, a rejection of the detachment and retreat of high modernist abstraction, and thus essential to the postwar project of recovery and progress, much like earlier artistic responses in the wake of World War I.

After all, Nono's generation had had a peculiar relationship with the avant-garde. Enamored with warfare and corrupted by their affiliation with Fascism, the Futurists proved a political liability for Nono, Vedova, and a generation of creators who had been raised under its stifling nationalism and, in many cases, fought and died for the Liberation of Italy from Nazi Fascism. Other contemporary avant-gardes in Spain, Russia, France, Germany, and Britain were literally under siege and interrupted by the war. This left Italy's postwar generation with an incomplete sense of their predecessors, and though these innovations were recounted in numerous Venice Biennali of the 1940s and 1950s, the postwar generation knew them primarily through the mediating frame of the exhibition, rarely at first hand, and almost never within their native circumstance. Thus, we might do well to start reconsidering the Italian neo-avant-garde apart from Bürger's model and instead as something of a hybrid space between an absent, original if not originary, avant-garde and a post-Fascist phenomenon new only in its temporal existence and revival of already extant avant-garde tactics. The neo-avant-garde of Nono and Vedova was much less a return to the avant-garde or any parasitic coopting of its tactics, but instead a first unencumbered engagement with the historical avant-garde, a simultaneous processing of its achievements and endeavor to capitalize upon them within this new postwar historical moment.

Nono's position on contemporary music was made most explicit two summers prior to the debut of *Intolleranza 1960*, when he addressed the 1959 "Internationale Ferienkurse für Neue Musik" at Darmstadt with a lecture entitled "Presenza storica nella musica d'oggi" (The Presence of History in the Music of Today) in which he attacked the previous year's speaker John Cage for his dehistoricized and apolitical approach to music, starkly—though perhaps a bit prematurely and monomanaically—indicting the American avant-garde for its self-imposed retreat from the troubles of the moment.[11] Nono's ace in the hole, of course, was his politicism. Accusations of an esoteric internalized formalism—not uncommon for a 12-tone composer—only counted insofar as they could be separated from the aggressive topicality of the opera.

Not long thereafter, in 1961, Nono published a sort of manifesto "Appunti per un teatro musicale attuale" (Notes for a Topical Musical Theatre) in which he called for a

> Theatre of struggle, of ideas, tightly tied to the truth, tormented in its need to move toward a new human and social condition of life.

> [A] theatre totally engaged as much on the level of society as on [the] structural-linguistic [level]....
> [A] theatre of conscience, with a new social function for the public...[12]

These ideals were further clarified in a 1969 interview with Michele L. Straniero,

> ...for me personally, making music is to intervene in contemporary life, in the contemporary situation...the same as participating in a workers' strike, in conflicts with the police, in the picketing in front of a factory. I don't see any difference.[13]

Already by the 1960s, Nono's merging of the political with the formal-linguistic had distinguished him from his peers. Earlier works such as 1952-53's *Tre epitaffi per Federico García Lorca*, 1954's *La Victoire de Guernica*, and 1955-56's *Il canto sospeso* had all focused on those oppressed and murdered by European Fascism. *Intolleranza 1960* continued these themes and was Nono's first effort at completely renovating the terms of opera.

> For an essentially static-theologic conception of traditional European opera (single visual focus; unique source of sound; liturgical relationship between public and action, everything rigidly determined...) is substituted a dynamic conception of changing relationships (visual and sonic sources possible all throughout the room; the consequent liberalization of the spatio-temporal relationship...; the greatest richness of dimension and of elements for theatrical composition; the consequent amplification of the active capacity of the public).[14]

The "dynamic conception" of what opera was to become led Nono to Josef Svoboda, one of the developers of the *laterna magika*. Svoboda's *laterna magika*, in its original manifestation for the Czech pavilion at the 1958 Brussels World's Fair, was predicated on "a simultaneity, a synthesis and fusion of actors and projection"[15] enacted through multiple screens with film and slide projectors that could be moved and aimed. The screens, too, are mobile and can rise, fall, move sideways, fold up, rotate, appear and disappear. Furthermore, Svoboda's stage had a treadmill that could move objects or actors laterally across the scene.

Fortunately for Nono, the *laterna magika* had been resurrected in Prague in 1959, during which both he and Ripellino were able to see it in action and, in Nono's case, work on a number of productions. For Nono, the *laterna magika* was slightly altered. Two large, rotating spheres—half black/half white—were suspended from the ceiling, triangular and quadrilateral screens were arranged on regularly spaced tracks so as to move laterally across the stage, and the treadmill was replaced with a tracked platform at stage center that moved in and out of depth (see Fig. 1).

All of this was further amplified by a set of slides and film painted by Emilio Vedova. By 1960, Vedova had developed a volatile, angular idiom visually in tune with the dominant trends of European *informel* painting, themselves derived from the earlier iterations of Modernist Expressionism that Vedova would have been absorbing at recent Biennali. *Intolleranza 1960* gave Vedova the opportunity to move beyond the constraints of oil on canvas, to explore the third and fourth-dimensional potentials of painting, concerns already embedded in Italy's Futurist avant-garde (and soon to be engaged in its more technophilic iterations by Lucio Fontana's *Movimento spazialista*) but here made literal in their manipulation between and beyond Vedova's moving, rotating, broadcast painted surfaces (see Fig. 2).

Fig. 1: Luigi Nono *Intolleranza 1960* Act II, Scene I. Image courtesy of Archivio Cameraphoto, Venice, Italy.

Fig. 2: Luigi Nono *Intolleranza 1960* Act II, Scene II. Image courtesy of Archivio Cameraphoto, Venice, Italy.

Most remarkable about Vedova's contributions to the scenography were the projections prepared for the clamorous beginning of Act Two, during which the emigrant finds himself wandering confusedly while a booming voice reads a vertiginous litany of newspaper headlines. Vedova collaged images from newspapers and the popular magazine press and painted over them with his distinctive attacking brushwork. They were the visual equivalent of the audio-spatial events of the scene and another instance of neo-avant-gardist tendencies informing the opera. Here, as previously, we must pause and consider the sources of these works in the collages of the Futurists, German Dada artists such as Hannah Höch and John Hearfield, and the French Dada-Surrealists of the 1920s. Moreover, Vedova's projections shared tactics and aesthetics with his contemporaries working in American Neo-Dada, Robert Rauschenberg and Jasper Johns, as well as the later Pop pastiches of James Rosenquist, Mel Ramos, and Andy Warhol. The employ of these tactics, simultaneously an homage and a verification of Vedova's own avant-garde *bona fides*, brought the opera more immediately and thoroughly into the present, the praxis of life so celebrated in the historical avant-garde, lost to Fascism and the War, and reinvested with its revolutionary potential by Vedova and Nono's generation, which had resisted the autochthonous oblivion of the Fascist regime.

Sonically, *Intolleranza 1960* is disconcerting and abrupt, constantly oscillating between pregnant emptiness and wave-like onslaughts of sound. Nono is prone to using horn and drum bursts to punctuate important lines or to open and close scenes. Often these are not accompanied by vocals, left alone to overwhelm the listener with sheets of dissonance. Throughout the opera, marimbas, xylophones, a glockenspiel, and vibraphones add texture, at times stabbed by high register strings and gongs. Moreover, Nono mutates the delivery of the actor's lines, often dividing the words of a sentence by gender, with the men and women of the chorus alternating. It sounds as if he is panning a stereo not only from right to left, but from male to female, in both timbre and pitch.

The most impactful sonic revolution of the opera was its employ of electronic audio systems. Nono had been experimenting with the technical possibilities of recorded music at the RAI Studio di Fonologia since the late-1950s, and *Intolleranza 1960* was his first opportunity to fully capitalize on these new explorations.[16] Nono employed four sets of loudspeakers, each in a corner of the auditorium, through which prerecorded tape loops are played and single voices are boomed at volumes that can only be described as Orwellian or, perhaps more appropriately, Fascist Totalitarian. At times—most noticeably at the beginning of the Second Act—these voices are modified—slowed down, sped up, and drenched in reverb. Their aggressively technological incomprehensibility recalls the Futurist *intonarumori* of Luigi Russolo, who had similarly attempted anti-, almost non-musical, approximations of the modern industrialized world. And Nono's interest in electronic devices juxtaposed with analog imagery and performance recall parallel experiments by Rauschenberg, Nam Jun Paik, French musique concrète, Karlheinz Stockhausen, Nono's Darmstadt nemesis John Cage, and his fellow Venetian Pietro Grossi, who founded the Studio di Fonologia Musicale di Firenze in 1963.

The loudspeakers, like Svoboda's *laterna magika*, spatialized the performance in a new way. Rather than the unified focal point of the stage, *Intolleranza 1960* filled the room from all sides. Voices moved from all directions, creating a palpable presence throughout the space. The audience was not so much being addressed by sounds as they were being submerged in them.

Nono cites the city of Venice itself as the impetus behind this new approach, which he described as the "simultaneity of use of sonorous space with scenic space."[17] He has, in numerous interviews, alluded to the synaesthetic qualities of the Basilica of San Marco, making of its architectural geometries a constantly evolving acoustic sensation.[18] Similarly, he described the "voices and noises of the fish and vegetable markets at the Rialto in Venice" as his "point of departure."[19] To say that Nono's expansive intent with *Intolleranza 1960* was the direct result of his life in Venice is a bit overly simplistic. However, the labyrinthine structure of the city and its aquatic hybridity create unique and peculiar sensory stimuli that may have attuned the composer to a broader, more volatile and mobile spectrum of variables relating to sound and sight in space.

What this ultimately led to, in conjunction with the innovations of Ripellino, Svoboda, and Vedova was a sudden explosion of operatic form unseen since the early Modernist innovations of the Ballet Russes and Russian Constructivism. Actors traveled amidst a moving and rotating stage set, further subjected to the spatial mutations engendered by Vedova's projections. Sound emerged from the orchestra pit, burst forth from the stage and was projected from all directions by Nono's loudspeakers. And this is to say nothing of the Fascists in the upper levels screaming and throwing stink-bombs. In total, the opera was just over one hour of complete sensory inundation. It is no surprise that Sartre declared that "They are afraid of Nono's music."[20]

Intolleranza 1960 must also be understood as a critical moment of shift between the oppositional dialectics of Italian art and culture during the 1950s and the more synthetic modes that would emerge over the course of the 1960s, a moment that fortuitously also marks the shift from historical to neo-avant-garde. Following the end of World War II, a monumental, rapid infusion of foreign influences forbidden or unavailable under Mussolini's regime sparked the return of a vibrant, innovative avant-garde unseen since the dissolution of the first generation of Futurists during World War I.

Unfortunately, this renewal would be short-lived, thrown into crisis by the emergence of competing political ideologies. Throughout the late-1940s, Italy was moving closer and closer to a firm alliance with the United States, a position finalized when Prime Minister Alcide De Gasperi accepted ten million Marshall Plan dollars in 1947.[21] This sent waves of outrage and fear through Italy's Communist Party, which had not only played a major, if mythologized, role in the Resistance against Fascism and Nazi occupation, but had maintained a position of central political influence prior to De Gasperi's coup and the elections of 1948.

Among more comprehensive decrees and polemics, in November of 1948 the Italian Communist Party issued a document entitled "For the Salvation of Italian Culture," in which it called upon its artists to embrace a Social Realist vocabulary and subjects that would celebrate the Party's efforts at maintaining Italian sovereignty in the face of past Fascist oppression and present American imperialism.[22] From the Communist perspective, abstraction was anathema and, as far as painting was concerned, Vedova was one of the primary offenders. Many artists answered the call, returning to figuration after years of developing more and more advanced abstract languages. Others did not, and a decade long binary was set into place: representation vs. abstraction, which, of course, implied Communism vs. Western Internationalism and, as we will see in Nono's case, tradition vs. innovation and engagement vs. autonomy.

These emergent Cold War cultural conflicts would infiltrate the discourse of music in 1949 when, one year after dodecaphonia had been the topic of the Ferienkurse at Darmstadt, Serge Nigg declared dodecaphonia contradictory to Marxist ideologies in *La critique marxiste*.[23] The situation was further complicated when Nono joined the Italian Communist Party in 1952[24] and, most proximate to the case at hand, when Shostakovic attacked Stravinsky and dodecaphonia in an article published in *Pravda* in early September 1960.[25] Nono thus found himself oscillating between the poles of the decade's oppositional dialectics—the formalist innovation of twelve-tone music (or, in paintings such as Vedova's, gestural abstraction) and the conformist Social Realist politics of the Italian Communist Party.

Intolleranza 1960 proved to be Nono's success at transcending these tensions. It is, most importantly, the key moment of synthesis at which formalist innovation and topical politicism become mutually supportive, rather than mutually exclusive.[26] And, because *Intolleranza 1960* is an opera—and thus a work of word, music and image—it punctured the sacrosanct boundaries of High Modernism—between media, between audio/visual field and viewer space and, most importantly within the Italian context, between Communist politicism and the exploration of formalist abstraction.

Where we stumble in our assessment of the opera is in our own separation of categories. For too long, we have been persuaded that the history of the twentieth century is punctuated primarily by the half-decade interruption that was the Second World War. It separates the historical avant-garde from what follows, neo- or otherwise. It presumes, most dangerously, a change of tactics and goals, if not the utter failure diagnosed by Bürger. This is, quite simply—if only in this one case—insufficient.

The neo-avant-garde we face when confronted with Nono, perhaps the whole of his generation, is more a resurgence than a reutterance, something akin to the end of a state of dormancy. *Intolleranza 1960* does not represent a completely new system. Instead, we see many of the same tactics heralded in the earliest decades of the twentieth century—abstraction, collage, the intermingling of diverse media, the importation of Leftist politicism into the arts, etc. etc. None of these were new but were instead paths already trod by the artist-designers of Germany's Bauhaus, the Dutch De Stijl movement, and Russian Constructivism.

If, here, we leave Bürger's framing of the neoavantgarde, we find what is perhaps a more useful model in the work of Hal Foster, who situates the neo-avant-garde as a moment of realization.[27] Born of the traumatic experience of the avant-garde, the neo-avant-garde is the moment at which its predecessor's agenda is fully understood. Whereas the avant-garde formulated tactics and methods amidst the chaos of the early 20th century, what came after was not an imitative rehashing, but the fully formed manifestation of what had been latent at earlier moments. Foster's model which has its roots in Freudian psychoanalysis, describes the neo-avant-garde as a kind of "deferred action," almost a compensatory mechanism for both the traumas of the first avant-garde and the way its ambitions were stymied by the circumstances within which it found itself.

Nono's opera thus becomes a natural result of the tumultuous history of the Italian avant-garde. Whether due to the fateful alignment of the Futurists with Fascism, the regular interruption by global warfare, or the attenuated distances set in place by Fascism's nationalist self-absorption, the Italian avant-garde had never successfully manifest its full potential. It was the task of the postwar generation to reanimate what remained, purge the necrotic residue of Fascism, and plot new paths across the landscape of artistic and political innovation. Their production was the continuation of an interrupted discourse, not the opening moves of a new game. That they were informed by the synthetic multi-media endeavors of the historical avant-garde is as expected an occurrence as artistic inspiration might afford.

The results were as intended. As early as April 1960, Ripellino was writing to Nono "I…will insist without compromise on the necessity of the synchronicity of the diverse arts. This is our innovation, this is our cause, this is what unites us…"[28]

The synchronicity of which Ripellino speaks is not only that of the "diverse arts" employed by the opera, but also a historical and geographical synchronicity. Ripellino's *libretto* invokes the trauma of two World Wars, the Spanish Civil War, the American Civil Rights movement, the Algerian Revolution and the mounting tensions in South East Asia and contemporary Europe. These are woven into a single text and subjected to Nono's musical language, which combined the expansive possibilities of dodecaphonia and his own peculiar disemboweled architectonics of sound. This was then elaborated by the spatializing effects of the *laterna magika*, Vedova's projections, and the banks of speakers distributed throughout the opera house.

Ultimately, *Intolleranza 1960* was the birth not of a new language, but of a new syntax. Nono's opera brought new, if not previously oppositional, terms into a forced, but successful symbiosis, breaking the *impasse* of Modernist doctrine not by seeking the victory of one, but through a conscious synthesis of both. The vocabulary remained but the grammar was totally renovated.

Perhaps this is what the Neo-Fascists of "L'Ordine Nuovo", with their stinkbombs and pamphlets, were unknowingly reacting against. From the first note of *Intolleranza 1960*, the hegemony and systemic stability of Modernist linguistics was broken apart and reconfigured. The dominant systems of the twentieth century—of which Fascism was the asphyxiating detritus and the cultural politics of Cold War Italy the latest stalemate—were rendered insufficient and unsustainable and thus entombed at the very moment the new modalities of a new avant-garde were brought to life.

Notes

[1] Kaslik and Svoboda served as replacements for Alfred Radok, co-developer of the *Polyekran* with Svoboda. Scholars interested in *Intolleranza 1960* should begin with Angela Ida De Benedictis, ed., *Luigi Nono: Intolleranza 1960* (Venice: Marsilio, 2011). See also Angela Ida De Benedictis, "Intolleranza 1960 di Luigi Nono: Opera o Evento?," in *Philomusica on-line: Rivista del Dipartimento di Musicologia e Beni Culturali, Università degli Studi di Pavia* Vol 1, N° 1 (2001), accessed February 17, 2014, http://riviste.paviauniversitypress.it/index.php/phi/article/view/01-01-SG03/87?_escaped_fragment_=35.

[2] *Intolleranza-Luigi Nono's Scenic Action as Seen Today*, dir. Bettina Ehrhardt, 58 min., bce film, 2004.

[3] A corollary goal of this paper, though perhaps more implicit than explicit, is the recalibration of our larger conceptions of Italian art after World War II, particularly during the transition from the

residues of Modernism toward the new linguistic and ideological systems of postmodernity. It is not inaccurate to state that the American Art Historical discourse has a greatly skewed and glaringly incomplete conception of postwar Italian art—often, if not overwhelmingly, focused upon Fontana, Manzoni, arte povera, and the Transavanguardia. The aim here is not to diminish the import of these artists, but to counteract those mechanisms that have limited the discussion to their achievements alone. Works such as *Intolleranza 1960* and artists such as Nono and Vedova merit inclusion in the larger discourse of postwar art—Italian, European and Global. They are by no means alone and the result of their absence is the insufficiency of our understanding.

[4] Luigi Nono, "*Intolleranza 1960*," in *Libretti d'Opera Italiani dal Seicento al Novecento*," eds. Giovanna Gronda and Paolo Fabbri. (Milan: Arnoldo Mondadori Editore, 1997), 1753. All translations unless otherwise noted are mine.

[5] Ibid., 1754.

[6] Ripellino's *Vivere è stare svegli* is quoted in the initial chorus of Act I, Scene I, Sartre's *La tortura* for the torture scene in Act I, Scene V, Éluard's *La libertà* in Act I, Scene VI in the concentration camp, Majakovskij's *La nostra Marcia* for the chorus of rebels and emigrants in Act I, Scene VII, and Brecht's *A coloro che verranno* for the final chorus. Further quotations, from Fu ík's *Scritto sotto la forca* & *La cancrena* are used during the interrogations in Act I, Scenes I, IV and Act II I, VI as well as from Alleg's *La tortura* in Act I, Scenes I, IV. I have left these titles in the Italian for consistency with the libretto.

[7] Luigi Nono, "Alcune precisazioni su *Intolleranza 1960*," in *Luigi Nono: Scritti e colloqui*, Vol. 1," eds. Angela Ida De Benedictis and Veniero Rizzardi. (Lucca, Casa Ricordi, 2001), 102.

[8] Luigi Nono, "*Intolleranza 1960*," 1755.

[9] This employ of pastiche, of which Nono's opera is but one midcentury example, has its origins in Cubist and Futurist collage and was much expanded by European Dada and Surrealism. By the time of Nono's work on *Intolleranza 1960*, these tactics of appropriation and absorption could be seen in Robert Rauschenberg's combines of the 1950s, Desmond Leslie's *Music of the Future* 1955-59, and William S. Burroughs 1959 *Naked Lunch*.

[10] Peter Bürger, *Theory of the Avant-Garde*, trans. Michael Shaw (Minneapolis: University of Minnesota Press, 1984).

[11] Luigi Nono, "Presenza storica nella musica d'oggi," in *Luigi Nono: Scritti e colloqui*, vol. 1, eds. Angela Ida De Benedictis and Veniero Rizzardi. (Lucca, Casa Ricordi, 2001), 46-53.

[12] Luigi Nono, "Appunti per un teatro musicale attuale," in *Luigi Nono: Scritti e colloqui*, vol. 1, eds. Angela Ida De Benedictis and Veniero Rizzardi. (Lucca, Casa Ricordi, 2001), 87.

[13] Michele L. Straniero, "Colloquio con Luigi Nono su musica e impegno politico," in *Luigi Nono: Scritti e colloqui*, vol. 2, eds. Angela Ida De Benedictis and Veniero Rizzardi. (Lucca, Casa Ricordi, 2001), 47.

[14] Luigi Nono, "Appunti per un teatro musicale attuale," 90-91.

[15] Jarka Burian, *The Scenography of Josef Svoboda* (Middletown, CT: Wesleyan Univ. Press, 1971), 83.

[16] Bruno Putignano, "Dalla 'composizione' dello spazio al 'controllo' del tempo, attraverso il suono," in *L'ascolto del pensiero: scritti su Luigi Nono*, ed. Gianvincenzo Cresta. (Milan: Rugginenti, 2002), 107-125.

[17] "*Duo con Luigi Nono. Intervista di Martine Cadieu*," in *Luigi Nono: Scritti e colloqui*, vol. 2, eds. Angela Ida De Benedictis and Veniero Rizzardi. (Lucca, Casa Ricordi, 2001), 5.

[18] Putignano, 109.

[19] Luigi Pestalozza, "Impegno ideologico e tecnologia elettronica nelle opera degli anni Sessanta," in *Nono*, ed. Enzo Restagno. (Turin: Edizioni di Torino, 1987), 153.

[20] *Intolleranza-Luigi Nono's Scenic Action as Seen Today.*

[21] For greater detail see Simon Serfaty, "The United State and the PCI: The Year of Decision, 1947," in *The Italian Communist Party: Yesterday, Today and Tomorrow*, ed. Simon Serfaty and Lawrence Gray, (Westport, CT: Greenwood Press, 1980), 59-74.

[22] The document was originally published as "Per la salvezza della cultura italiana" in *VII Congresso del Partito Comunista Italiano-Documenti politici del Comitato Centrale, della direzione, della segreteria* (Rome, 1951) and is reprinted in Nicoletta Misler, *La Via italiana al realismo: La Politica culturale artistica del P.C.I. dal 1944 al 1956* (Milan: Gabriele Mazzotta Editore, 1973), 133-36.

[23] Serge Nigg's article, "Vers des nouvelles source d'inspiration," was originally published in 1949 in *La Critique Marxiste*. Veniero Rizzardi discusses the larger context in his "Nono e la 'Presenza Storica' di Schönberg," in *Schoenberg & Nono: A Birthday Offering to Nuria on May 7, 2002*, ed. Anna Maria Morazzoni, (Città di Castello: Tibergraph, 2002), 229-49.

[24] Upon joining PCI, Nono met with his local party branch to discuss his music and was told "se credi che per te sia importante, devi continuare a sviluppare la tua lotta in questo modo." See *"Compositore nella lotta di classe*. Intervista di Hartmut Lück," in *Luigi Nono: Scritti e colloqui*, vol. 2, 110-11. Despite what he was told by his local party, it seems that Nono's works were not universally accepted within Communist culture and, due to the Zdanovist policies of the Communist Party, many of his works were excluded from performance in the Soviet Union & other nations within its sphere of influence. For a fuller discussion of these conflicts within Communist culture, particularly in regard to the visual arts, see my *Painting, Politics, and the New Front of Cold War Italy*, (Farnham, UK & Burlington, VT: Ashgate, 2014) and Misler, cited above.

[25] These exchanges had begun in the pages of *Pravda* as early as 1936, reappeared in the late 1940s, and again in 1960. There is some reason to believe that Shostakovic's articles published in 1960 may have been written by another hand. Regardless, these were meaningful enough that critic Luigi Pestalozza brought them to bear in his article "Un'accusa di dogmátismo alla musica contemporanea," *Avanti!*, September 14, 1960, 3.

[26] See also Luigi Pestalozza, "Il Canto Sospeso," *Avanti!*, October 5, 1960 and Boris Porena, "Musica, ideologia, politica nell'opera di Luigi Nono," in *L'ascolto del pensiero: scritti su Luigi Nono*, ed. Gianvincenzo Cresta. (Milan: Rugginenti, 2002), 139.

[27] For Foster's discussion of the neo-avant-garde, see his "What's Neo about the Neo-Avant-Garde?," *October* Vol. 70 (Autumn 1994): 5-32 and *The Return of the Real* (Cambridge, MA & London: The MIT Press, 1996, particularly Chapter 1 "Who's Afraid of the Neo-Avant-Garde?." Within the Art Historical discourse, the work of Benjamin H.D. Buchloh has also been of great influence, most notably his collection *Neo-Avantgarde and Culture Industry: Essays on European and American Art from 1955 to 1975* (Cambridge, MA & London: The MIT Press, 2000).

[28] Angela I. DeBenedictis, "Gli equivoci del sembiante: *Intolleranza 1960* e le fasi di un'opera viva," *Musica/Realtà* XIX, 55 (March 1998): 173.

Lindsay Caplan

The Electronic Brain/Il cervello elettronico: Algorithms in Italian Art of the early 1960s

In 1960s Italy electronic computers were rare, unwieldy, expensive machines that were difficult to access. Their use was largely restricted to the corporations and governments that funded their substantial cost. However, anyone could appropriate the *idea* of the computer, especially its conceptual basis: the algorithm. So when the Bompiani publishing company released the 1962 edition of their annual *Almanac* with a sizeable themed section dedicated to the computer's real and potential uses in the human sciences and the arts, the essays and artworks concentrated on the more conceptual and structural aspects of this new technology. Nanni Balestrini's poem, *Tape Mark I*, for example, used an algorithm to construct a poem composed of fragments the artist selected from previously written texts by other authors. Works by a group of "program artists," such as Bruno Munari, Giovanni Anceschi, Davide Boriani, and Gianni Colombo, employed a foundational principle of computers: that a quantifiable system could produce anything from artistic compositions to algebraic calculations. That is, following a line of inquiry familiar to anyone who's read Walter Benjamin's 1936 essay, "The Work of Art in the Age of Mechanical Reproduction," the contributions collected in the *Bompiani Almanac* asked not if computer-generated compositions could or should be art, but whether the invention of the computer would transform the very nature of artistic creation.[1]

Focusing on the 1962 *Almanac*, this essay theorizes the appeal of computational algorithms as both a material and a metaphor for artistic production in the art and poetry of Italy in the early 1960s. Algorithms gave artists a way to subvert artistic intent, subjecting authorial will to processes beyond their control. In this regard, algorithmic art can be understood as part of a long-standing modernist tradition of employing mechanized and aleatory tactics—an anti-tradition including, for example, the concrete poetry of Stèphane Mallarmè or Tristan Tzara, or the automatism found in Surrealism or Abstract Expressionism. But as we shall see, algorithms did more than offer another way for humans to collaborate with machines; algorithms also pointed to what these two entities share. The easy slippage between programmer and program led to the notion that computers were in fact "electronic brains." Pointing beyond the displacement of authorship we associate with a certain type of machine age modernism, I argue, algorithms were a way for artists to interrogate and imagine anew what it meant to be human just as the era of information began to take shape.

* * *

The *Bompiani Almanac* is an annual publication that, in addition to the themed section, compiles a digest of news coverage of historical events from the past year.[2] In the 1962 edition, the first seventy-five pages are organized chronologically. Reports on a meeting between Khrushchev and Kennedy, for example, follow discussions of the trials of former Nazis in Jerusalem. Readers can trace the development of certain key issues: the Cold War, the space race, rising unrest in the colonial world (specifically France's African territories), and the world's continued confrontation with the history of fascism. The next news-oriented section features major stories specific to Italy, which are grouped thematically. Headings introduce matters such as the increasingly mixed responses to the economic miracle. For example, the *Almanac* shows that by 1962, there was widespread criticism of how unevenly distributed postwar development was across the country. One excerpt from the periodical *Il Giorno* claims, "to create riches is not enough. It is necessary to confront and resolve the old problems of hunger, illiteracy, of unskilled manual labor, and social injustice."[3] Other excerpts center on the "Southern question," which arose from the fact that the impoverishment of those in the South was all the more potent when seen in relation to the rapid industrialization of the North. Later sections summarize the range of opinions about concrete infrastructural issues, such as schooling, literacy, and the building of railways and roads.

The special section on "Electronics and Literature" takes a very different tone from the previous parts. Rather than looking back, it looks forward to the future by contemplating computers' technical components and their potential uses. Co-sponsored by Olivetti and IBM Italia, the articles, artworks, and illustrations that comprise this section are generally optimistic. (One section asks a number of scholars to judge, "positive or not," the blurring of "the two cultures" of science and art, and almost everyone responded with resounding consensus that it was a positive step for his particular field.) By the early 1960s, computer research and development remained principally based in the United States, but the Olivetti Company was one of the few European companies also at the forefront of computer design. In 1955, Adriano Olivetti started the company's first electronics laboratory in collaboration with researchers at the Institute of Physics at the University of Pisa. The Olivetti lab successfully built the first computer to be entirely engineered and designed in Italy, the ELEA 9003 (Elaboratore Elettronico Aritmetico, or Arithmetical Electronic Computer), in 1959. The week of October 15 that same year, the popular periodical *Epoca* published a feature about ELEA 9003, introduced by a photograph of one of the computer's integrated circuits along with the enthusiastic heading: "Also in Italy, the future has already begun."[4] For a while Olivetti remained on the cutting edge, unveiling the first electronic desktop computer in the world, Programma 101, at the 1965 Business Manufacturers Association (BEMA) in New York. This new machine was still fundamentally a calculator and had no word-processing capabilities. But innovative differences from ELEA as well as American versions of large mainframes included the ability to provide a paper printout of the calculated results, its smaller size (ie. desktop), and its programmability. However, Olivetti released Programma 101 before they had the capacity to produce the machines on a large scale and at an affordable price. It was ultimately a commercial failure, quickly overshadowed by IBM designs.[5] Olivetti had won the race in packaging and marketing, but failed to get ahead in the arena of technical engineering.[6]

The company saw their task to be the seamless integration of computers into the everyday life and imagination of their consumers. As Ettore Sottsass, hired to design the exterior of Olivetti's early computers, phrased it: "A new form had to be found which, by its nature, had to be more symbolic and less descriptive."[7] While the latter would indicate the technical components of the technology (the way functionalist design in architecture, at least in theory, was meant to correspond to the structural components of a building), a symbolic design for computers should be more recognizable and legible, serving as a bridge between old and new. In her close study of Olivetti, the historian Sibylle Kicherer explains that, with Sottsass' designs for Olivetti's earliest computers, "the symbolism was to create an immediate emotional relationship, satisfying to the overall spectrum of working people not only physically but also culturally and psychologically."[8] The early Olivetti designs tried not only to smooth their own passage from manufacturing typewriters to computers, but also to insinuate that consumers could just as effortlessly make the same transition.

In between Olivetti's two major contributions to computer design—the 1959 ELEA 9003 and the 1965 Programma 101—lay the *Almanac*, intended to aid Olivetti's mission by developing a comprehensive discourse about the aesthetic and intellectual changes prompted by the advent of computers. A major obstacle in the 1960s for integrating computers and the humanities was the technology's basis in algorithmic code, which quantifies any and all data in order to be processed. Coding still constitutes the limits and possibilities of the computer—whatever can be reduced to programmable steps can be computed. (The codes have just become increasingly complex.) As early as 1937, the British mathematician Alan Turing proved that a programmable mechanism could solve far more problems than had ever been imagined. His "Turing machine" (an entirely hypothetical rather than actual thing) revealed that a linear progression of steps could solve most kinds of problems. It was just a matter of breaking down the otherwise intuitive process of decision-making, interpretation, and projection into a mathematical language that the machine could read—and this is the role of the algorithm. Algorithms are precisely this computational procedure that transforms a set of values, the input, into another value or set, the output, using a formula. At their most basic, algorithms can sort a set of numbers or solve mathematical problems. In their more advanced forms, they can simulate a type of speculative logic. In order to develop the most complex algorithms, human reasoning stands in as the inspiration and model. In the end, algorithms appear to "think," processing information, synthesizing results, and generating predictions. Therefore the very method of developing algorithms simultaneously *reflects* resemblances between humans and machines at the same time that it *produces* these same similarities. Turing set out to test the limits of this feedback loop in a 1950 article, "Computing Machinery and Intelligence." Starting from the deceptively simple question, "can machines think," he proceeded to qualify and requalify what thought means, exactly, shifting more from the religious or philosophical implications of the term to the evidential, phenomenological arena.[9]

At the same time Turing was hypothesizing about artificial intelligence, those working in the field of cybernetics were imagining how to make machines smarter. In *Cybernetics: Or Control and Communication in the Animal and Machine* (1948), the American scientist and founder of cybernetics, Norbert Weiner, proposed the concept of feedback, the notion that machines can and should also process data garnered from executed operations. Feedback enables machines to adapt from past actions and learn from mistakes and accomplishments, supplementing externally supplied code. As Weiner put it, the "control of a machine on the basis of its *actual* performance rather than its *expected* performance is known as *feedback*, and involves sensory members...that is, of elements which indicate a performance."[10] Thanks to cybernetics and Weiner's notion of feedback, the computer went from being merely a large calculator that solved math problems to a "living" changing system that had "senses." By the early 1960s, then, computers were compelling yet contradictory theoretical devices that confounded previous notions of mechanization. On the one hand, these machines threatened to "Taylorize" knowledge, reducing all types of meaning to a quantifiable equation, while on the other, they held the promise to become ideal collaborators, creative and generative machines with sensory capabilities and the capacity to learn, just like people.

* * *

These conflicting ideas about computers roil throughout the discussion of electronics and art in the pages of the *Bompiani Almanac*. The problem for theorists and practitioners in the humanities was to consider what the quantification of all information did to creative expression. Did computers limit and contain artistic expression, or could they open up entirely new forms of creation and thought? Whether imbued with utopianism or anxiety, all articles in the *Almanac* that faced this question focused on the dual aspect of the algorithmic basis of computer code: how it seems to portray some fundamental characteristic of human thought (the steps one takes in making a logical decision, for example, disclosed in all their clarity), while threatening to reduce thought entirely to the rote functioning of a machine.

To avoid succumbing to the impasse, a majority of the *Almanac's* authors celebrated the ability of computers to mechanize menial processes such as computation, data analysis, even prediction in so far as it is a statistical operation. In so doing, they avoided the dilemma of quantification by focusing on processes that were for the most part already quantitative. Authors with varying specializations considered the computer's application in fields like linguistic analysis, research (for example, an electronic library and the use of computers for information retrieval), as well as language translation.[11] Others traced the idea of automation and autopoesis historically, highlighting the literature, art, and philosophy that prefigured the computer. Taking a longer historical view helped to calm anxieties, proclaiming that none of these questions was in the least bit new. In the end, however, such dismissals only avoided the most urgent questions.

Two articles confront the analogy of the "electronic brain" directly, a term that is peppered throughout the whole section on Electronics. The first describes binary code and the second traces the history of the development of the computer itself, and together they grapple with the apparent similarities between computers and people. Both texts were excerpts taken from a book collaboratively written by the philosopher Umberto Eco and the engineer and expert in nuclear and renewable energy Giovani Battista Zorzoli, *La storia figurativa delle invenzioni,* published by Bompiani in 1961. (The publisher issued an English translation of the book in 1963, *The Picture History of Inventions: From Plough to Polaris.*) Eco brings an interest in the process of interpretation to Zorzoli's detailed descriptions of computer codes and procedures. Together the authors try to parse the fine line between machines that appear to think by mimicking the *function* of brains and machines that actually reflect the brain's underlying *structure*.[12]

The authors begin the article on binary code by making a provocative connection between this coded language and one of Plato's dialogues, "The Sophist." In Plato's text, a stranger appears to direct Theaetetus through a series of questions in order to define one precise vocation (an angler). He begins by splitting all human activity into two categories—*production* or *acquisition*—and then proceeds to split each subsequent choice also in two (the angler's work is one of acquisition; then all work of acquisition is divided between those of persuasion and that of capture; and so on).[13] Eco and Zorzoli connect the methodical deduction in "The Sophist" to the binary code of computers, continuing to articulate these crossovers in the next excerpt on the electronic brain.

> All the electronic brain can do is to carry out a very great number of very simple operations in a very short time. It is true of course that by studying electronic brains it is possible to arrive at a better understanding of many mechanisms in our own nervous system...and a science like *cybernetics,* which started by studying living organisms in order to construct mechanical organs, is now turning to the biological world and applying the conceptual instruments of automatic calculation (the notions of 'signal' and 'message' for instance) to interpret muscular movements, neuro-vegetative processes, our mental attitudes and even pathological states.[14]

While acknowledging that binary code is deceptive in its simplicity, in fact capable of performing a whole range of procedures, Eco and Zorzoli still reach a limit where the computer can no longer function like a person and the notion of the "electronic brain" breaks down. While it is the case that machines can exceed their programmers, in the end these developments signify nothing without their human counterparts: "The machine reacts to certain situations by suggesting unexpected lines of action," they write, "but the suggestion would be fruitless if man were not there to interpret it."[15] Like the Sophist, computers function like a thinking being, but in the end they are just following instructions, not creating, generating, or producing anything. Another author, Michele Pacifico, in the essay he wrote for the *Almanac*, "The New Gutenberg," adds to this distinction, arguing that while a machine may be able to read, it cannot be said to comprehend; and just because a machine can be said to have a memory does not mean it can be said to have thoughts or associations.[16] Pacifico begins with an epigraph from the philosopher Ludwig Wittgenstein, which reads: "Asking if a machine can think is a bit like asking what color has the number three."[17] The choice of reference is telling: colors are some of the most difficult phenomena to quantify, much less explain. Pacifico's distinction between "reading" and "comprehending", along with Eco and Zorzoli's separation of the ability to create new systems from the uniquely human ability to interpret them, refuses to entertain the idea that humans can be *reduced* to machines. While computers may perform some aspect of humanity, they do not embody it. The analogy of the "electronic brain," for these authors, has its limits. This limit is interpretation; the making of meaning is one place where humans stand alone.

* * *

The artworks in the Electronics section of the *Almanac*, in contrast, exploit the functional similarities between human thought and machines processing information, and meticulously avoid issues of interpretation or other activities that exceed the analogy of the electronic brain. This is evident in the only actual example of literature: Nanni Balestrini's *Tape Mark I,* one of the earliest algorithmically generated poems.[18] The title of Balestrini's poem echoes the nickname for one of the first semi-programmable computers, the Mark I. Created in 1944 by the computer scientist Howard Aiken for IBM, this relatively basic machine could not store programs, but could follow them. As Balestrini explains in the preface to *Tape Mark I,* he worked on an IBM computer with the help of a scientist to program the poem. The process proceeded as follows: First the artist chose three already written texts, a published diary of a doctor who survived Hiroshima, an obscure detective novel, *The Mystery of the Elevator*, and passages from *Tao te ching*. Balestrini himself made the first divisions, chopping the prose into metrical units of two or three syllables. He then coded these fragments, marking them with numbers to indicate the possible grammatical forms that could follow them and still be syntactically meaningful. Subsequently the computer executes a program (essentially a flow chart outlining a set of rules) that arranged the elements into six stanzas, each with six lines and four metrical units. What resulted was a poem with a rhythmic repetition of phrases that retain some of the original meaning (how could "in the blinding ball of fire" or "the well-known form of a mushroom" completely eschew the image of the atomic bomb?) transformed by new configurations: "they assume the well-known form of a mushroom seeking to grasp, and even though things flower they expand rapidly, hair between lips."[19]

The artist does not use the algorithm to subject the poem to a judgment of quality, implying that the dilemma for artists would be whether or not computer art is "better." He wholly rejects the paradigm inherent to contemporaneous experiments with computers that pits humans against machines in a trial of authenticity.[20] Rather in turning to the algorithm Balestrini shifts the focus of poetry from personal expression or conveying a narrative to the material and technical system of communication. In this way, computer poetry functions like concrete poetry or Surrealist automatic writing. All these devices mitigate authorial intent and locate meaning in conditions that are external and non-individual—be it the way that concrete poetry strips language of its signifying function to elucidate its structure and form, or how freely writing or drawing without plan or design was thought to illuminate the unconscious. Like these previous artistic strategies, Balestrini's use of the algorithm in *Tape Mark I* displaces the site of meaning production away from the artist—both his consciousness and unconscious—and onto systems of language, logic, and action. Balestrini suggests as much in the introductory remarks for *Tape Mark I*:

> [W]e did not pose the problem of using a machine to imitate human procedures; rather, we took advantage of the capacity of the electronic medium to rapidly resolve some complex operations inherent to the technique of poetry. The methods and means provided to us by the most advanced science and technology are only meant to integrate the process of literary and artistic creation; such methods and means are consistent with our being part of an industrial civilization.[21]

Balestrini meant to illustrate the continuity between his poem and those before him. But it also suggests the ways in which *Tape Mark I* signals a fresh advance. Balenstrini's poem moves away from making meaning, beyond simply displacing it, to envisioning a contained network that makes meaning possible. As evident in his use of the term "integrate," the poet does not see the algorithm just as displacing authorship, but dispersing it. The very structure of the poem's presentation in the *Almanac* embodies dispersal (rather than displacement). Balestrini included illustrations of the coding of the previously chosen poems, the flow-chart of instructions that the algorithm followed, as well as the variety of poetic recombinations that the process could have produced. This whole assemblage was the work, but not its entirety—even the "final" *Tape Mark I* printed in the Almanac appeared incomplete, being only one of a number of possibilities.

The meaning of the poem ultimately includes this dispersed notion of creativity. It shares what the theorist and poet Alfredo Giuliani called, in the 1961 poetry anthology (which included Balestrini among others) *I Novissimi*, "the reduction of the I," poetry in which the source of meaning is not the individual but the structure of communication in which one takes part. The "reduction of the I" does not signal the death of the subject; it was instead a renewed method for its articulation. (Giuliani associated this notion with "the dialectic of alienation," arguing that "'the reduction of the I' is my last historical possibility for expressing myself subjectively").[22] The point was not to dissolve meaning or assert its impossibility, but rather to explore how new forms and new meanings can emerge within and through engaging given formal structures (ie. language, technology, perception). The Novissimi were an avant-garde modeled more on exploration than transformation; they saw the exploration of given forms as a step in reconstructing them. As Giuliani put it, the model Novissimi writer "learns from things and has no desire to teach; he does not give the impression of possessing a truth but of searching for one, and of dimly contradicting himself."[23]

For these young poets, structures such as language were both systems of oppression and potential change. The artist was always already intricately inscribed within them; he could not presume to be working outside. This was a challenge for the group, who still held fast to a political and social mandate (to transform consciousness and provoke societal change). But according to the Novissimi, it was more and more difficult for language to escape the banal and redundant meanings offered by the mass media.[24] No technological phenomenon had standardized language (or accelerated literacy rates) more than the launch of RAI's first television network in 1954. This posed a challenge for poets who wanted to revolutionize, rather than further disseminate, social norms and cultural assumptions. Equally vexing to the group, however, was the romantic myth of the individual poet or artist, which fixed the meaning of a work of art, limiting it to the artist's intention, emotional state, or unconscious drives. This romantic tendency was also dominant in the visual arts, where expressionist and emotive trends such as Abstract Expressionism and *art informel* were still dominant.

In contrast to these two extremes—submitting to the totalizing effects of language, or expressing a pure autonomous self—the integrated network of artist, algorithm, system of code, and assemblage of previously authored texts in *Tape Mark I* envisions creativity as *produced by* but not *limited to* already existing systems and protocols. The poem does more than proceed from this premise; it materializes it. *Tape Mark I* takes the process of creation out from behind the curtain and gives it articulation in and through the algorithm. In so doing, the very same analogy of the electronic brain that helped Eco and Zorzoli define humans as different from a machine, here allowed Balestrini to portray a fundamental characteristic of humanity: that it is only through exterior systems that we are given expression and meaning. There is no discrete electronic brain, but neither is there an autonomous human one. *Tape Mark I* advances a new model of artistic creation that includes machines, not to eclipse humans, but to express and expand their growing interdependence.

* * *

The artworks featured in the special Electronics section of the *Almanac* further engender the dispersion of creativity. Printed in black and white over twelve pages, the works repeat the same basic forms (square, circle, rectangle, line) and, just as in Balestrini's poem, a pre-established system or formula determines their placement on the page. The systems underlying these artworks are even simpler than the algorithm in *Tape Mark I*. For example, a study on paper by Giovanni Anceschi generates its composition from a simple rule: nine vertically oriented rectangles decrease from 9 to 0 over the course of ten steps, while nine horizontally oriented rectangles increase from 0 to 9. The result is a random-looking schema of rectangles stacked in lines no higher than three and spanning thirty rectangles across. Another sketch by Anceschi included a few pages prior follows a similar principle. The artist positions white circles across a black background according to the (invisible) arrangement of three rectangles and an equilateral triangle. In both cases, it is difficult to discern the precise medium—if the shapes are cut or drawn, for example. These studies were never exhibited as works of art in themselves. They are basic formal experiments with the principles of systems theory, illustrations of how a finite system could be capable of producing a variety of results.[25]

Anceschi was a member of the Milan-based collective Gruppo T. The other artists included in this section of the *Almanac* were also members of or associated with the group: Davide Boriani, Gianni Colombo, Enzo Mari, Grazia Varisco, and Gabriele Devecchi. Gruppo T formed in 1959 when Anceschi, Boriani, Colombo, and Devecchi were art students at the Brera Academy. The official start to the group came with the signing of the "Miriorama" declaration on the evening of October 15th. The term "Miriorama" came from the Greek word for "a thousand images" and the group's name, "T", was meant to signify their focus on the passing of time. By engaging with duration, change, and flux, art could transcend its status as representation or illustration to be made of the same structures as life. As Gruppo T claimed in the 1959 declaration, "we recognize in the arts a tendency to express reality in its ways of becoming. Therefore considering the artwork as a reality made with the same elements which constitute that reality which surrounds us it is necessary that the artwork itself be in constant variation."[26] Following from this vitalist principle, the early works of Gruppo T were all different kinds of "works in movement," whether that movement was actual or optical.

But for Gruppo T variation was a structural phenomenon, not an absurdist one. In this regard, they differ from the neo-Dadaist artists such as Piero Manzoni working at this time (and who himself exhibited works alongside Gruppo T on various occasions).[27] Gruppo T coupled an interest in flux and indeterminacy with an exploration of systematic coherence and numerical logic. This is clear in Anceschi's studies described above. It is even more apparent in the full-fledged works themselves. A photograph of Gianni Colombo's *Superficie pulsante N. 11* (Pulsating Surface N. 11), reproduced in the *Almanac*, captures precisely this dynamic. *Superficie pulsante* is a kinetic work comprised of paper-thin white rectangles affixed only by the top edge and arranged next to one another in a grid. A mechanism (likely a motor attached to the back) flipped the pieces up and down.[28] The photograph shown in the *Almanac* was taken with a slow shutter speed, and so captures each change in position and superimposes them, creating a blurry image suggestive of the movement. This work is one of a series of stylistically similar artworks. In another, *Strutturazione Pulsante*, 1959, not pictured in the *Almanac* but widely exhibited, Colombo organized white Styrofoam bricks into a grid. A mechanism hidden behind the composition moves the pieces in a wave-like motion, suggestive of breathing. Works like this one combine a simple, geometric, and often monochromatic composition with some mechanism that makes the work change and morph into untold patterns. But like some other works shown in the *Almanac*, for example Davide Boriani's kinetic work with metal shavings, Colombo's work highlights a counterintuitive reading of the 'electronic brain,' anthropomorphizing the machine.

Gruppo T's kinetic and op artworks embrace the feedback loop between human and machine that is the basis of algorithmic design. They base their creative process in a mathematical formula or mechanism—establishing a set of instructions, computations, or constructing a changeable form that is then set to move. The form generates new patterns and shapes independent of the artist's direction, thereby mimicking the function of creativity but not its underlying structure. In turn, the works reflect back a model for creativity that is based on its function—what one *does* rather than what one *is*. These works model an idea of creativity as integrally linked to the systems in which it exists, just as each individual composition generated by the artwork is grounded in the program that produced it.

The works by Gruppo T that appear in the *Almanac* serve as illustrations for another of Umberto Eco's contributions, an essay entitled "The form of disorder," (La forma del disordine). The essay, like the artworks, conceptualizes computer systems not as linear programs or rules but as structures that generate multiple unique manifestations.[29] Eco's concern is articulating what he sees is a "new cosmology" being ushered in by computers, but one that has not yet been made conscious or been fully comprehended. He tasks artists with giving form to the technological and social changes afoot. Eco condemns what he calls "a romanticism of chance" apparent in Action Painting, abstract expressionism, and Neo-dada in favor of a more balanced approach.[30] In contrast, the artists of Gruppo T (who Eco calls "programmers") explore the ways in which chance is an integral part of any ordered system. These artworks therefore have wide-reaching descriptive power, capturing truths that apply to the subatomic world as much as the nature of interpretation and meaning. All have the appearance of indeterminacy and mutability, but underlying each of them (Eco draws on physics and information theory here) is a system. There is order to chaos, if we learn how to look.

Eco focuses on two examples that capture this dynamic in a form: Balestrini's poem and Munari's *Cybernetic Permutations*, a simple grid of small dashes in different positions (another study on paper). The dashes seem to be randomly positioned, but after looking more closely, one can discern a pattern. The composition is minimal, and it seems that Eco is also holding in mind Munari's more elaborate kinetic artworks and sculptures when he makes the following conclusion about computer- or systems-generated works such as these:

> You do not receive a message, but the possibility of all co-present messages. You no longer discover the coordinates that tranquilly indicate to you, the above and below, the right and the left. Rather the cosmos explodes, it expands and expands, and where will it be at the end? The observer of renaissance perspective was a good cyclop that added his one eye to the cracks of a magic box in which he saw the world from one possible point of view. The man of Munari is constructed to have a million eyes.[31]

This splintering of perspective is harder to gauge from a work on paper so sparsely patterned. But consider Munari's *Nove sfere in colonna* (nine spheres in a column) from the same year. Stacked atop one another, nine transparent balls, each with two white stripes, are affixed to a mechanical pulley at its base. As the pulley rotates the spheres, the white stripes circle around as well, forming unique patterns. There is no one point of view, and no matter how long one stands and looks, there is no way to exhaust the possible compositions. Like Anceschi's studies describe above, *Nove sfere* illustrates the maxim that a finite system can produce an assortment of results. But Eco takes this further by suggesting that the work reorients the viewer's experience—in the case of Munari's *Cybernetic Permutations*, the viewer's vision is dispelled, as if looking with a million eyes. Eco's claim is that Gruppo T's works and Balestrini's poem not only disperse creativity; they disperse the viewer's sense of self as well. Each viewer of Munari's drawing, Boriani's motorized construction, or Colombo's pulsating structures sees something different than the other, different from themselves a moment before.

Significantly, these artworks do not produce a sublime feeling of instability or unrest at their core, nor do they entirely disorient the viewer, just as their mode of creation does not wholly dismiss authorship. They engender a model of creativity, agency, and subjectivity that is dispersed and networked, but contained and comprehensible. The artworks of the *Almanac* and the way they play with the metaphor of the electronic brain suggest that the advent of the computer should instigate not a stress on our humanity (as ineffable, autonomous uniqueness) but rather our humility (as an acknowledgement of thorough, dialectical imbrication in a technological apparatus). The special section of the *Almanac* is by no means a coherent statement, but it evidences an inchoate post-humanism, an anti-anthropocentrism, an expansive notion of humanity that can and should include the systems and structures that exceed us.

At first the integration of human and machine might appear to resemble the rhetoric and work of the Italian Futurists of the early twentieth century. And indeed, the manifestos of early Futurism advocate an array of technological metaphors for human capabilities and agency. Boccioni exclaims in the "Technical Manifesto of Futurist Painting" of 1911, "Our renovated consciousness does not permit us to look upon man as the center of universal life. The suffering of a man is of the same interest to us as the suffering of an electric lamp."[32] And Marinetti's "Words in Freedom," in addition to envisioning wireless communication long before the Internet, posited fluidity among people and things: "Instead of humanizing animals, vegetables, and minerals (an outmoded system) we will be able to *animalize, vegetize, mineralize, electrify, or liquefy our style,* making it live the life of material."[33] But in the Futurist vision of mechanization, machines fulfill and amplify human will, casting the rest of the world in his (chauvinist, misogynist) image rather than dispersing or redefining it. Over and over again, their language emphasizes synthesis, an underlying tendency manifested in the notion of "plastic dynamism," in which the compositional emphasis was on "the appearance of the whole."[34] And the Futurists' paintings display this even more acutely. In *The Farewells* of 1911, part of the *States of Time* series, Umberto Boccioni composes a dizzying cyclone of color, swirls of green embracing billows of white, dashes of red cutting across strokes of black. This painting shows a train leaving a station, but the narrative is just an excuse to express the Futurist vision of the integration of humans and machines: figures blend with wheels and trees behind them, the train becomes the hillside and sky. The complete obliteration of one-point perspective, the vestiges of which were still apparent in the Divisionist paintings that inspired Boccioni, replace a stable viewing subject, situated in a discrete time, space, and point-of-view, with an all-seeing powerful viewer who could be above, below, beside, and within all at once.

In contrast, the perspective offered by systems artworks of the early 1960s (as illustrated in the *Almanac*) positions the viewer as always incomplete, partial, and changing. Technology (early computers, algorithms, systems theory) does not imbue the viewer or artist with power. Instead these machines give the lie to the idea that an individual has the ability to see or do everything at once, serving as a constant reminder of the limits of knowing, doing, and being. The artist becomes a part of the process of creation, rather than either its font or its form-giver. The viewer is included in the network, as their vision is distributed across time and space. It is telling that the Futurists never embraced new technologies, eschewing photography and film for painting and sculpture. The most celebrated Futurist artists held fast to 'the hand' as the wellspring of creativity, relegating the machine to a metaphor or prosthesis to be wielded by an otherwise self-sufficient entity. As evident in the works surveyed in the *Almanac,* postwar artists craved another type of machine because they desired a different idea of the human. Early computers delivered a new way of thinking about mechanization, which engendered a different understanding of the subject when applied, metaphorically, to human beings—centrifugal rather than centripetal existence. In the context of 1960s Italy, this idea was appealing due to the traditions it both sidestepped and reconciled: a coherent but dispersed subject, a system incorporating order and chaos. Rather than eclipse one with the other, the confrontation of 'electronic' with 'brain' provided artists an image of creativity that spanned across humans and machines—transforming the conception of each.

Notes

[1] Benjamin's text focused on photography and film, technologies (as the title suggests) of reproducibility. He writes: "Earlier much futile thought had been devoted to the question of whether photography is an art. The primary question – whether the very invention of photography had not transformed the entire nature of art – was not raised." His essay is devoted to this latter question. Walter Benjamin, Hannah Arendt, and Harry Zohn, *Illuminations,* (New York: Schocken, 1969), 227.

[2] Themes of other Almanacs from the 1960s include: "Avant-garde movements" ("I movimenti di avanguardia") (1960); "The civilization of the image" ("La civiltà dell'immagine") (1963); "Hero myths and the problem of youth in our time" ("Eroi miti e problemi dei giovani del nostro tempo") (1964); "The industry of the narrative" ("L'industria della narrativa") (1965); "Art and games" ("Arte e gioco") (1966); "Beauty" ("La bellezza") (1967); "Religious unrest" ("L'inquietudine religiosa") (1969); "Tecnologia ridens" (1970).

[3] Quoted from *Il Giorno,* February 4, 1961, reproduced in *Almanacco letterario Bompiani 1962: le applicazioni dei calcolatori elettronici alle scienze morali e alla letteratura,* (Milano: Bompiani, 1962), 69. Translation mine.

[4] "Anche in Italia il futuro è già cominciato," *Epoca,* October 15, 1959.

[5] For the development of IBM's computer and interface aesthetic, see John Harwood, *The Interface: IBM and the Transformation of Corporate Design, 1945/1976,* (Minneapolis, MN: University of Minnesota Press, 2011).

[6] Immense excitement about the Programma 101 pervades the press about its release at BEMA. One journalist wrote: "We would see a computer in every office even before there are two cars in every garage. [...] A manager can now have his secretary pro-rate the expenses of all departments in a company with instant speed at her own desk. Other fundamental business applications like amortization, mortgage, and payroll are also easily computed on Programma 101." For this and more press coverage of Programma 101's unveiling see Annmarie Brennan, "Olivetti: a working model

of utopia" (PhD diss., Princeton University, 2011), 192–194. Original citation for the quoted article as listed on 194: "A Desk Top Computer," *New York Journal American*, Monday October 25, 1965.

[7] Ettore Sottsass quoted in Sibylle Kicherer, *Olivetti: A Study of the Corporate Management of Design*, (London: Trefoil Publications, Ltd., 1990), 42.

[8] Kicherer, *Olivetti: A Study of the Corporate Management of Design*, 42.

[9] Turing's 1950 essay famously begins with the "imitation game," where a man and woman are put in a room and an interrogator asks questions to determine which of them is the man and which is the woman. Then the question becomes, what will happen if a machine replaces one of the people? Will the questioner be just as likely to ascribe gender correctly, or not? That is, will the machine effectively be able to perform gender? Turing switches from the question of "thinking" as a process to "thinking" as performance when he writes "We now ask the question, "What will happen when a machine takes the part of A in this game?" Will the interrogator decide wrongly as often when the game is played like this as he does when the game is played between a man and a woman? These questions replace our original, "Can machines think?"" Alan M. Turing, "Computing Machinery and Intelligence," *Mind 49*, (1950), 433.

[10] Norbert Weiner, *The Human Use of Human Beings: Cybernetics and Society*, (New York: De Capo Press, 1954), 24. This later book is a simplified synthesis of the 1948 *Cybernetics: Or Control and Communication in the Animal and Machine*, intended to explain cybernetics to a wider audience as well as to theorize the social uses of the field.

[11] See for example Stanislao Valsesia, "Verso la 'biblioteca elettronica': l''information retrieval'" and Carlo Tagliavini, "L'automazione nelle ricerche fonetiche," *Almanacco letterario Bompiani 1962*, 117–122.

[12] In his book *Computers and Common Sense: The Myth of Thinking Machines*, published in 1961, the American philosopher Mortimer Taube offers this useful distinction between the "simulation of structure and simulation of function." Given the publication dates (both 1961), it is impossible that anyone writing in the *Almanac* would have read Taube's text, but Eco and Zorzoli seem to be thinking of precisely the distinction between function and structure that Taube articulates at the same time. Mortimer Taube, *Computers and Common Sense: The Myth of Thinking Machines*, (New York: Columbia University Press, 1962), 72.

[13] "Il metodo binario," *Almanacco letterario Bompiani 1962*, 92–98.

[14] English translation from Umberto Eco and Giovanni B. Zorzoli, *The Picture History of Inventions, from Plough to Polaris*, (New York: Macmillan, 1963), 334–335. For the original, see *Almanacco letterario Bompiani 1962*, 100.

[15] "La macchina reagisce a certe situazioni suggerendo direzioni impensate; ma il suo suggerimento sarebbe sterile se non trovasse l'uomo pronto ad interpretarlo." *Almanacco letterario Bompiani*, 100. For English cited above, see Eco and Zorzoli, *The Picture History of Inventions*, 335.

[16] Michele Pacifico, "The New Gutenberg," *Almanacco letterario Bompiani 1962*, 100–103. (title is in English in the original)

[17] "Chiedersi se una macchina possa pensare è un po' come chiedersi che colore abbia il numero tre." Pacifico, "The New Gutenberg," *Almanacco letterario Bompiani 1962*, 100.

[18] Christopher Funkouser's "First-Generation Poetry Generators: Establishing Foundations in Form," offers a comprehensive overview of the earliest experiments with digital poetry. According to this article, the earliest use of computer programs to write a poem was by Theo Lutz, a student of the cybernetician and concrete poet Max Bense, in 1959. Christopher Funkouser, "First-Generation Po-

etry Generators: Establishing Foundations in Form," *Mainframe Experimentalism: Early Computing and the Foundation of the Digital Arts,* Hannah B. Higgins and Douglas Kahn, eds., (Los Angeles: University of California Press, 2012), 243–265.

[19] Balestrini, "Tape Mark I," translated by Staisey Divorski, *Mainframe Experimentalism,* 266–274. Original published in *Almanacco letterario Bompiani 1962,* 145–151.

[20] For example, the Turing test, described in a footnote above.

[21] Nanni Balestrini, "Tape Mark I," *Mainframe Experimentalism,* 266–267. "Qui infatti non è stato posto il problema di ottenere dalla macchina una imitazione di procedimenti propriamente umani, ma sono state semplicemente sfruttate le capacità del mezzo elettronico di risolvere con estrema rapidità alcune complesse operazioni inerenti alla tecnica poetica. La utilità e legittimità dell'impiego dei metodi e dei mezzi messi a disposizione dalla scienza e dalla tecnologia più progredita, intendendoli come integrazione dell'opera di creazione letteraria e artistica, si manifestano in accordo al nostro appartenere a una civiltà industriale." Balestrini, "Tape Mark I," *Almanacco letterario Bompiani 1962,* 145.

[22] English translation of 1961 introduction, from Alfredo Giuliani, *I Novissimi: Poetry for the Sixties = I Novissimi: Poesie Per Gli Anni '60,* (Los Angeles: Sun & Moon Press, 1995), 27. John Picchione has recently explained "the reduction of the I" in the following way: "The centrality of the 'I' and of the author is supplanted by the centrality of language and of the other – an assemblage of pre-existing linguistic fragments and voices of characters that speak through that of the poet. ... To be sure, Giuliani and the Novissimi group do not proclaim the death of the subject or the disappearance of the self. The phenomenological reduction is a strategy generated by the urgency to revisit the world anew and to unfold, through innovative linguistic modes, new possibilities of existence." John Picchione, *The New Avant-Garde in Italy: Theoretical Debate and Poetic Practices,* (Toronto: University of Toronto Press, 2004), 15-16.

[23] Giuliani, *I Novissimi: Poetry for the Sixties,* 25.

[24] This was not something to flee from, Balestrini argued in 1961: "The fundamental attitude thus becomes one of getting poetry to 'prod' words, to lay an ambush for them at the very moment they are bound up in sentences, to do violence to the structures of language, pushing all its properties to the breaking point. Such an attitude is meant to stimulate these properties, the intrinsic and extrinsic charges of language, and to provoke the unprecedented, baffling cruxes and encounters that can make poetry a true whip to the reader's brain, a brain that gropes through daily life immersed in commonplaces and repetition." Balestrini, "Language and Opposition," *I Novissimi: Poetry for the Sixties,* 383.

[25] This foundational principle of systems theory underlay many of Anceschi's work of this period. One work by Anceschi from 1960 titled *Tavole di possibilitá liquide* (*Tables of Liquid Possibility*), for example, is a Plexiglas container the approximate size, shape, and depth of a small canvas. This container is filled with red liquid and affixed to the wall with a revolving peg, centered so that viewers can hold and spin the plastic structure. As it moves, the liquid makes different abstract patterns, never repeating the same one twice.

[26] Gruppo T, "Miriorama I Declaration," October 15th, 1959. Luca Cerizza, ed., *Gruppo T: Miriorama, Le Opere, I Documenti,* (Bologna: P420 arte contemporanea, 2010), 27.

[27] For more on Manzoni's role in the Milan art scene, see Jacopo Galimberti, "The Intellectual and the Fool: Piero Manzoni between the Milanese Art Scene and the Land of Cockaigne," *Oxford Art Journal,* 35, 1 (March 2012).

[28] As with Anceshi's study, the medium is not explained in the *Almanac* and it does not appear elsewhere, in exhibitions, catalogues, etc. But other works by Colombo use motors to move the elements, either hand-driven or mechanical, and so it is safe to assume this one did as well.

[29] This idea of the computer as a generative structure related to Eco's idea of "the open work," artworks that, because of some formal feature, give rise to an indeterminate number of meanings. In this essay as well as his book, *Opera aperta,* computers, information theory, and cybernetics functioned simply as exemplary models for how order related to apparent chaos. Umberto Eco, *Opera aperta,* (Milano: Bompiani, 1962).

[30] Notably, the final section of the *Almanac* presents a survey of contemporary art and fails to include any of Gruppo T or these early computer artists. The section includes all the groups Eco dismisses here: Happenings, Neo-dada, for example Jasper Johns and Robert Rauschenberg.

[31] Eco, "La forma del disordine," *Almanacco letterario Bompiani 1962,* 186-187, my translation.

[32] Umberto Boccioni, Carlo Carrà, Luigi Russolo, Giacomo Balla, Gino Severini, "Futurist painting: Technical Manifesto" (1910), Umbro Apollonio, *Futurist Manifestos,* (London: Tate Publishing, 2009), 29.

[33] F. T. Marinetti, "Deconstruction of Syntax -- Imagination without Strings -- Words-in-freedom," (1913), Apollonio, *Futurist Manifestos,* 100.

[34] Boccioni, "Plastic Dynamism" (1913), Apollonio, *Futurist Manifestos,* 92. This sentiment becomes even stronger over time, until Boccioni writes in "Futurist Painting and Sculpture" (1914): "We futurists proclaim that painting is moving towards a more synthetic and meaningful understanding of the object." Apollonio, *Futurist Manifestos,* 173.

Johel Calahan

Paraipotassi *and Narrative Structure in Sanguineti's* Capriccio italiano

> *parturient montes, nascetur ridiculus mus*
> Horace, Arts Poetica
>
> "Titulus est Laborintus quasi labo<u>rem</u> habens <u>intus</u>"
> Everardus Alemmanus

In an early lecture on the style and technique of his contemparies, "Il trattamento del materiale verbale nei testi della nuova avanguardia," Edoardo Sanguineti makes an analogy to describe the syntactic innovation characteristic of Nanni Balestrini's work:

> Facendo grandissimo conto del fatto che siamo di fronte a una situazione di sintassi abnorme, sensibilizzata da una totale carenza di segni di interpunzione, parlando per allegoria, e solo per allegoria, potremmo nondimeno ricorrere al bel vocabolo tecnico di paraipotassi... Quel ritorno al disordine si stabilizza in modi sufficienti perché possano ambire a presentarsi come strutture immaginative.[1]

The description in this passage uses a linguistic observation to make a theoretical claim: abnormal syntactic structures might serve to allegorize higher levels of imaginative structure. This is a key principle for Sanguineti's cultural theory. As he elaborates elsewhere, the poet makes use of a fact of language—that "ogni struttura di linguaggio è una 'visione del mondo'"—to reorder the structures of social life by experimentation with the linguistic structures from which it is built: "una sperimentazione critica delle gerarchie del reale, quale è *vissuta* nelle parole."[2] Sanguineti's radical experiments in language propose nothing less than a complete reorganization of lived experience. Though the direct claim of the passage sets up Balestrini as the exemplar of this critical function, Sanguineti's description could easily be applied to a range of poetic and prose works written during the early years of the neo-avant-garde—especially Sanguineti's own. Indeed, in the same essay, Sanguineti echoes his description of Balestrini when he describes an ideal narrative style, one exemplified by a lengthy citation of *Capriccio italiano*, his fictional tour de force published the year before: "Immaginiamo che [il nostro narratore] tenti di mimarlo allusivamente, servendosi di un lessico francamente regressivo, di un sottopartlato oniroide che si articola entro un registro deliberatamente depauperato e ristretto, in una sintassi sbalordita e deficiente."[3]

Because Sanguineti often takes his authority for claims about the social dimension of literary innovation from cultural theory, it is striking that in this essay he rests his argument on an obscure term from Romance philology, the *bel vocabolo tecnico* of *paraipotassi*. *Paraipotassi* (parahypotaxis, as it were) is a term used to name a hybrid syntax structure combining hypotaxis (the subordination of one clause to another to describe direct relation) and parataxis (the addition of clauses with no dependent relation).[4] The term most often describes parallel clauses beginning with a proleptic dependent clause linked to a main clause by a coordinating conjunction (most often *e*, but also *sì* and *ma*[5]), as this classic example from Dante shows:

> E quando ei pensato alquanto di lei, *ed* io ritornai pensando a la mia debilitata vita.[6]

Here, typically, the phrase begins by expectation of a causal or temporal relation, but abruptly shifts the expectation toward a new line of thought—it dissolves a direct causal or temporal link in favor of an indirect or diluted one. Sanguineti's use of such a term, given its obscure provenance, is curious: he indicates a concrete linguistic source in the earliest prose narratives of the Italian tradition for the chaotic style of neo-avant-garde literary language. He seems in fact to suggest that the historical source allows us to explain an underlying conceptual stability to this surface disorder.

How does a technique belonging to canonical early Italian writers bear out Sanguineti's broader claim—that a sensation of stabilizing disorder (*[il] disordine si stabilizza*) in neo-avant-garde style rises to the level of "structures of the imagination" (*strutture imaginative*)? More generally, how does an archaic syntactic structure come to embody a lived experience of mind? To answer these larger questions, it is important to understand why the term *paraipotassi* in particular makes an ideal historical allusion—*per allegoria*—for Sanguineti's critical polemic. As the Romance philologist Luigi Sorrento demonstrates in his comprehensive study of the syntactic form, its peculiar rhetorical effect is generally expressive of an intensification of psychological feeling: "Il pensiero incomincia con un tono calmo proprio del ragionamento e continua d'improvviso con un tono movimentato e rapido che è del linguaggio emotivo, acquistando interesse e importanza per via dello spostamento, si dica pure turbamento."[7] Furthermore, the very hybrid nature of the figure suggests, as Marco Mazzoleni explains, the writer's attempt to strain past semantic meaning: the initial clause establishes the sentence's main semantic function, while the main clause joined by the coordinating conjunction "è priva di un valore semantico specifico ed ha una più generica funzione di accompagnamento e sottolineatura della correlazione."[8] In the example from Dante quoted above, the poet's thoughts of Beatrice return him to a metacognitive reflection on the frailty of his own life (and by extension, hers). The parahypotactic syntax expresses the simultaneity of two thoughts—one an impression, one a reflection on the impression—and thereby intensifies an emotional tension between the two.

Sorrento furthermore claims an historical rationale for the origin of the peculiar rhetorical effect of intensification. In the periods of its most frequent usage (primarily in Late Latin and early Italian[9]), we find written literary style at its moment of greatest contact and borrowing from spoken dialect: "Essa si è potuta trapiantare e diffondere largamente negli scritti in volgare, in quanto si sono continuati flussi e riflussi fecondi e freschi tra lingua parlata e lingua scritta. E questo è un fatto di dominio storico e di carattere spirituale."[10] Sorrento concludes that *paraipotassi* "non è un fenomeno di sintassi puramente popolare...né puramente letterario, ma una forma impulsiva innestata su un discorso logico."[11] It is a hybrid style, bringing together popular and literary forms as well as historical and spiritual realms—through the traces of both spoken and written forms that it carries. The expressive, emotional aspect that the sentence gains comes from this performative aspect: it is a textual artifact that bears the imprint of speech.

This philological history suggests both why Sanguineti was attracted to the term for describing the neo-avant-garde theoretical project, and how its function might illuminate key aspects of Sanguineti's own work. Fundamentally, *paraipotassi* animates a dormant feature of early Italian language, drawing us through its rhetorical force toward the deep history concealed in the style of a spoken narrative. Speech, as Sanguineti suggests, transforms the brute concepts of language into something with weight.[12] The cryptic, condensed narration in Sanguineti's first poem sequence, *Laborintus* (1956), shows the poet working in a far different mode: the poem is a textual collage, a pastiche of *written* language and signs. In Sanguineti's *Capriccio italiano*, however, as I will show in the readings that follow, we find an immersive experience of speech in a style drawn from a historical structure from early Italian—a parahypotactic syntax that conceals its past by the humor and ironic sadness of a rambling, performative style. This effect is what Renato Barilli observes when he describes the register of *Capriccio* as "un linguaggio ricco di tutte le proprietà del 'parlato.'"[13] Following Barilli, I will show that an underlying syntactic form to the sentences and chapter structure in the novel underlies its humorous but often incoherent narration. I will also show that, at the register of plot, Sanguineti tests the radical potential of performed speech by forcing the reader to construct narrative order according to an artificial, fixed teleology.

* * *

One of the features apparent from the opening pages of *Capriccio italiano* is its elaborate, circular style, matched chapter by chapter by its insistence on disorienting shifts of scene and character. The opening of Chapter 23 is typical of many such chapter openings:

> Diede un suo calcio al materasso lì per terra, così appena entrato, come per sistemarselo meglio contro la parete, e subito si buttò giù, che poi è stato un bel tonfo davvero. "È un disastro," disse subito, e si raccolse tutto da una parte, e mi fece vedere bene che c'erano, dentro, ma tanti, che la lana era come tutta distribuita male, appunto, dentro. Ma la parete era poi piena di quadri, ma dal soffitto al pavimento giù, e cioè al materasso, e lui stava lì coricato sotto i quadri, adesso, giù.[14]

To begin at the level of grammar: even such a straightforward passage as this bears a striking structural resemblance to the play of superordination and subordination that we see at work in the *paraipotattico* structure. Sentences begin with generalized categories of nouns for grammatical subjects (*cespuglio, lago, diga, albergo, porta, scalino*—to name a few at random) linked by open-ended, paratactic chains of association. The narrator then fleshes out details from this vague opening context with recursive elaboration and clarification. Often the insistent propulsion forward is made by the associative conjunction *che*—a non-typical but still recognizable marker of *paraipotassi*—but it also includes the frequent use of terms like *cioè, proprio, appunto*, as well as constant references to exactly where the narrator is pointing: *ci, lì, dentro, sotto*, and so on. Éanna Ó Ceallacháin points out the mimetic aim of this hypotactic technique and the strange effect it leaves: "All of these mimic, on the one hand, the rhythms and tonalities of spoken, functional language and suggest an aspiration to mimetic description, but, in the absence of a more defined locational and narrative frame of reference, they remain curiously empty, creating an effect almost of detachment, of an unreal reality."[15] The spiraling clauses create the sensation of a narrator's spontaneous attempts to correct his initial generality by being more precise, and anxiously appending more and more reference—an *overcorrection* of reference that leaves us more perplexed with empty explanations of effect.

The repetition of this technique over the course of sentences is both strange and delightful as it circles slowly forward, clause by clause. Then comes the climax: the moment of narrative swerve at each chapter's conclusion. Here is the ending to Chapter 23 cited above:

> Adesso lui dava dei colpi mica male, lí nel materasso, con le sue mani, e si spostava sempre avanti e indietro, lí sopra, e poi verso la parete e i quadri, e poi lí da me, sempre per darci i suoi colpi, che sempre ci faceva tanta polvere, e poi mi disse, che ancora lui faceva cosí: "Eh, piacciono sí, agli ultracorpi, le donne." Ma poi disse: "Eh sí, ma te le rovinano, proprio." Che mi faceva una grande rabbia, a me, che mi diceva questo, lui, ma che intanto, con i pezzi del meccano che ci avevo staccato lí dai quadri, piano piano, io ci avevo fatto una piccola gru, del tipo di quelle che girano. "Ma ci hai un po' di cordino, tu?" gli dico.[16]

In a typical ending, we find the breakthrough of a specific statement about the world—a new noun, a quotation, a sudden shift in tableaux. Here in chapter 23, the narrator has taken the occasion of his friend's violent rage at the cobwebs to fashion a miniature crane of steel parts. The final line of the chapter is a joke based on contrasts: "'Ma ci hai un po' di cordino, tu?' gli dico." This parting line works as a kind of punchline to the setup of the entire chapter. B.'s destructive rage has been converted into constructive activity. The ending makes a retrospective joke on the *use* of collage art as scrap metal, as if to suggest the natural slip between artistic and practical labor. It also lets us speculate forward: the crane prefigures its role as a toy for the unborn Sanguineti child. Its function is both spontaneous, to create the sense of a retrospective conceptual reflection on the scene, and also prefabricated, as it were: it becomes a stock technique that structures each chapter in a formulaic fashion.

The narrative drive of each individual chapter toward the aperçu of its final sentences accrues a kind of momentum over the course of many chapters. As I have suggested, this teleological momentum toward brief closure in each chapter in fact recasts many of *Capriccio*'s individual scenes as anticipatory rather than as merely episodic—the reader awaits a next step in the action, even though she knows it will likely not arrive as expected, or will take another detour along the way. A narrative swerve in tone is one of Sanguineti's frequent techniques, played for humor or for pathos. In one of the more bizarre, otherworldly scenes in a bizarre novel, the narrator tries in Chapter 48 to describe in one instant of frozen time the shock of encountering a Martian bodysnatcher devouring an innocent woman:

> E cammino per i cespugli, cosi, un po' a caso. E allora ecco che me lo vedo lì di fronte a me, proprio, che ci ha davvero m. 1,63 di statura, che ci ha una specie di tuta che è come grigia, che non ci ha le cuciture niente, e che poi non ci ha nemmeno le aperture, e che lui ci ha davvero dei capelli da paggio, e che sembra un po' greco, insomma. "Oh," dico subito, "il marziano."[17]

Sanguineti's first point of reference in this scene is to pop culture: the Martian has invaded this story from the newspaper article "Un marziano a Roma," published in "Il Mondo" on November 2, 1954 by journalist, screenwriter, and Fellini collaborator Ennio Flaiano.[18] In Flaiano's popular comic tale, the cataclysmic arrival of an extraterrestrial being from Mars to the grounds of the Villa Borghese becomes quickly passé to the sophisticated Roman public, and the Martian's reputation gradually diminished and normalized week by week, until it becomes an assimilated figure of modern Roman life. The somewhat disappointed pronouncement of Sanguineti's narrator—"Oh," dico subito, "il marziano"—mocks his own jaded expectations when faced with the sublime Martian, who is not only extraterrestrial in real life but also extra-fictional to the novel's world.

The narrative structure of this opening underscores the narrator's bored attitude by the parahypotactic shift from description to interpretation. The moment of encounter with the Martian is indicated by the deictic "ecco"—but this one gesture gives us only a narrator's immediate impression of a scene the reader cannot yet see. The narrator's articulation is grasping: we are told its location (*di fronte a me, proprio*); its dress and hairstyle, its ethnic group resemblance (*un po' greco*). However, the final word *marziano* is the first specific identifier in the entire description. (Even the absurdly specific height of 1.63 meters tells us nothing about the object: it is a category distinction). But in the moment of certain character identification, the narrator grasps control of unrelated attributes. The narrator *knows* that this creature is a Martian, drawn from a chain of reasoning to which the reader is not privy. All we have, instead, is descriptive detail followed by a simple assertion interpreting the detail. The punch line—"Oh," dico subito, "il marziano"—works as humor narratively because this description doesn't lead to the identification of this creature as a Martian. Instead, the flat assertion of its identity causes us to reenvision the characteristics as both unessential to but also inevitably descriptive of the fundamental identity of the creature as a Martian.

Turning ahead to the chapter's ending, the instant of certain identity is transformed into a plot device that shakes the narrator from his disillusioned, bored attitude. It shows in Sanguineti's narrative not simply the jaded irony of the cosmopolitan intellectual, but a moment of real pathos:

> C'è soltanto la ragazza tanto grassa, adesso, che quella si vede sempre, che adesso è lì, per terra, che sembra tutta come gonfiata e gonfiata, che sopra la pelle si vede che ci ha come delle macchie, davanti, anche, e come delle righe, intanto, tirate giù male, che io ci penso che è il marziano che le ha fatte, a quella, che lui ci ha come delle zampe, e come degli unghioni, magari, che sono quelli che ci hanno fatto il male, alla ragazza. Allora la ragazza, che mi vede, mi dice: "Aiuto."[19]

In this ending, the Martian seems to vanish in an instant, and the encounter between unrecognized strangers is restaged with the injured young woman. Again, the narrator's description is both vague—*sembra tutta come gonfiata e gonfiata*—and distinctly specific: *che le ha fatte, a quella...alla ragazza*. The narrator vacillates between uncertainty of the girl's condition and uncertainty where the violence of the scene exists. The abstract description of violence—*ci hanno fatto il male*—reveals the narrator's hesitation to name both the kind of injury she sustained and who is responsible for this injury. The tentative description seems to absolves the narrator of acting on her behalf: if she is truly not injured, or if she is responsible for the injury, then acting to help her might be tactless. But the ending is a punctum that penetrates the narrator's hedging. At this moment, we hear the simple cry of "Aiuto." The ending is discomfiting because of its penetration of multiple narrative levels: the reader feels as helpless as the narrator has been, standing in shock at the sight of violence. It is a moment of wry humor, too, as the woman calls for help only when it is really too late to prevent injury. The ending speech act not only confirms that the Martian's treatment of her was violent, but also contains the urgency of a request. We can anticipate that the narrator will spring into action, but the ending is abrupt: we can't be sure that the final cry for help leads to her treatment and safety.

* * *

In finding cause-and-effect relations in the description and action of these chapters, I have avoided discussing the symbolic aspect of theme and imagery. This indeed is the predominant critical approach to the novel's admittedly bizarre plot. Critics have tended to follow Sanguineti's assertion that his novel is built from the symbology of dreams, narrated in the language of dreams, as direct evidence that its structure pertains to a hierarchy of the cultural imagination found in the psychological theories of Carl Jung. Renato Barilli, in his 1963 article "La normalità 'autre' di Sanguineti," offers a summary of this point:

> Presso Sanguineti l'esperienza onirica è accostata con un'aderenza quasi mimetica, vale a dire che è in lui il proposito di trascriverla così come quella si dà effettivamente, come sembra proprio di viverla nel corso di un sogno.[20]

This "mimetic" approach takes the novel's central problem of knowledge to be that of epistemology—specifically, how to order our experience of the novel's dreamlike fictional world with our experience of real life. Tibor Wlassics, in an important early article on the novel, describes how Sanguineti's oneiric language produces an experience of phenomenological synesthesia, blurring the distinction so that "l'immaginario è più reale del reale che, a sua volta, non è, in fondo, meno immaginario dello stesso immaginario."[21] Also in this vein, recent critical studies by Massimiliano Borelli, Elisabetta Baccarani, and Gilda Policastro emphasize different aspects of symbology as a key to liminal spaces that react in some way to a "real" world.[22] These approaches value symbology's insight into the fundamental levels of the individual psyche by penetrating through the surface effects of language evident in Sanguineti's writing.

Where these critics value a vertical approach to structure—the system underneath surface effects—my reading suggests that the narration holds linear structure to be as equally if not more important. Instead of focusing only on epistemology, therefore, I propose that the novel confronts us with the problem of making meaning of experience—in other words, a phenomenology. Given this distinction in approach, we might consider Sanguineti's relation to Jung in a different key: rather than focusing on his symbols, we might focus on his remarks on interpretation through narrative. In "General Aspects of Dream Psychology," Jung describes the central role that narrative plays in the clinical scene of psychologist and patient. He places the emphasis of interpretation on a dream's "finality"—its purpose or aim—rather than its "causality," its origin or cause, as do the Freudians. Consequently, Jung places particular significance on the endings of dreams, a stage he calls the *lysis*, or resolution, which he describes in "On the Nature of Dreams," as the "'final situation,' which is at the same time the solution 'sought' by the dreamer."[23] Both concepts of finality and resolution suggest that the work of interpretation is based on our anticipation of meaning and coherence in the aggregate of symbols that comprise our dreaming experience. It is the sequencing, however, of symbol that comprises the value of meaning. Jung notes the crucial distinction between the experience of the dream and the recounting of the dream: it is only in the ex post facto narration of the dream that the sequence of images or scenes arises. Taking up Jung's methodology as an exploration of literary technique, Sanguineti likewise invites us to see the deep connection between the ritual act of narration in dream interpretation and the emergence of a deeper cultural mythos:

> La funzione fabulatrice, qualunque significato assuma in concreto entro un dato quadro storico e sociale, si fonda poi sempre e comunque sopra il fatto che ciò che si viene fabulando si presenta, ed è concepito e usufruito, come un racconto che è, nel medesimo istante, e con la massima indiscriminazione immaginabile, vero e falso. Si capisce che parliamo, a rigore di termini, di mitologia, e non di romanzo... La *fabula* onirica può diventare così la struttura esemplare... di risalire verso un'esatta percezione narrativa, ritentando à rebours la filogenesi del romanzo, e procedendo dal sogno alla fiaba, e dalla fiaba al mito."[24]

Narration therefore begins with the dream, but must move to a social level through telling. This transition between levels is all-important in Sanguineti's schema: the crucial step of *fabulation*, or the fashioning or telling of the story, makes the transition between dream and myth. Making explicit the link between literature and psychoanalysis, Sanguineti concludes: "Come avviene del parlare in prosa, è tuttavia constantemente impiegata, assai liricamente, dal paziente che siede di fronte all'analista."[25] Within this setting, narration serves as individuation, the special ordering of cultural symbology—not simply the cultural symbol in general, abstract form.

With Sanguineti's reinterpretation of Jung in mind, we can recontextualize the question posed by Wlassics about where reality lies for the novel and narrator: what is the function of the literary on our understanding of reality? To suggest an answer to this question, we can turn to a surprising parallel to Jung in narrative theory that focuses centrally on the reader's own shaping of reality as narrative. In his seminal article, "The Value of Narrativity in the Representation of Reality," Hayden White argues that our tendency—even insistence—to construct plot in historical narrative demonstrates "the demand for closure in the historical story...a demand that sequences of real events be assessed as to their significance as elements of a *moral* drama."[26] As White explains, the simple, bare fact of events that happen in sequence in chronological time prompts us to construct a teleological arc, beginning from prior events and concluding with later ones. White's claim has a crucial psychological dimension: the moral imperative to *narrativize*, or to give to random events the aesthetic whole of a narrative, comes from "our desire for the imaginary, the possible." We don't just want to narrate; we have a "psychological impulse…to give to events an aspect of narrativity."[27] White's formulation locates a value judgment in the narrator's position toward the events around him. For White, the interpretation of cause and order in events through narration demonstrates a desire to find meaning in experience, precisely through one's own assertion of order and position within that order.

These complementing narratological accounts of Jung and White—both focused on the intrinsic literary qualities of all telling about reality—suggest that we ought to see the plot as a manifestation of the *paraipotattico* style on a large scale. The behavior and style of the narrator's performance dictates the unfolding subplots, and the overall architecture is nothing more than this performance; but by the same token, the novel's ending *predetermines* the narrator's style of telling the story. The novel's main plot is quite straightforward: the pregnancy and birth of the narrator's son Michele. The family unit is central in this plot, despite the novel's violence, sex, and horror. Norma Bouchard views this paradox with skepticism, suggesting that the ending "leads the reader back to the beginning of the novel, towards other ritualized re-affirmations of bourgeois order and the dreams they elicit."[28] This inevitable ending is prefigured by the recurrent description and observation of the wife's pregnancy, suggesting a simple but profound truth about anticipation as the underlying matter of narration. Following White, we can say that the pregnancy narrativizes events leading up to labor and delivery because of the cultural importance given to childbirth. As the novel moves into its final third, the wife's more frequent appearances hasten our experience to the happy ending and urges a retrospective reading of these individual chapters and scenes as potentially meaningful stages of the development toward the child's birth:

> …Ma adesso il nostro galoppo è finito, praticamente, e ci stiamo pestando tutti i mazzi delle insalate. Anche la ragazzetta è ferma, laggiù lontano, dove ci stanno i grandi campi delle dalie. Ci parla tanto calma, con una voce quasi che si spegne, e ci dice: "Ma lo volete visitare, il pollaio?". "Andate, andate," dice mia moglie. La sua voce è tanto rassicurante, ma è tanto improvvisa, però. Dice mia moglie: "Eh, divertitevi." Dice: "Ma mica sono invidiosa, io, ma è che non posso venirci, tanto, che ci sarei venuta anche io, se no". "Ma ci sono i bambini," spiega. E ci ha anche la sua pancia grassa, veramente. Perché adesso eravamo sotto un albero, dove finiscono tutte le insalate e incominciano tutte le dalie, e mia moglie è lì sopra quell'albero, appunto, che noi ci stiamo lì sotto, vicini al tronco, e lei è come lì appollaiata tra i rami, come in un suo nido tra i rami, e ci ha i miei due bambini intorno, che stanno sopra altri rami, ma più piccolo, che lei si

copre tutte le spalle dei miei bambini, con le sue lunghe braccia. Ma i miei bambini, lì di sotto, si vedono male, non si vedono quasi, che ci sono soltanto i loro occhi che spuntano, che sono come che pungono, se li guardi, tra le tante foglie. Poi c'è la ragazzotta che scappa, un'altra volta, che è come che scatta da un tronco a un altro tronco, che corre attenta, che corre bassa, come se ci sparano le mitragliatrici. "Addio, addio," diciamo in fretta a mia moglie, ai miei bambini. E ci riprendiamo il nostro galoppo, i nostri grandi salti calmi, verso i campi là, dei pomodori rossi.[29]

In this scene from Chapter 74, the narrator is romping around with E and the *ragazzotta*, and she invites him to visit the chicken coop. It is another invitation to hedonism that the narrator seems ready to accept. This time, however, the wife intervenes. She arrives suddenly, such that the syntax takes a moment to catch up to the surprise of her voice: only after they hear her say several things does the narrator begin to fill in the details of the scene, again in that hypotactic mode: *lì sotto, vicini al tronco*. Her voice is *rassicurante*, the narrator admits, and we can attribute this both to her sudden proximity and to her position over the narrator—protective, like her posture with wings covering her children. The direction in the next sentence is a typical Sanguineti swerve: we shout goodbye and take off into the sunset. The move is bold but symbolically freighted: instead of greens or dahlias, the fields on ahead are full of red tomatoes. The blood figured by the red tomatoes has the dual metaphor in it, symbolizing the narrator's anxiety over his wife's labor, but also the happy ending that childbirth signifies. That ending makes such departures from the family unit acceptable: we may condone the narrator's transgressions and abandonment as a minor, episodic deviation from an overall destiny of moral uprightness. This is the influence of the folk tale that Sanguineti suggests when he describes the plot: "tutta una serie di sperimentazioni angosciose e poi una distesa finale."[30] The "Addio, addio" at the end of this chapter is not permanent: the family unit will be restored in the end. This security, we must admit, belongs both to the narrator and to the reader: in every goodbye up to the last farewell to the dream state itself, we sense a real moral foundation keeping the narrator grounded in a certain reality.

Within the overall novelistic structure, Sanguineti uses, I have tried to show, the allegorical *paraipotassi* construction to recreate an immersive experience in the ambivalent emotions of parenthood. On the one hand, the parent experiences the trauma of the family unit breaking from its previous, whole state, and on the other a recovery of the values of family solidarity that accompany childbirth—these are the simultaneous and shifting sets of values embodied in the plot, a kind of *paraipotassi* of experience. The shift in narrative perspective between pre- and postpartum life is the novel's ultimate comment on the possibility of language to present and transform lived experience. At the birth event, the new parent shifts narrative position from the ongoing, paratactic experience of daily life to the hypotactic assertion of meaning into a single episode. The novel's ending itself, so crucial to the psychoanalysis of Jung as well as the historiography of White, therefore culminates in a joke of grand design: our narrator, Edoardo, wakes up to find that his son is born, ending the bad dreams and the nervous anxiety of anticipating the child all at once. When he pronounces the happy ending in Chapter 111—"non siamo già più nervosi niente, vedi, e che non ci facciamo già più i brutti sogni"—then we seem to have arrived at the *deus ex machina* of the return to realism in the old cliché: "It was only a dream." But the apparent deflation of the novel's story arc by casting it all as illusion is at the same time recovered by the doubled happy ending. As Gilda Policastro remarks, this resolution is a "un altro dato abbassamento parodico, stavolta non solo tematico ma strutturale."[31] The final spoken word of the novel ("Michele"), like our narrator's reentry from dream into waking, marks the child's entry into the world (and family) by the act of naming. The novel's culmination in a single act of naming suggests that the speech act is both everything and nothing. It is a simple happy ending, reminiscent of Barthes's remark that the novel "transforms life into destiny."[32]

The ambivalence of narrative perspective can be seen succinctly and poetically in one of Sanguineti's minor linguistic jokes loaded with a broader conceptual meaning in light of the novel's close. I allude to this concealed joke in the Horatian epigraph to this essay, a delightful surrealist moment in the *Ars Poetica* in which Horace describes a special kind of poetic labor—a mouse being birthed by a mountain—with the Latin verb *parturire*: to produce or bear, to give birth. It is a word whose Italian descendent, *partorire*, appears in the mouth of the narrator of *Capriccio* in several places, signaling the advent of a child through birth. To suggest an English equivalent of this verb, one would be tempted to adjust it to a different conceptual paradigm: that of *labor* rather than that of *birth*. The conceptual history of words for childbirth shows a clear change in focus from the event of delivery to the entry of the child into the world. The English word *labor*, directly from classical Latin, only acquired the narrow meaning of childbirth in the seventeenth and eighteenth centuries, just before it also gained currency as a unit of work considered as a commodity. Adam Smith's claim in *Wealth of Nations* that "labour…is the real measure of the exchangeable value of all commodities" shows us the macroeconomic final purpose of bringing a child into the world—a missing pun for *Capriccio* that Norma Bouchard recognizes subtly as the "ritualized re-affirmations of bourgeois order." In this conceptual history, the metaphor gains over time and across language. Sanguineti's great pun in the second epigraph, explaining the title of his first poetry book *Laborintus* by way of a marginal note on a medieval rhetoric treatise, is the punch line of this joke. "Titulus est Laborintus quasi la<u>bo</u>rem habens <u>intus</u>": The title is labyrinth, as if you had the labor inside of you. The labor of *Capriccio italiano* is doubled: it is our narrator's work in fabulating his *brutti sogni*, and also the physical labor of childbirth that he can only observe (for which his guilt is no fair exchange). Childbirth is, after all, the labor you have inside of you, the kind that he cannot biologically perform.

Notes

[1] "Il trattamento del materiale verbale nei testi della nuova avanguardia" (1964), *Ideologia e linguaggio*, rev. ed. Erminio Risso (Milan: Feltrinelli, 2001), 96.

[2] "Per una letteratura della crudeltà" (1967), *Ideologia e linguaggio*, 109.

[3] *Ideologia e linguaggio*, 92.

[4] This work is summarized in detail with commentary by Chiara de Caprio, "Paraipotassi e *sì di ripresa*. Bilancio degli studi e percorsi di ricerca (1929-2010)," *Lingua e stile* 45 (December 2010): 285–328.

[5] In the most thorough individual study of the figure, Luigi Sorrento identifies eight separate opening protases found in literary examples of parahypotaxis, which most often include subordinations to the independent clause by time ("Mentre..."), conditional conjecture ("Se..."), cause ("Poi che..."), or comparison ("E come..."). "La paraipotassi," in *Sintassi romanza. Ricerche e prospettive* (Milan: Istituto Editoriale Cisalpino, 1949): 25–91. De Caprio indicates in her historiography that the term "*sì di represa*" was preferred by Alfredo Schiaffini in his 1926 study, following the predominance of *sì* as the coordinating conjunction of *paraipotassi*.

[6] *Vita nuova*, XXIII, III.

[7] Sorrento, 71.

[8] Mazzoleni, 786.

[9] "Il fenomeno si manifesta sopratutto nelle lingue o in epoche linguistiche in cui son più vivi i contatti interdipendenti tra la lingua popolare e la letteraria, per es. nel latino arcaico e nel latino tardo." Sorrento, 56.

[10] Sorrento, 64.

[11] Sorrento, 88.

[12] On Balestrini elsewhere: "La parola sospesa dai normali rapport sintattici e trattata come element bruto, ostentemente gravida, nei continui effetti di parlato." "Come agisce Balestrini," in *Ideologia e linguaggio*, 72.

[13] Barilli, "La normalità 'autre' di Sanguineti," 682.

[14] *Capriccio italiano* (Milan: Feltrinelli, 1963), 47.

[15] "'Un mondo davvero autre'?: Sanguineti's *Capriccio italiano* and his Poetry of the Early 1960s," *Italian Studies* 65, no. 1 (March 2010): 72.

[16] *Capriccio*, 48.

[17] *Capriccio*, 93.

[18] The piece was later collected in *Diario notturno* (Roma: Bompiani, 1956).

[19] *Capriccio*, 94.

[20] "La normalità 'autre' di Sanguineti," *Gruppo 63: l'Antologia / Critica e Teoria*, edited by Nanni Balestrini, Alfredo Giuliani, Renato Barilli, and Angelo Guglielmi, reprint ed. (Milan: Bompiani, 2013), 681.

[21] "La percezione onirica: lettura del *Capriccio italiano* di Edoardo Sanguineti," *MLN* 88, no. 1 (Jan., 1973): 118.

[22] Elisabetta Baccarani, *La poesia nel labirinto. Razionalismo e istanza 'antiletteraria' nell'opera e nella cultura di Edoardo Sanguineti* (Bologna: Mulino, 2002); Massimiliano Borelli, *Prose dal dissesto. Antiromanzo e avanguardia negli anni Sessanta* (Modena: Stem Mucchi, 2013); Gilda Policastro, *"Après nous le déluge: Capriccio italiano come antimodello del romanzo contemporaneo,"* in *Per Edoardo Sanguineti: Lavori in corso. Atti del Convegno Internazionale di Studi Genova, 12–14 Maggio 2011*, edited by Marco Berisso and Erminio Risso, (Florence: Franco Cesati, 2012): 191–204.

[23] Jung, 295.

[24] *Ideologia e linguaggio*, 90–91.

[25] *Ideologia e linguaggio*, 99.

[26] Hayden White, "The Value of Narrativity in the Representation of Reality," *Critical Inquiry* 7, no. 1 (Autumn, 1980): 24.

[27] White, 8.

[28] Norma Bouchard, "In the Palus Putredinis of Italy's Bourgeois Domesticity: Edoardo Sanguineti's Capriccio italiano from Textual Representation to Critical Practice," in *Edoardo Sanguineti: Literature, Ideology and the Avant-Garde*, edited by Paolo Chirumbolo and John Picchione, (London: Legenda, 2013), 139–140.

[29] *Capriccio*, 139–140.

[30] Aurelia Di Meo, "Intervista a Edoardo Sanguineti," *Follelfo* (Autumn 2010): http://issuu.com/follelfo/docs/follelfo_numerospeciale/. Quoted in Bouchard, 139.

[31] Policastro, *In luoghi ulteriori: catabasi e parodia da Leopardi al Novecento* (Pisa: Giardini editore, 2005), 99.

[32] "from *Writing Degree Zero*," in *A Barthes Reader*, ed. Susan Sontag (New York: Farrar, Straus and Giroux, 1982), 52.

Bibliography

Baccarani, Elisabetta. *La poesia nel labirinto: razionalismo e istanza 'antiletteraria' nell'opera e nella cultura di Edoardo Sanguineti*. Bologna: Mulino, 2002.

Barilli, Renato. "La normalità 'autre' di Sanguineti." In *Gruppo 63: l'Antologia / Critica e Teoria*, edited by Nanni Balestrini, Alfredo Giuliani, Renato Barilli, and Angelo Guglielmi, 674-683. Combined reprint edition. Milan: Bompiani, 2013.

Barthes, Roland. *A Barthes Reader*, ed. Susan Sontag (New York: Farrar, Straus and Giroux, 1982).

Borelli, Massimiliano. *Prose dal dissesto. Antiromanzo e avanguardia negli anni Sessanta*. Modena: Stem Mucchi, 2013.

Bouchard, Norma. "In the *Palus Putredinis* of Italy's Bourgeois Domesticity: Edoardo Sanguineti's *Capriccio italiano* from Textual Representation to Critical Practice." In *Edoardo Sanguineti: Literature, Ideology and the Avant-Garde*, edited by Paolo Chirumbolo and John Picchione, 129-142. London: Legenda, 2013.

De Caprio, Chiara. "Paraipotassi e *sì* di ripresa. Bilancio degli studi e percorsi di ricerca (1929-2010)." *Lingua e stile* 45 (December 2010): 285-328.

Di Meo, Aurelia. "Intervista a Edoardo Sanguineti." *Follelfo* (Autumn 2010): http://issuu.com/follelfo/docs/follelfo_numerospeciale/.

Flaiano, Enno. *Diario notturno*. Rome: Bompiani, 1956.

Giuliani, Alfredo. *Immagini e maniere*. Naples: Edizioni scientifiche Italiane, 1996.

Jung, Carl. "On the Nature of Dreams." In *Dreams*, translated by R. F. C. Hull, 67-84. Rev. ed. Princeton: Princeton University Press, 2010.

Mazzoleni, Marco. "XX. Le strutture subordinate: Paraipotassi e strutture correlative." In Grammatica dell'italiano antico, 782-790. Volume II. Bologna: Il Mulino, 2010.

Ó'Ceallacháin, Éanna. "'Un mondo davvero autre'?: Sanguineti's *Capriccio italiano* and his Poetry of the Early 1960s." *Italian Studies* 65, no. 1 (March 2010): 65-84.

Policastro, Gilda. *In luoghi ulteriori: catabasi e parodia da Leopardi al Novecento*. Pisa: Giardini, 2005.

———. "*Après nous le déluge*: *Capriccio italiano* come antimodello del romanzo contemporaneo." In *Per Edoardo Sanguineti: Lavori in corso. Atti del Convegno Internazionale di Studi Genova, 12-14 Maggio 2011*, edited by Marco Berisso and Erminio Risso, 191-204. Florence: Franco Cesati, 2012.

Sanguineti, Edoardo. *Capriccio Italiano*. Milan: Feltrinelli, 1963.

———. *Ideologia e linguaggio*. Edited by Erminio Risso. Revised edition, Milan: Feltrinelli, 2001.

Sorrento, Luigi. "La paraipotassi." In *Sintassi romanza. Ricerche e prospettive*, 25–91. Milan: Istituto Editoriale Cisalpino, 1949.

White, Hayden. "The Value of Narrativity in the Representation of Reality." *Critical Inquiry* 7, no. 1 (Autumn, 1980): 5-28.

Wlassics, Tibor. "La percezione onirica: lettura del *Capriccio italiano* di Edoardo Sanguineti." *MLN* 88, no. 1 (Jan., 1973): 111-124.

Federica Santini

Colorless Green Ideas Sleep Furiously: *Notes on the* Novissimo *Alfredo Giuliani*

In a recent article on the theory of language behind the *Novissimi*, Luigi Ballerini mentions the importance, for all the participating poets, of the material aspects of a text, and identifies "[...] a renewed interest for the material configurations of texts, for their substance and accidents, which become invested of a discriminating power far superior to that of any preconceived label (be it futurism, hermeticism, or realism...), always sought for as a sort of taxonomic life vest."[1] This is undeniably a vital aspect in the works of the *novissimo* Alfredo Giuliani. The present article proposes an analysis of the intersections between Giuliani's theoretical and editorial work for the *Novissimi* anthology with his own verses, as connected by the theory of schizomorphism proposed in Giuliani's own, famed introduction to the volume. Specifically, I will attempt to explore how Giuliani's poetic texts go well beyond the theory of schizomorphism and the consequent "reduction of the I" and create a veritable reversal of reality, a fragmented mirror of what cannot be interpreted or put into a manifesto, or, to quote Giuliani himself, an "unsatiated garble of what does not happen, / awful tenderness of mediocrity."[2]

In *Through the Looking Glass* by Lewis Carroll, Alice famously meets, among many other characters, Humpty Dumpty, who, before his proverbial fall from the wall, explains to her the meaning of the *Jabberwocky*, a veritable schizomorphic poem if ever there was one. In a delirious exchange that takes place during chapter 6 of the book, Alice and Humpty Dumpty discuss language:

> "When *I* use a word," Humpty Dumpty said, in rather a scornful tone, "it means just what I choose it to mean — neither more nor less."
> "The question is," said Alice, "whether you *can* make words mean so many different things."
> "The question is," said Humpty Dumpty, "which is to be master — that's all."[3]

In thinking of the theory of the reduction of the *I* that Alfredo Giuliani presents in his 1961 introduction to the *Novissimi* anthology, it seems clear that Giuliani is with Alice on this one: for the *novissimi* poets, it is language itself, and not an ever-mastering *I*, to dictate the rules. In numerous instances during both the 1961 introduction and the 1965 preface to the volume, Giuliani uses the idea of the mirror to explain the new approach to reality that the five poets participating in the anthology proposed to share: just like in a mirror, the reality of the *Novissimi* is completely there, but it is deformed, transformed, turned around. In both texts, Giuliani includes several joking references to Lewis Carroll, the main example being the nonsensical pastiche midway through the '61 introduction, during his comment to Nanni Balestrini's poetry:

> [...] Here, to be sure, there is no symbol or allegory, but rather the disposition to destroy any germ of narrative or concept; and yet the non-meaning becomes oddly semantic in the same way that Humpty Dumpty celebrates every un-birthday in Wonderland.[4]

So, if Humpty Dumpty never actually set foot in Wonderland (he's not even in the same novel, is he?), and un-birthdays are a prerogative of the Mad Hatter, does that mean that Balestrini's meaning cannot, and will not, achieve or even strive for *some heteronomous semanticity*, to say it with Galvano della Volpe? It seems very likely, as immediately afterward Giuliani proceeds to explain that Balestrini's goal and ideal at that point was to write poems that could "be used by the reader insofar as he discovers that potential meanings tend to infinity."[5] Incidentally, Pedullà made a very similar argument in regards to Giuliani's own poetry when, in commenting on Giuliani's *Tautofono* in 1972, he stated the following about its words: "Their only possibility for returning to active life is if and when they meet a reader. They linger inertly - until, that is, passing near to an individual they provoke certain unexpected emotions."[6]

If 1960s poetry, then, is wonderland, the poems of the *Novissimi* are the world through the looking glass, in which all those wonders become fragmented, dismantled, and then oftentimes refurbished with a sort of evil twist. Giuliani himself, taken now as a poet and not as a critic, is a master of such a deformation of reality. In commenting Giuliani's poetics, Giulia Niccolai and Adriano Spatola wrote, in 1971, of an "obsession for metaphysics:"

> Alfredo Giuliani has an obsession with metaphysics, with what can't be expressed. He develops it in the symbol of the oracle, the word which has several equivalent meanings, the polyvalent prophecy. His poetry is a journey into the pathological regions of language.[7]

Walter Pedullà, in the same review quoted above, went in the same direction by identifying in Giuliani's *Tautofono* a *hunger for metaphysics*; unfortunately, in that review, he also went on to conclude that polyvalence and multi-semanticity achieve the effect of nothingness, a great complex machine that in the end achieves the full taking away from all meaning of reality, an infinite negative of meaning. This being one of the standard accusations toward the work of the neo-avant-garde, it should not be surprising to find it once again repeated. But, if we "let the texts unfold," as Heidegger says, we can fairly easily demonstrate that the statement does not hold true, and we can see that by looking closely at the poems.

Polyvalence has definitely a great part in Giuliani's section of the *Novissimi*. Rather than resulting into a decadent, all-encompassing *nothingness* such as the one that Pedullà talked about, this muddling or garbling (fully in the Gaddian sense) of reality shakes the common norms of language, both semantically and syntactically, and results in just that "increase of vitality" that, according to Leopardi as quoted by Giuliani at the beginning of his 1961 introduction, is the aim of any "true contemporary poetry" (Leopardi's statement is from *Zibaldone*, Feb. 1st, 1829).[8]

In all of the texts collected in the *Novissimi*, the effort toward an increasing of vitality through the *reduction of the I* is evident. When the *I* appears, it does so in order to contemplate from afar the flowing of words, to observe a language that unfolds unnervingly like an underground growth, a rhizome, like in the last stanza of the third text in the series, *I giorni aggrappati alla città* (*Days clinging to the city*):

> I giorni aggrappati alla città e diseredati,
> la vuota fornace ribrucia scorie morte.
> Tortuoso di scatti e abbandoni, il polso feroce
> misura l'orologio di sabbia, le orme ineguali
> dell'ansia. Lo scrimolo del mare, oltre di me
> nel mio canto si sporge.
>
> Segreto è il lavoro che a farmi l'occhio sereno
> nomina il mare distante. Nessun amico può dirmi
> menzogne ch'io non conosca, nessuna donna
> oltrepassare il messaggio di lode e di resa.
>
> Io vedo le mie parole,
> le mie terre brucate dal silenzio mortale, schierarsi

lungo l'ultima ora del giorno tormentato di vele,
e rievocarmi.

[Deprived days clinging to the city,
the empty furnace burning dead slags.
A fiery pulse, wrought with shock and abandonment
measures the sand watch, the unequal prints
of anxiety. Beyond me, the ridge of the sea
presses my song.

Secret is the work that recalls the distant sea
to calm my eye. No friend can tell me lies
I don't know about, nor a woman can go
over my message of praise and surrender.

I see my words,
my lands grazed by mortal silence, line up
along the very last hour of a day tormented by sails
and evoke me.]

Here, rather than an I that evokes words, we find that it is the word itself to generate the I. Noticeably, the vocabulary choices, which tend towards the uncommon, the ultra-literary, even the outdated, and the complex syntactic structure, with both imagery and syntax being closely reminiscent of Baudelaire's *Spleen*, add to the sense of a "muddled" and non-understandable reality. To go back to the autonomy of the word over the I, Giuliani addresses the issue in the first text of the selection. Here is its second to last stanza, so often quoted and misquoted:

Parola fu in origine voce dell'assente;
né tu l'ignori che, l'ombra capovolta,
scendi per l'aria ferita dal rompito dei motori
e tumultuare ascolti dal muto frangente.

[In the beginning word was the voice of the absent
and you know that, you who, your shadow turned,
descend through air wounded by the roar of motors
and listen to the tumult from a reef of silence.]

Notwithstanding the gospel-like sentence structure and vocabulary choice, the first sentence (word as the voice of absence), as Giuliani himself clarifies, has no metaphysical meaning, but is a contamination from Freud ("In the beginning writing was the voice of the absent"). But there is much more than that; the idea of the shadow, for instance, is one of the many threads that link Giuliani's poetry to the theory of schizomorphism (in the 1965 preface, Giuliani refers at length, for instance, to the Jungian theory of the shadow). Then, there is also that neologism, the "rompito dei motori" (roar of motors), which, in association with the "reef of silence" is clearly reminiscent of the roaring page of Montale's *Mediterraneo*. And of course a certain Dantean feel in the descent with the turned or upside-down shadow, as if finally emerging from Cocytus.

Such, then, is the schizomorphic reality that Giuliani is talking about: a metamorphic reality, ever-changing and Baroque in the Anceschian sense of the word, but at the same time a schizoid reality, where every linearity and any simple cause-effect connection has been done away with.

Such a diverse, disassembled reality certainly does not turn into nothingness. In many of Giuliani's texts, from the ones collected in the *Novissimi* to later ones, a particularly accurate metrics (with a special attention to accentual metrics) as well as an incredibly vast spectrum of intra and extra-textual references, create a displacing net that brings the reader to very dangerous territory. It is I think sufficient to note that in the nine-page long "La forma del verso," the brief essay that is included at the end of the anthology, the quotes start with a reference to the fourth-century rhetorician Marius Victorinus and end with the second generation modernist Charles Olson, crossing, among others, Giacomo Leopardi, Ezra Pound, and even Giosuè Carducci.

Let us analyze in this sense the trilogy *Predilections*, which opens with a text built around memory and the idea of an "ignorant childhood," which in reality (and I'm quoting from Giuliani's note to the text) "was the true center, the origin of experience." If, as T.S. Elliot says, "April is the cruelest month," for Giuliani "there is no remedy to April's disarray;" such is the opening of the second text of the trilogy, inspired, according to Giuliani himself, by the "contrast between vital impulse and the spirit of knowledge." Finally, the third text reverses the other two and reassembles them in a completely different perspective:

> Prendi il nero del silenzio, tanto parlare
> disinvoglia la nuca, in sé pupilla, palato
> di cane, oppure pensa le notti che risbuca
> nel gelo il firmamento dei gatti, amore.
>
> Prendi l'alito dell'ansimo nero, così dolce
> In punta di lingua, fumo di mosto s'arrotola

Sulla fronte, mescola l'osceno e l'assurdo,
cambia di posto, e sia come non detto, amore.

Prendi il volo nero, valica l'altra tua vita,
voltano il fianco i terrori, non gridano più,
un sorso d'alba che nausea, è splendido ora
questo barbaglio stanco, mucosa fiorita, amore.

[Take the black of silence, so much speaking
displeases the nape, itself a pupil, a dog's
palate, or rather think of the nights when
the firmament of cats pierces the ice, love.

Take the gasp of black breath, so sweet
on the tip of the tongue, the smoking must
rolling on the forehead, mixing absurd with obscene,
changing places, forget what I just said, love.

Take the black flight, overcome your other life,
terrors turn their flank and stop screaming,
a sip of dawn is nausea, this tired gleam
is splendid now, a mucosa in bloom, love.]

At a first reading, these are displacing lines, firstly because of the sharp contrast between obscure or nonsensical sense (meaning) and the seemingly traditional, lyrical flow (and this is often a problem especially when confronting Giuliani's poetic works with those of other experimental poets—say with Sanguineti's *Laborintus,* to remain within the *Novissimi*). But, if we go deeper, we must take into account the echoes from Pound (the dogs) oddly contrasted to those from Tasso and his "cats' starry heaven," (from Tasso's sonnet *A le gatte de l'ospedale di S. Anna*). That image is perhaps one of the most oddly recurring ones in the Italian literary canon, and deserves pause. Tasso's sonnet was taken up also by Giacomo Lubrano, one of the most skillful and yet self-effacing among the Maristi, in his *Desiderio di luna*:

Matarazzi del cielo, oscure nubi,
ch'or tenete celata
la celeste frittata:
scopritela, vi prego, agli occhi miei;
perch'al lume di lei
io scriver possa alcune rime sdrucciole:
non ho più gatta e non si trovan lucciole.[9]

Lubrano's reversal is not far at all from that recreated by Giuliani. And, if Giuliani's seriousness in this text is found to be in contrast with Lubrano's jocular tone, one only has to read *The Old Man*, the text dedicated to Antonio Porta, which immediately follows the *Predilections'* trilogy, to find Giuliani's irony at its harshest, all down to the last stanza, which again includes an (all but Pound-like) reference to dogs:

> Cicli s'annientano contro una ragione ostile.
> Evadi, pensa la luna che si strofina il dorso
> ai ruscelli primaverili. In Cina, sai, i cani,
> è quasi l'ora di cena, sì, li frollano vivi.
>
> [Cycles crumble against a hostile reason.
> Get away, think of the moon rubbing its back
> against springtime brooks. In China, you know,
> it's about dinnertime, dogs, they fry them alive.]

Is there a Baroque spirit resurfacing in Alfredo Giuliani? Once again with Anceschi, we may say there is indeed, a spirit that is never self-aggrandizing or self-pleased, but that emerges in the metamorphical play on all aspects of reality, at all levels. But in the same breath, how can one ignore, in that third text from *Predilections*, that repeated take, which really no one would have dared in 1960s Italy because of its close resemblance to D'Annunzio's "odi" (listen) in *La pioggia nel pineto*? And, just to confuse the reader even further, there is the image of the "mosto," the fermented wine, forever, I believe, barred from poetry because of Cardarelli. It is certainly hard not to be taken by vertigo at the multiplicity of spiraling references. At the very least, one must remember that the need to "restart from tradition" was one of the main points in the Novissimi's theory (to read Pagliarani and find Dante in it, for instance).

In an adroit analysis of a later text by Giuliani, the last one from *Tautofono*, Francesco Muzzioli clearly exposes Giuliani's tendency to build from "incongruity and nonsense," emphasizing Giuliani's lightness and rightfully abandoning the idea of a "metaphysical obsession:"

> The entire text is built on incongruity and on the "non-sense," and therefore it acquires an ironic and playful tone, but this joke, in the end, as I already said in regards to Balestrini, brings with it very serious consequences.[10]

In the same essay, Muzzioli briefly connects the text from *Tautofono* that he is analyzing to Chomsky's paradox of the "colorless green ideas." To expose even further Giuliani's systematic (and endemic) extra-textual net of references that all tend to the creation of unforeseen meaning by disassembling the existing system of communication, we also need to go back to 1957 and to Noam Chomsky.

"*Colorless green ideas sleep furiously*" is the example provided by Chomsky in 1957 as an instance of a sentence which is grammatically correct but whose semantics are nonsensical. The standard explanation in linguistics classes is that the sentence is an example of a category mistake and that it was used to show the inadequacy of the then-popular probabilistic models of grammar, and the need for more structured models. (Incidentally, the other common approach to creating syntactically-correct, semantically inadequate sentences is to use nonsensical words; the main example of this process being Lewis Carroll's *Jabberwocky* poem, which Humpty Dumpty recites to Alice at the end of the conversation we referred to earlier in this essay.)

But back to Chomsky, here is the full passage:

> 1. Colorless green ideas sleep furiously. 2.*Furiously sleep ideas green colorless.
> It is fair to assume that neither sentence (1) nor (2) (nor indeed any part of these sentences) has ever occurred in an English discourse. Hence, in any statistical model for grammaticalness, these sentences will be ruled out on identical grounds as equally "remote" from English. Yet (1), though nonsensical, is grammatical, while (2) is not grammatical.

To begin, we may want to argue that, already as early as 1957, Chomsky was certainly not naïve enough to choose that exact sentence by sheer chance. Many others would have served the purpose and gone unnoticed. In this case, the highly symbolic strength of the supposedly "meaningless" sentence has made it a magnet for poets as well as linguistics professors --by now, students in linguistics classes are routinely asked to try to give meaning to the sentence; in 1985, Stanford University held a competition where participants were asked to provide meaning to the sentence by contextualizing it.

As far as it concerns us, by 1971 John Hollander had already written a poem that integrated the sentence as follows:

> *Coiled Alizarine*
> for Noam Chomsky
> Curiously deep, the slumber of crimson thoughts:
> While breathless, in stodgy viridian
> Colorless green ideas sleep furiously.

The crimson thoughts of the first line refer to the title, *alizarine* being the red tint given to ink. Hollander is then skillfully coming back to Chomsky by revealing the obvious references of the sentence: Rimbaud's *Voyelles*. It is not our place, here, to call out Chomsky as being disingenuous, but there is certainly a strong chance that Chomsky had caught the reference when he first used the sentence. Hollander makes the connection completely explicit by referring to "viridian," which appears in Rimbaud in the stanza dedicated to the greenness of U:

> U, cycles, vibrements divins des mers virides,
> Paix des pâtis semés d'animaux, paix des rides
> Que l'alchimie imprime aux grands fronts studieux;

> [U, waves, divine shudderings of viridian seas,
> the peace of pastures dotted with animals, the peace of the furrows
> which alchemy prints on broad studious foreheads;]

Giuliani's operation in his long and intricate *Poema Chomsky* is certainly much more complex than that. After all, in discussing the nature of language and the theory of a "methodological doubt" in his 1965 preface to the *Novissimi*, Giuliani had traced that doubt all the way back to Rimbaud (in opposition to Umberto Eco, who had stopped at Mallarmé).[11] Additionally, Giuliani's awareness of the displacing power of colors is already clearly evident in his *Novissimi* series of texts; among the works anthologized, here are the references to colors (not including recurring imagery related to darkness, gloom, and shades/shadows): "dawn is paved in blue" (in the opening text); "grey meadows flare up" (in the poem by the same title), followed by "red signals watch over the castle" in the same stanza; "a yellowed minute" in the long and gloomy "Birthday," which is centered around the poet turning thirty; "curly, pink peripheries" and "grey, bony dignity" in the first of the *Predilections*, and then "the black of silence" and "black flight" in the third one; "green arabesques streaked with ochre and white" in *It is after*; and finally, the title of the last text, "blue, you're like a Friday" (*Azzurro pari venerdì*), which also includes a "black wing." It is not surprising, then, that Chomsky's sentence may have made an impression on Giuliani.

The first stanza of the *Chomsky Poem* seems to offer a standard process and go in the direction of gaining sense from nonsense:

> senza colore idee verdi dormono furiosamente
> furiosamente dormono idee senza colore verde

> senza colore dormono idee furiosamente verdi
> furiosamente dormono verdi idee senza colore
>
> [colorless green ideas sleep furiously
> furiously sleep green colorless ideas
> colorless sleep furiously green ideas
> furiously sleep ideas green colorless]

Here, Giuliani is using Chomsky's sentence #1 as his first line and is inverting the words in lines two and three in order to arrive at Chomsky's sentence #2 in the fourth line. He thus shows the reader that indeed each sentence can achieve meaning without the need for contextualization. A Calvino in the Oulipo phase would have enjoyed something like this, a Pagliarani would have reassembled in a montage, a Balestrini would have disassembled it in one of his own treacherous machineries. But Giuliani's poem takes an unexpected direction just after that. The second stanza already subverts the original structure:

> supponiamo che il mondo non sia verde bello
> o senza da nubi roventi nevi piovono sulfuree
> venti veloci abbaglianti inconcepibilmente
> nel buio sonno a dirotto solcano senza colore
> che dorme la traccia purpurea solare sensazione
>
> [let us suppose a word not green beautiful or
> lacking sulfurous snows falling from scorching clouds
> swift dazzling winds inexplicably
> in the dark sleep pouring cut through colorless
> sleeping the crimson trace of the sun sensation]

If an *obsession for metaphysics* is indeed present in Giuliani's work, he is aware of it and plays on it by referencing directly the most famous poem of the British metaphysical school, *The Garden* by Andrew Marvell, whose "gentle garlands", "birds" and "green shades" all resurface in stanza 6 of the supposedly "Chomsky" poem. But, once again, Giuliani works backwards, and even more striking is the number of quotes from Dante's *Rime petrose,* already a central reference in Giuliani's theory of schizomorphism (and I quote from the 1961 introduction):

> Perhaps this explains why that moment in our tradition which in recent years I have felt closest to encompasses stilnovo and Dante's Rime petrose. A language that is not "intellectual," yet has been thought, and thought dramatically.

In the *Chomsky poem*, the specific reference is to Dante's *Al poco giorno e al gran cerchio d'ombra*, the nucleus and title of which comprise the entirety of stanza 5:

> furiosamente verdi dormono idee senza colore
> di lei gelata che il mondo sia bella come pietra
> poco giorno al gran cerchio d'ombra s'infiamma
> furiosamente verde rovente di nessun colore
>
> [furiously green sleep colorless ideas
> of her frozen the word she beautiful as stone
> small part of day to the great circle of shadow flares up
> furiously green blazing devoid of color]

Thus, deceivingly referencing Chomsky, the poem takes us down a spiral of consecutive montages, and in doing so language renews itself and restarts from tradition by morphing into utterly new material. If language goes beyond the edge of meaning, it does so not destructively, but to reconstruct a special, and specially intricate, reality.

You, reader, are responsible for finding those connections and unearthing new meaning.

Atlanta, 2014

Notes

[1] Luigi Ballerini, *For a New Edition of the Novissimi*, *Autografo*, 50, XXI, 2013, 33.

[2] "Un insaziato groviglio di ciò che non accade, / tenerezze orribili della mediocrità." The lines belong to the first poem in Giuliani's section of the *Novissimi* anthology, *La cara contraddizione*. Here and below, unless otherwise noted, all translations from Giuliani's works are by myself and Adam Bregman.

[3] Lewis Carroll, *Through the Looking Glass*, Millennium Fulcrum Editions, 151.

[4] *I Novissimi. Poesie per gli anni Sessanta*, Torino: Einaudi 2003, 28-29 (trans. F. Santini).

[5] *Ibidem*.

[6] Walter Pedullà, "Alfredo Giuliani, The Hunger of Metaphysics," in *La rivoluzione della letteratura*. Roma: Bulzoni, 1972, 131-138.

[7] Giulia Niccolai, Adriano Spatola, "Italian Poetry from 1961 till Tomorrow," in *Grosseteste Review*, 5, 2, 1972, 20-35.

[8] In a note added in 1965, Giuliani clarifies the quote and adds that "if a contemporary poem doesn't add a thread to our life, it failed in its intent."

[9] Giacomo Lubrano, "Desiderio di luna," in *Poesia italiana. Il Seicento*, ed. by L. Felici, Milano: Garzanti, 1978, 157. In English, the poem may be rendered as follows: "Mattresses of the sky, obscure nimbuses, / who are keeping hidden / the celestial omelet / uncover it, pray, to my eyes / so that with its light / I may go on with my uneven rhymes: / I have no pussycat, and we're lacking fireflies." The idea behind the joke is, then, that the eyes of the pussycat may have served as reflective light bulbs and aided the poet in his compositions. A discussion of whether the Pasolinian *disappearance of fireflies* had already been accomplished in 1600s Naples shall be reserved to another essay.

[10] Francesco Muzzioli, *Il Gruppo '63. Istruzioni per la lettura*, Roma: Odradek, 2013, Ch. IV.

[11] *I Novissimi*, 8-9.

Bibliography

Anceschi, Luciano, *Annotazione bibliografica su barocco e ambiguità*, in "Aut Aut", 1957, n. 30.

———. *Barocco e Novecento, con alcune prospettive fenomenologiche*, Milano: Rusconi e Paolazzi, 1960.

———. *Tra Pound e i Novissimi*, a cura di A. Tesauro, Salerno: Ropostes, 1982.

Avanguardia e neo-avanguardia, Milano: Sugar, 1966.

Ballerini, Luigi, *Per una nuova edizione dei Novissimi*, in "Autografo", 50, XXI, 2013.

Carroll, Lewis, *Through the Looking Glass*, Millennium Fulcrum Editions 1.7, produced by D. Widger.

Giuliani, Alfredo, *Autunno del Novecento. Cronache di letteratura*, Milano: Feltrinelli, 1984.

———. *Immagini e maniere*, Milano: Feltrinelli, 1965.

———. *Le droghe di Marsiglia*, Milano: Adelphi, 1977.

———. *Versi e nonversi*, Milano: Feltrinelli, 1986.

Heidegger, Martin, *In cammino verso il linguaggio*, a cura di A. Caracciolo, Milano, Mursia, 1990.

Hollander, John, *The Night Mirror*, New York: MacMillan, 1971.

I Novissimi. Poesie per gli anni Sessanta, Torino: Einaudi, 2003.

Leopardi, Giacomo, *Zibaldone di pensieri,* in *Tutte le opere*, Vol. 2, Firenze: Sansoni, 1969.

Muzzioli, Francesco, *Il Gruppo '63. Istruzioni per la lettura*, Roma: Odradek, 2013

———. *Sviluppi e direzioni dello sperimentalismo letterario*, in AA.VV., *Letteratura degli anni Ottanta*, a c. di F. Bettini, M. Lunetta, F. Muzzioli, Foggia: Bastogi, 1985.

Niccolai, Giulia e Spatola, Adriano, *Italian Poetry from 1961 till Tomorrow*, in "Grosseteste Review," 5, 2, 1972, 20-35.

Pedullà, Walter, *La rivoluzione della letteratura*. Roma: Bulzoni, 1972.

Poesia italiana. Il Seicento, ed. by. L. Felici, Milano: Garzanti, 1978.

Lucia Re

"The Wary Meaning of the Word:" Reading and Translating Amelia Rosselli's Poetry

I would like to start by quoting the title of an essay by Roland Barthes, who in 1970 wrote about the then young critic Julia Kristeva, a recent immigrant to France from her native Bulgaria. The title was *L'étrangère*, which translates approximately as "the female stranger" or the foreign woman.[1] Though an obvious allusion to Kristeva's Bulgarian nationality, the title *L'étrangère* captures what Barthes saw as the estranging, unsettling impact of Kristeva's work. "Julia Kristeva changes the place of things," Barthes wrote, "she always destroys the latest preconception, the one we thought we could be comforted by, the one of which we could be proud . . . She subverts authority, the authority of monologic knowledge."[2] Kristeva's alien, strange critical discourse—Barthes continues– undermines our most cherished convictions precisely because it situates itself outside our space—the French space in this case—knowingly inserting itself instead along the uncertain borderlines of our language. Much the same may be said about Amelia Rosselli (1930-1996), a truly polyglot, trilingual and transnational poet who came to Italy from France, where she was born, and from England and the United States (where she spent part of her adolescence), and–linguistically and culturally–from French and English, to place herself on the adventurous and perilous borderline of the Italian idiom, and of the Italian poetic tradition. She was also, as we shall see, an étrangère for the Italian neo-avant-garde, in spite of her many connections to it. Precisely by working with the very materiality of language, Rosselli assumed a disturbing position towards the Italian language and poetic tradition and even the tradition of the avant-garde, a position that only in the 1990s began to be recognized for its originality and power.[3] In Italian literary discourse, Rosselli occupies in fact a doubly marginal position; as a woman and as an étrangère. She constitutes and represents in fact, with her poetic corpus in three languages, a multiple borderline or frontier of sorts, a limit, neither inside nor outside, neither part of nor alien to the Italian poetic tradition and the Italian neo-avant-garde. This precarious position is, paradoxically, her very strength.

From early on, Rosselli worked on the materiality of language, and she used her linguistic and literary background to forge a poetic idiom that was unlike any other Italian poet's. Her first experimental and multilingual prose poems, composed beginning in the early 1950s, were not, in spite of Rosselli's repeated attempts with publishers such as Feltrinelli, and journals such as *Botteghe Oscure*, accepted for publication in Italy. Only a few eventually appeared in journals, but a decade or more later; the long-projected trilingual volume of *Primi scritti (1952-1963)* was finally accepted by Guanda and published only in 1980.[4] Kristeva herself in the opening page of *Seméiotiké* (1969) describes this kind of linguistic work as a form of estrangement: "To work on language, to labor in the materiality of that which society regards as a means of contact and understanding, isn't that at one stroke to declare oneself a stranger (étranger) to language?"[5] It is therefore not surprising that Rosselli–who also studied and became involved with the experimental new music in the late 1950s in Darmstadt (collaborating with John Cage, Stockhausen and other avant-garde musicians and composers) was profoundly interested in the experimental work that the Gruppo 63 and the *Novissimi* were doing with language in the late 1950s and early 1960s. She was eager to find kindred spirits and interlocutors and–invited by the artist Giordano Falzoni–she was in fact present at the group's first meeting held in Palermo in October 1963 in parallel with the Settimana Internazionale Nuova Musica. She read some of her poems at the microphone (she was then working on the volume that would become *Variazioni belliche*) and took active part in the discussion. She eventually chose, however, not to become too involved and opted to keep on the margins of the group and of its often vehement, if (in her eyes) vacuous, confrontations.

A short article entitled "Incontro degli scrittori del Gruppo '63" that she sent to Guido Davico Bonino at Einaudi in November 1963 gives a lively and humorous account of the inaugural meeting. It testifies to her naïve eagerness to be heard as a poet, and involved in the conversation with her peers, even though it is clear that her impression was on the whole far from positive. She found them–for the most part–excessively convoluted, verbose and abstract, and needlessly confrontational. Although Davico Bonino, in a private letter to Rosselli, declared that he and Italo Calvino liked her article and appreciated its irony, he declined to have it published or to recommend its publication to any journal, and even failed to send it back, as she had requested, effectively silencing her voice. The article was in fact published only posthumously.[6] Rosselli was one of only two women who took part in the writers' gathering in Palermo (the other one was Carla Vasio, who, as Rosselli reports, read from her experimental novel *L'Orizzonte*). Giulia Niccolai attended only as a photographer. Rosselli felt isolated and, with each meeting, increasingly removed from the apparatus of the neo-avant-garde and what appeared to her their inconsequential polemics.[7]

Because she was effectively discovered as a poet by Pier Paolo Pasolini, who, in spite of his strong reservations, facilitated the first publication of a selection of twenty-four of her poems in the journal *Il Menabò* in the September 1963 issue, Rosselli became in truth an unwitting pawn, caught up in the ongoing diatribe between Pasolini and the *Novissimi*. She fitted nowhere, a stranger to both camps. She would have liked to publish *Variazioni belliche* with Feltrinelli (which published most of the *Novissimi* as well as the anthologies of the Gruppo 63), but Pasolini–whose support she could not afford to decline–pressured her to go with Garzanti instead.

Ironically, even though by and large he appreciated and admired her writing, Pasolini wrote a deeply ambivalent afterword to her poems for *Il Menabò* in which he effectively interpreted her work on the materiality of language as a form of Freudian lapsus–in other words, an unconscious, irrational, recurrent and compulsive form of linguistic slippage.[8] Rosselli, though grateful to Pasolini, entirely and immediately rejected this interpretation, at first only in private, as is clear from her correspondence at the time with her brother John. She pointed out that Pasolini had misinterpreted as "lapsus" her entirely deliberate and conscious use of a polyglot diction and linguistic forms.[9] Yet Pasolini's misguided afterward was extremely influential and–especially after Pier Vincenzo Mengaldo effectively subscribed to its main tenets in the section on Rosselli of his anthology *Poeti Italiani del Novecento* (1978)–it became for many years the "canonical" way to read Rosselli. The notion that her poetic language was but the direct, "traumatized," unsophisticated, spontaneous and unconscious expression of her mental illness and of a "psychological compulsion," solidified into an enduring myth that allowed critics–including fellow avant-gardists–to see her as essentially different, alien and marginal to the putatively more sophisticated, self-conscious critical and poetic project of the "real" neo-avant-garde.[10] Or else, she was seen, as women poets often are, as essentially self-involved and obsessed with the need to exorcise her own personal demons and the chaos of her own existence–a project that, again, seemed to have little or nothing to do with the neo-avant-garde. Although she always sought to maintain a positive rapport with the Gruppo 63, and was able in fact to refine her own highly original voice, at least in part, through her stubborn and frustrating frequentations of the

Gruppo's meetings, Rosselli effectively found herself–and clearly only partly by choice–on the outer boundary, the fringe of the territory occupied by the Italian neo-avant-garde—a territory that was even more conspicuously inhospitable to women than its historical predecessor's.[11]

"Palermo '63," a series of eight collage-like and (as Rosselli later put it) mostly ironic and parodic poems,[12] assemblages of bits of phrases heard at the meeting and of her own impressions, appeared in print only in 1970 in the journal *il verri*.[13] The central poem in the sequence, "A me stessa," highlighted her desire to keep exploring through poetry the tragic reality of experience, with genuine political concern for the future of humanity. This desire seemed and felt to Rosselli oddly old-fashioned for 1963, certainly compared to her male peers' obsession with the culture industry and its putative inescapability, and to what to her appeared as their utter political disillusionment and sterile cynicism. Yet, in spite of her reservations towards aspects of the Italian neo-avant-garde and her own position on its dubious and perilous border, Rosselli is without question part of the larger international tradition of avant-garde writing, a kind of writing–in other words–that is both profoundly experimental and deeply political.

Politics and in particular the politics of anti-fascist resistance, exile, and displacement, was deeply and tragically embedded in Rosselli's own life from the start. For her, the private could not but be political. She was born in exile in Paris on March 28, 1930, the daughter of the Italian anti-fascist Resistance hero, Carlo Rosselli, assassinated with his brother Nello in France by Fascist henchman in 1937, when Amelia was only seven years old. Rosselli's mother was Marion Cave, an English woman, and like her husband also an anti-fascist. Amelia's paternal grandmother, also named Amelia and a strong presence in her life, was a playwright and a political activist from a prominent Venetian Jewish family well known for their Mazzinian ideals and patriotism. After the Nazi occupation of France, the Rosselli children along with the mother and the grandmother escaped to London and then to the United States, where, with the help of the Jewish Italian-American Max Ascoli and the Italian-American Mazzini society (the anti-fascist organization founded in 1939 by Italian intellectuals who, like Ascoli, had fled fascist Italy), they lived for four years. Amelia attended an American high school in Larchmont (near New York). She went back in 1946 to London, where she completed her education, which included reading fundamental authors for her such as T.S. Eliot and James Joyce (along with classic authors such as John Donne and Gerald Manley Hopkins) and playing the piano and the violin as well as studying music composition and musicology. Her passion for music lasted throughout her life and accompanied her poetry writing. In 1948, Amelia went to live in Florence, finally settling in Rome in the 1950s, where she lived for twenty years in a small apartment on Lungotevere Raffaelo Sanzio (in the then exclusively working class neighborhood of Trastevere), and subsequently in other small lodgings in central Rome, supporting herself by doing translations and editorial work and through a small inheritance from her paternal grandmother. She made friends with poets and writers and some of the protagonists of the musical avant-garde of the time. Her mother died prematurely of heart disease, and both the grandmother and her beloved best friend, the southern Italian poet Rocco Scotellaro, whose writing Rosselli deeply admired, died soon afterwards. Scotellaro, who was only thirty years old when he died of a heart attack, had introduced Rosselli to his native Lucania and to the Italian south and its dialects and varieties of linguistic expression, as well as to scholars of the *meridione* and ethnomusicologists such as Diego Carpitella. Rosselli acknowledged that Scotellaro was instrumental in turning her towards poetry writing in Italian as her main language, and that it was the mourning of his death that triggered her vocation.[14]

Throughout her adult life, Amelia, who had tormented love affairs with Carlo Levi first and then for four years with the novelist and psychiatrist Mario Tobino—a man twenty years older than her–and later the painter Renato Guttuso, battled depression and suffered from a form of recurrent mental illness that was never clearly diagnosed, though at one point, because she suffered from hallucinations, she was thought to be paranoid schizophrenic. She underwent psychoanalysis, becoming profoundly interested in Freudian things and the language of Freudian analysis but she was also treated more than once with electroshock therapy—an experience to which she alludes in the volume of poems *Serie Ospedaliera (1963-1965)*. When I met her in New York in the 1980s, and in our subsequent correspondence, she impressed me as having an extremely lucid and lively mind and a clear sense of purpose and a meticulous approach to linguistic research in her literary work, which she promoted with endless tenacity, even in her darkest hours. Reading and translating her work and corresponding with her by mail, it became even clearer to me that Rosselli's mental illness was a tragic hindrance to her creativity, and hardly ever its source or inspiration, as was instead persistently claimed by some critics.[15] With the miraculous exception of the long poem *Impromptu*, composed in 1979, Rosselli was effectively unable to write after *Documento*. She died by her own hand in Rome on February 11, 1996.

Although she eventually adopted Italian as her main language for poetic expression, Amelia Rosselli used the three languages of her family history and of her voracious reading in the literary traditions of each of these languages (including southern and dialect poetry) to forge a poetic idiom of her own that forces its readers to reflect on the structures of language, and how language shapes emotions and experience. The key stylistic feature of her body of work is indeed her polylinguism. Her poetic corpus is trilingual: Italian, English and French are used in her work, and occasionally other languages, too, such as Provençal and Latin. The volume entitled *Sleep* contains all her poems written in English between 1953 and 1966, and her prose poetry in English is featured in the posthumous volume *Primi scritti*, along with prose poems in French such as the 1955 *Le Chinois à Rome*. Unlike poets such as Giuseppe Ungaretti and Filippo Tommaso Marinetti, however, and unlike the male exponents of the Italian Gruppo 63 and the Neovanguadia—generally monolingual and far less cosmopolitan in their outlook compared to her, Rosselli did not just compose poetry in more than one language. Rather, in her three major volumes of poetry written in Italian, *Variazioni Belliche* (War Variations, 1964), *Serie Ospedaliera (1963-1965)* (Hospital Series, 1969) and *Documento* (Document, 1976), she often used French and English and transnational intertextual allusions as instruments for creative interference, and for reshaping, destabilizing and de-territorializing the Italian idiom. However, far from signifying the need to abandon meaning in favor of schizophrenic experimentation or a blur of collective assemblages of words, languages and sounds (à la Deleuze and Guattari), Rosselli's de-territorialization is an attempt to look at language as a transnational force that may resist the violence and oppression of fascist nationalisms. This characteristic of her idiom is perhaps most radical and evident in *Variazioni Belliche,* yet it persists throughout her entire production, and all the way to the last volume, the 1978 *poemetto* entitled *Impromptu*.[16]

One of the most radical of all of Rosselli's experiments, in the most adventurous of her books, *Variazioni Belliche* is this poem:

Cos'ha il mio cuore che batte sì soavemente
ed egli fa disperato, ei
più duri sondaggi! tu Quelle
scolanze che vi imprissi pr'ia ch'eo
si turmintussi sì
fieramente, tutti gli sono dispariti! O sei muiei
conigli correnti peri nervu ei per

> *brimosi canali dei la mia linfa (o vita!)*
> *non stoppano, allora sì, c'io, my*
> *iavvicyno allae mortae! In tutta schiellezze mia anima*
> *tu ponigli rimedio, t'imbraccio, tu,–*
> *trova queia Parola Soave, tu ritorna*
> *alla compressa favella che fa sì che l'amore resta.*[17]

In the English translation I published with Paul Vangelisti, the poem reads:

> *What is it with my heart that beats so softly*
> *and desperate makes, maketh*
> *the hardest soundings? you Those*
> *tutories that I imprinted on afore he*
> *tormented himself so*
> *fiercely, and are vanished for him! O if mye*
> *rabbits coursing throughthe nervies he for*
> *frosty canals of the my lymph (o life)*
> *they don't stop, then yes, tha' I, me*
> *yetsaclose to they dead! In all sinceauity my soul*
> *may you remedy it, I ambrace you, you,—*
> *may you find der Softe Worde, may you return*
> *to the fathomed tongue that allows love to stay.*[18]

Many of the words and expressions used in this poem are not only the result of interlinguistic creations but also inventions based on pseudo-archaic forms and the characteristic ending in "u" of nouns in the Sardinian language. Although no other "Italian" poem by her is nearly as extreme, this is a good example of the kind of experimental work with the materiality of language and with multiple linguistic interferences and meanings that Rosselli uses to challenge the monolingual authority of the Italian poetic tradition, and to open and expand its borders.

Some brief examples of linguistic interferences with English in the volume that I am currently translating with Paul Vangelisti, *Documento*, include: "una sorveglianza acuta li *silenzia*" (*Opera Omnia* 353) and "e si *silenzia*" (413), both from the English *to silence*; "*Miscreduto* col rospo s'affaccia" (448) from the English *misbelieved*; "popolo *misinterpretato* e assente" (487) from the English *misinterpreted*; "una passata *confermazione* ad un ordine prestabilito" (380), from the English *confirmation*. The later *Impromptu* (1978), a long poem or *poemetto*, is even more strikingly trilingual.

Below is an example of a poem from *Documento* (*Opera Omnia* 323) which hinges on a linguistic interference and translation from Latin, the phrase "cuore/ curvo." This phrase refers to Luther's and Saint Augustine's expression *cor curvum in se*, meaning the self-involved heart of the sinner, rotating upon itself and oblivious of others (and made famous by the German theologian Dietrich Bonhoeffen):

Innesto nel vivere
la tua colpa (un
pedinaggio)
non mi feci avanti coi miei fiori, perché
tu eri ancora meditabondo
il cuore
curvo per eccellenza nella sua dimora
guardando se qualche verità inedita
ancora potesse provocarmi.

La piazza come una vecchia tristezza
alle due di notte deserta era e distante
parasentimenti
cerchi contusi (l'inutile
ronda)
nel senso guardingo della parola ti
credesti libera per un istante.

And here is our English translation:

I graft onto living
your sin (a
tollpawn)
I didn't come forward with my flowers, as
you were still meditating
the heart
truly turned in upon itself in its dwelling
considering whether some untold truth
might still provoke me.

The square like an old sadness was
deserted at two in the morning and desolate
pseudo-sentiments
confused bruised circles (the useless
rounds)
in the wary meaning of the word you
felt suddenly free.[19]

Rosselli's experimentation with language is in some respects comparable to that of Beppe Fenoglio. Rosselli actually seeks to defamiliarize and estrange the experience of language itself, to create a sense of alterity and difference within language and to de-territorialize national languages through carefully calculated and deliberate interlingual fusions, neologisms, syntactical irregularities and semantic associations, triggered by the play of linguistic interference and intertextuality.[20] However, her experiments with the materiality of language are never merely free play of the signifier, and she was in fact highly critical of what she considered excessive forms of experimentalism and de-semanticization in some works by Pound and in Joyce's *Finnegan's Wake*. Translating Rosselli purely on the basis of sound or of the free associations evoked by the original therefore means to eschew her hermeneutic challenges.

Exactly how calculated and deliberate Rosselli's experimentation was, became clear with the publication in the 1970s and 1980s and posthumously of Rosselli's early writings, her diaries, drafts and explanatory notes. In fact a works such as *Diario in tre lingue*, a truly trilingual diary of exuberant and playful experimentation with linguistic interferences and *Appunti sparsi e persi* (1983), highlight for the reader precisely how calculated and restrained a work such as the 1976 *Documento* is by comparison. The publication of her non-Italian works made clear that Rosselli's Italian is a complex creation steeped in research and reflection on the semantic potential of translinguistic exchanges.[21] The "disturbed" yet highly controlled Italian of Rosselli's great works of the 1950s and 1960s is a radically experimental and surprisingly powerful poetic discourse that poses some real challenges to the translator—who, for one thing, needs to be trilingual and conversant with at least three literary traditions. Her translingual creative and critical practice in fact challenges monolingual norms, and it expands and stretches the very limits and borders of Italian as a natural language, infusing it with elements of other languages and her own personal idiom. In a transnational and deeply political dialogue, it in fact compels the reader to reflect on the very nature of language and place. The Italian employed by Rosselli, with her three-dimensional linguistic sensibility and knowledge, as well as her performance and musical training, finally undermines the myth of the organicity of a national language, culture, canon and literary tradition, even as it transmits a true passion for performing creative linguistic acts across languages that promise new, meaningful, and non-oppressive connections between humans.

Notes

[1] Roland Barthes, "L'étrangère" in *La Quinzaine littéraire* 94 (1970). The essay was translated into English with the unfortunate title "Kristeva's *Semeiotike*" in Roland Barthes, *The Rustle of Language*, transl. Richard Howard (Berkeley and Los Angeles: University of California Press, 1989), pp. 168-171.

[2] Barthes 1989, p. 168.

[3] For the evolution in Rosselli studies up to 2003, see especially Monica Venturini, "Alla luce della critica: la poesia di Amelia Rosselli" in *Trasparenze*, special supplement of *Quaderni di Poesia* devoted to Amelia Rosselli (Genova: Edizioni San Marco dei Giustiniani, 2003), pp. 107-118. See also Daniela La Penna, "'Cercatemi e fuoriuscite'. Biography, Textuality and Gender in recent Criticism on Amelia Rosselli," in *Italian Studies* LXV(2010): 278-85.

[4] *Primi scritti* is now available as part of Amelia Rosselli's *Opera poetica* that appeared in 2012 in the Mondadori Meridiani series. This distinguished series includes most of the "canonical" Italian writers. The volume was edited by Stefano Giovannuzzi, with the collaboration of Stefano Carbognin, Silvia De March, Chiara Carpita, Gabriella Palli Baroni and Emmanuela Tandello, and with an introductory essay by Emmanuela Tandello. For a thorough primary and critical bibliography, see pp. 1534-1561. See also "Quadrati, cantoni, cantonate: Topografie poetiche di Amelia Rosselli," a special theme issue devoted to Amelia Rosselli, edited by Chiara Carpita and Emmanuela Tandello, *Moderna. Semestrale di teoria e critica della letteratura* XV.2 (2013; but published in 2015).

[5] Julia Kristeva, *Desire in Language: A Semiotic Approach to Literature and Art* (Oxford: Blackwell, 1980) p. 7.

[6] It appeared in Amelia Rosselli, *Lettere a Pasolini 1962-1969*, ed. by Stefano Giovannuzzi (Genova: Edizioni San Marco dei Giustiniani, 2008), pp. 75-80. The article, which was found in the Einaudi archives, was signed by Rosselli with the pseudonym "Xenaxis." Xenaxis is a variant of Xenakis, and refers to the noted Romanian-Greek-French avant-garde composer and music theorist Iannis Xenakis, a kindred spirit for Rosselli.

[7] After taking part in the fourth meeting of the Gruppo 63 in La Spezia in June 1966, Rosselli, who was then a committed member of the Communist party, wrote to her brother John that she found the Italian neo-avant-garde horrible, and horribly commercial. See *Opera poetica*, p. XCIX.

[8] Pier Paolo Pasolini, "Notizia su Amelia Rosselli," *Il Menabò* 6 (1963): 66-69; English translation in Amelia Rosselli, *War Variations*, translated from the Italian by Lucia Re and Paul Vangelisti with an Introduction and Notes by Lucia Re (Kobenhavn & Los Angeles: Green Integer, 2005), pp. 378-382.

[9] See the letter to John dated October 25, 1963, in *L'opera poetica*, LXXXVIII. Over the years, Rosselli repeatedly expressed her disagreement with Pasolini's interpretation of her work. See for example the 1987 interview with Galeno Converso, in È vostra la vita che ho perso. Conversazioni e interviste 1963-1995, ed. Monica Venturini and Silvia De March (Firenze: Le Lettere, 2010).

[10] See for example the brief, condescending review of *Variazioni belliche* by Adriano Spatola in *il verri* 16 (1964), pp. 121-2. A very similar view may still be found for example in John Picchione, *The New Avant-garde in Italy: Theoretical Debate and Poetic Practices* (Toronto: University of Toronto Press, 2004), pp. 165-66.

[11] On the misogyny of the Gruppo 63 in particular, see Lucia Re, "Language, Gender and Sexuality in the *Neoavanguardia*," in *Neoavanguardia: Italian Experimental Literature and Arts in the*

1960s, ed. Paolo Chirumbolo, Mario Moroni, and Luca Somigli (Toronto: Toronto University Press, 2010), pp. 171-211.

[12] 1988 interview with Isabella Vincentini, "L'immagine del mondo fuori luogo," in È vostra la vita che ho perso, pp. 249-50.

[13] It was subsequently included in the volume *Primi scritti* (Milano: Guanda, 1980) and then in *Opera poetica*, ed. Chiara Carpita, pp. 663-669. On these poems, see Carpita, ibid., pp. 1413-1414. Only in retrospect did Rosselli express more openly, in several interviews, both her early admiration for the literary work of some of the individual exponents of the Italian neo-avant-garde (most notably Antonio Porta, especially the earlier poems) and her reservations about the rhetoric of the group's endless diatribes, as well as their–in her eyes–belated and somewhat provincial "discovery" of modernist experimental language in English. In a 1984 interview with Renato Minore, "Il dolore in una stanza," now in È vostra la vita che ho perso, she explained (p. 65): "Stavo a sentire, tutto quel chiacchiericcio critico era un po' pesante. Scoprivano Pound, Joyce, e tanti altri che io avevo letto mille volte, che io avevo scoperto tanti anni prima, per via della mia formazione non italiana. A me interessavano soprattutto i testi: per esempio quelli di Antonio Porta o di Massimo Ferretti, che morì troppo presto. Sanguineti è molto bravo, ha una forte personalità poetica, ma non ha scoperto nulla. E poi non mi piaceva certa guerra un po' villana tra lui e Pasolini."

[14] Interview with Silvio Perrella, "Per Amelia Rosselli" in *Nuovi Argomenti* 12 (1997), now in È vostra la vita che ho perso. Conversazioni e interviste 1963-1995, ed. Monica Venturini and Silvia De March (Firenze: Le Lettere, 2010).

[15] See Lucia Re, "Variazioni su Amelia Rosselli," *Il Verri* 3, 4 (1993): 131-150 and "Poetry and Madness," in *Shearsmen of Sorts: Italian Poetry 1975-1993*, ed. Luigi Ballerini, special issue of *Forum Italicum* (1992): 132-152.

[16] See the introduction by Gian Maria Annovi to Amelia Rosselli, *Impromptu. A Trilingual Edition*, translations by Gian Maria Annovi, Diana Thow and Jean-Charles Vigilante (Toronto, Buffalo, Lancaster: Guernica Editions, 2014), pp. 7-43.

[17] *Variazioni Belliche*, *Opera poetica*, p. 18.

[18] Amelia Rosselli, *War Variations*, translated from the Italian by Lucia Re and Paul Vangelisti with an Introduction and Notes by Lucia Re (Kobenhavn & Los Angeles: Green Integer, 2005).

[19] This translation appeared along with ten other poems from *Documento* in the journal *Or*, Spring 2014, p. 8.

[20] For the notion of linguistic interference in Rosselli, see Daniela La Penna, "La mente interlinguistica. Strategie dell'interferenza nell'opera linguistica di Amelia Rosselli," in F. Brugnolo and V. Orioles, eds., *Plurilinguismo letterario. Atti del convegno interuniversitario di Bressanone, 6-9 luglio 2000* (Roma: Il Calamo, 2002), pp. 401-9.

[21] For an in-depth analysis of the linguistic complexity of Rosselli's poetry, see especially Daniela La Penna, *La promessa di un semplice linguaggio. Lingua e stile nella poesia di Amelia Rosselli* (Roma: Carocci Editore, 2013) and her earlier "Authoriality in Poetic Translation. The Case of Amelia Rosselli's Practice," in *Translation Studies*, August 2013.

Paul Vangelisti

The Delirious Part of Speech

Since meeting Giulia Niccolai in 1975 at the Mulino di Bazzano (near Parma) in 1975, our travels brought us together in different places: Milan, Florence, San Francisco and Los Angeles. Often, in the earliest days, in the role of dutiful translators for poets with whom we collaborated and very much respected. In a certain sense, we were the most 'faithful' of translators, as the commitment to our respective languages and literatures was unfailingly that of the poet/translator, for whom the act of translation is ever a passionate statement of one's own poetics, a poetics in good part based on what one coaxes into being from another language.

For very different reasons, which don't bear going into at this time and place—except to say it's linked to our experiences of a 'mother tongue'—I've come to regard both of our practices as those of writers trapped, in a very vital sense, between languages. By this I mean writers whose instincts don't necessarily draw on a single tradition or set of verbal/social constructs. Although Giulia's ultimate frame of reference is Italian and mine American, we share a double vision, I might add, an almost vertigo, in our stances toward our respective poetic languages. As poets, it's as if we regard our languages both from within and without: one language at play with the other, with the eyes, in essence, of perfect strangers.

Rather than a rhetorical analysis of such attitudes, I'd prefer to offer here two texts that I've written in recent years that will describe, I trust, the dynamic of this shared poetic. The first is from a book-length work, from 2008-2009, called "Correspondence." In it I try to give homage to those poets who significantly influenced my work over the years, with the title taking its cue from a fundamental passage in Jack Spicer's 1956 groundbreaking work, *After Lorca*, itself a curious form of translation: "Things do not connect; they correspond. That is what makes it possible for a poet to translate real objects, to bring them across language as easily as he can bring them across time."

Giulia is one of twelve poets that I correspond with, in her case revisiting my first translation of her work, from her 1971 *Substitution*. From that book I take the poem, "Dai Novissimi" ["From the Novissimi"] and retranslate it with a commentary on the text, as well as on the relationship of my own work to that text, which I'd translated shortly after meeting her. Giulia's poem, "Dai Novissimi," is collage work that mimes the text of Alfredo Giuliani's foot-of-the-page, running commentary in the now-famous 1961 anthology he edited of the same name. Thus, in her poem, Giulia ups the ante on Giuliani and the four other Novissimi poets, transforming Giuliani's commentary, 'new' and somewhat incendiary at the time, into another even 'newer' poetry.

In this way I found myself not only having to translate a kind of translation, but in revisiting this earlier translation, I now had to refer to a translation of Giuliani's commentary in the American bilingual edition, *The Novissimi*, which I'd edited and translated with Luigi Ballerini in 1995. Hence, a double, triple, sometimes quadruple vision became an intrinsic part of the game.

To the bilingual text of Giulia's poem, I placed my own foot-of-the-page commentary below the Italian text: a commentary composed mostly of words I took from my original translation of Giulia's other poem in the book, "Substitution." And thus my correspondence, as poet/translator, with "Dai Novissimi."

1
So inferred:
creatures who don't want to grow up
in lunar craters.
In a world of earth and water, incest
locked in the swimming body.
(Business of coming together
or coming apart: sidereal harmony.)
The account of a mental
landscape, the unity of desire
to exalt opposites.

1
Così desunto:
creature che non vogliono crescere
nei crateri lunari.
In un modo di terra e di acqua, incesto
raccchiuso nel corpo che nuota.
(L'impresa dell'unione
o della disunione: l'armonia siderale.)
La descrizione di un paesaggio
mentale, l'unità del desiderio
di esaltare gli opposti.

A shock to language and its imagination freed from optimism, or at least confession. In the early sixties a group of five readers just about cancelled their writing, allowing their material to step forward and enjoy the excitement.

2
On a woven surface, pieces
for the parts, for their supremacy,
cut up, mixed, shattered.
In the gambling house, in the
breath's measure. All
told tending to fix upon,
faces distracted, their very own
instruments distracted, restored contact
and confusion.

2
Sul piano intrecciato, frammenti
per le parti, per la supremazia,
ritagliati, miscolati, frantumati.
Nella casa di gioco, nella
misura del respiro. Tutto
sommato tendenti a fissarsi,
distratti gli aspetti, distratti
i propri strumenti, il contatto restaurato
e la confusione.

Instead of the imaginative material of poetry, there is a 'substitution' giving the collection its title. As here it is always ten o'clock in the afternoon, steel blue love to forty, and a childhood looking more like the future every day.

3
A suitable motive from outside,
the suddenly necessary appearance.
From time to time objects and events
the indispensable need, sharing
convergences.
Far from the first impulse, from the ongoing
sedimentation.
Escaping modification, contributions, abolition.
Then it seems clear.
As it happens,
our mirror is there.

3
Dall'esterno il motivo adeguato,
l'apparenza subito necessaria.
Di volta in volta gli oggetti e gli eventi
La necessità indispensabile, la partecipàzione
delle covergenze.
Lontano dall'impulso iniziale, dalla continua
sedimentazione.
Sfuggendo a modifiche, apporti, soppressioni.
Allora sembra chiaro.
E per l'appunto,
lì ci si specchia.

Numbers don't lie. They are a sometimes necessary and suitable offense, like tolerance or poverty, itself not a puritanical discipline, scribbling in a favorite restaurant, at a favorite table, just east and west of the almost full moon.

4
The distinct contrasting shape
in a time of foreboding.
Among negative elements
the neutral image appears,
recognition in forbidden space.
The test of an inside-out condition
the ebbing experience,
the urgency to break
together with necessity.

4
La forma nitida contrasta
in un tempo di minaccia.
Tra gli elementi negativi
appare l'immagine neutrale,
una ricognizione nello spazio vietato.
La verifica di uno stato rovescia
il riflusso dell'esperienza,
l'urgenza di rompere
e insieme la necessità.

Our time is confined to denying contradictions and more troublesome questions, plus or minus five degrees. Today's findings won't be easily charmed by doubt or seduced by complex openings previously unheard. The horizon isn't discouraged by the treasure of a page.

5
Shaped by the form,
loaded with use,
opens a possibility
and invites a tight connection
reduced to verifiable proportions
by an inevitable arrangement:
warning and inertia
joined by a common thread.

5
Configurata dalla forma,
gremita dall'uso,
apre una possibiltà
e invita a una stretta connessione
ridotta a proporzioni controllabili
da un inevitabile adattamento:
premonizione e inerzia
congiunte da un tessuto commune.

Considered a farce, a multiplication of distances, a revenge of dreaming verified by common experience, where we may ascend to literature. O disarming waters.

6
Gathering up a crown or a line
watching from the given point-of-view
the measure's value lying in wait
and varying
in picking certain directions
and the facts we determine
or determine us,
the things we maneuver.
We are maneuvered
certainly in relation
to something we wish to find.

6
Raccogliere una corona o una linea
guardando da un determinato punto di vista
il valore della misura in agguato
e il suo variare
per scegliere certe direzioni
e i fatti che determiniamo
o che ci determinano,
le cose che manovriamo.
Siamo manovrati
certamente in relazione
con qualcosa che si vuol trovare.

A mutual retaliation, with value dependent, in turn, upon outraged language. Words interfere with the inverse of meaning, loss of a will to collide, a formal vertigo overturned by the sense of objects come to by speaking. *Enfata-ta-klac, ta-klac-ta-klac.* You can say that again.

7
When we hear them float
they are only pointing.
They agree, imply
and come back alone.
They undulate events
that they invade
leaving the result to be avoided
without fixation. Besides
they don't have any.

7
Quando le udiamo gallegiare
indicano soltanto.
Consentono, includono
e tornano sole.
Fanno ondeggiare gli eventi
che invadano
lasciando avvertire il risultato
senza fissarlo. Anzi
non ne hanno alcuno.

The territory seeks its opposite, not only tempered but shot through with humility. A blazing falsetto of hope more or less meant to violate borders. Elegant and anonymous, *que no tenga mas dinero*.

8
In a way to gather it like that
or, oppositely, it's understood, to repel it,
it ought to advance when we get drowsy
disappearing in a chain
of mediations.
Precisely as much as is in turn decipherable
from behind the arras
the same horizon
so vastly inscribed.

8
In modo da accoglierlo come tale
o, per contro, s'intende, da respingerlo,
dovrebbe avanzare quando ci assopiamo
e scomparire in una catena
di mediazioni.
Proprio in quanto è a sua volta decifrabile
da dietro l'arazzo
lo stesso orizzonte
che si iscrive vastissimo.

Deck of cards on the table. Not so much an absence of "self-consciousness," more a doleful anonymity of perception, anything to keep from whistling. Objects and events plot the fraud of hiding in the folds of daily trivia, in other words, between fiction and fact. Here one pauses in the car once again scribbling, listening in time to the orchestra of ghostly dowagers looking like new.

9
The power of contradictions,
the immediately suffocated use
and transition point,
the changing.
The choice of these final collisions:
setting a free course
and that particular open
procedure.

9
La capacità delle contraddizioni,
l'uso subito soffocato
e il punto di passagio,
il mutamento.
La scelta di questi finali:
liberando l'andamento
e il particolare procedimento
aperto.

Renunciation remains something of a luxury, as the framework itself appears in a kind of slow dissolve, where anything may happen to measure the distance everywhere, my shining star, my rule, my angel with love behind bars.

The other work that highlights this sense of the bilingual nature of Niccolai's poetic language is found in a sonnet sequence, "Solitude," which I'm currently working on. Interestingly enough, the idea for these sonnets came to me as I sat in the audience at UCLA, on the second day of last year's conference celebrating the 50th anniversary of Gruppo 63.

The first line is quoted from Giulia's major work, *Frisbees*, that multi-lingual text occupying a central place in her mature production. I've had to revisit it too as a translator, originally in 1986-87, and then again in 2013. Enriched by the self-consciousness of a Buddhism that she came to in the late seventies, here the game is substantially more complex and comic; like much else in this long poem, the game and the voyage becoming one.

As the poet switches effortlessly between languages, it becomes evident that the linguistic vertigo serves not only as the fabric of her poetic but as a challenge to and deft engagement of the reader as well. The lines of poetry may go out from the poet in one language only to return, Frisbee-like, in another language or languages. In this remarkable work, play and travel are indistinguishable, often with dazzling results. Hence, the backdrop for this meditation on Giulia's lifework.

"*Even* writing lies on the page," notes Giulia,
translating what's trapped between languages
and downright ingenious in failing
to abate the outrageousness of
her desire to know. Tender or not,
once sprung the trap upholds endlessly
blurred boundaries among words, Timbuktu's
that bounce a foreign hint of fabric,
lacy hems of thought flouncing convention
before it ever happens. Just another way
to go without leaving, gathering well-traveled
remnants around you, ending where you begin,
restoring mystery to those back with little
to show but some delirious part of speech.

Bagnone, 2014

Guy Bennett

sign > word > text > page: translating giovanna sandri

The poetry of Giovanna Sandri (1923-2002) presents some interesting challenges for the translator, given the emphasis she placed on the graphic qualities of signs and on the formal composition of the poetic text. Her work ranges from strictly visual poetry, to strictly verbal poetry, to a hybrid of the two. In all cases, it is organized on the page as would be a drawing or painting, in other words, a poem's unique shape and position on the page are integral parts of its overall composition. Furthermore, in certain of her books the basic poetic unit is not the single page but the two-page spread, and in such cases the notion of the poem expands to include the binary of texts appearing on facing verso and recto pages. It goes without saying that all of these elements, in addition to semantic "content" of course, must be taken into account in the translation of her work.

I began translating Sandri in 1995, when Paul Vangelisti asked me for an English version of her poem "origine lunare dell'alfabeto" ["lunar origin of the alphabet"] (1978) for *Ribot,* a journal he was editing at the time. I translated other works of hers over the years, both individual poems and complete books, for publication in journals, as chapbooks, and most recently in the volume of her selected poems.[1] In the remarks that follow, I would like to focus on the translation of one book in particular – *clessidra: il ritmo delle tracce* ["hourglass: the rhythm of traces"] (1992), which received the Premio Lorenzo Montano – and share excerpts from an exchange I had with the author during the translation process.[2]

clessidra is a beautiful if slim volume of hybrid, verbo-visual poems of the kind mentioned above, with visual texts on the verso pages and verbal texts on the rectos, the visual texts all being repurposed from her first book, *Capitolo Zero* ["Chapter Zero"].[3] Luigi Ballerini, a close friend of Sandri's, brought me a copy of the book, a gift from the author, in November 1996. By this time I was corresponding with Sandri and was thus able to ask her about the poems and, since she knew English, send her my translations to look over. She received the complete draft of the translation in February 1997 and she replied in May, sending back her suggestions and annotations either handwritten on the proofs themselves in the case of minor corrections or changes, or typewritten on a half-sheet of paper and stapled to the proofs in the case of lengthier commentary. In the letter that accompanied them, she wrote:

> here are your beautiful translations sliding throughout the white pages as I expected: even in English they keep the flowing rhythm you succeeded in perceiving, not to speak about your visualization (and *rhythm* in its Greek etymology is linked to the verb *to flow*)
> if I compare your translations with mine, I see yours have a more abstract, impersonal flavour (see *encounter,* far better than *meeting*: I translated *in the words / she meets / but fragments / she finds,* while you, *in the words / encountered / only frag / ments found,* far, far better, bravo)[4]
> [...]
> you'll find my suggestions / corrections in the notes I have written for some poems, when my interpretation is different, and please let me know if you agree with them as my English may create some problems I also added some personal references as, even if I haven't yet met you personally, I like to dialogue with you through these notes[5]

In those translations that Sandri annotated, she felt that I had either misunderstood a word or passage or considered that it could have been rendered more effectively. In the alternate renderings she proposed she allowed herself changes that, as a translator, I wouldn't have considered, or perhaps even thought of, had she not brought them up. The first such poem I will give here is "creazione illimitata" ["unlimited creation"], reproduced below. On top you have the two-page spread from the original Italian book, and below Sandri's typewritten notes stapled to the page proof of my translation (they cover the visual part of the poem on the facing page).

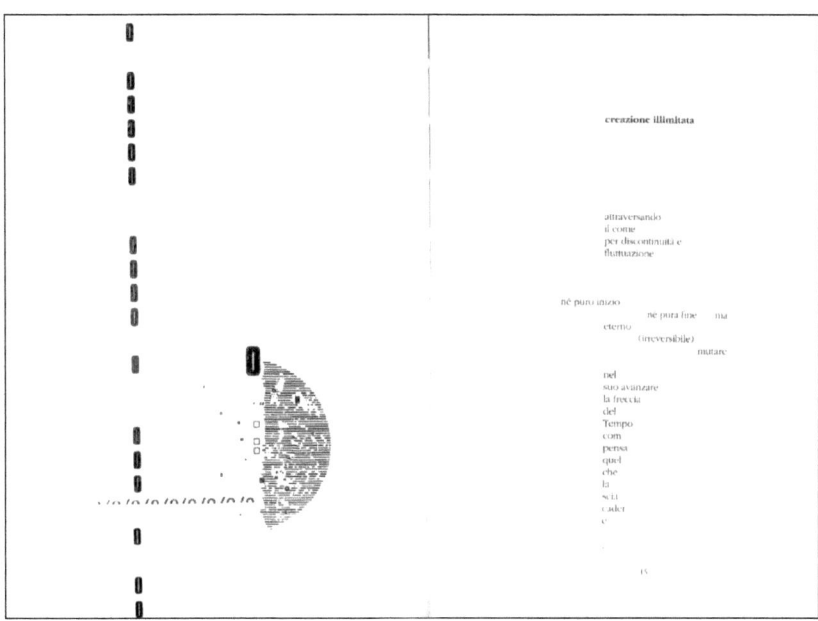

creazione illimitata

attraversando
il come
per discontinuità e
fluttuazione

né puro inizio
         né pura fine   ma
eterno
    (irreversibile)
            mutare

nel
suo avanzare
la freccia
del
Tempo
com
pensa
quel
che
la
scia
cader
e

```
even if your translation is so beautiful
(the one/who/lets/go)  it doesn't convey an un-
expected further maening which came out from my
sub_division of the line:
la freccia
del
Tempo
com
pensa
quel
che
la          :the subdivision of the verb lascia
scia         (la/scia) let emerge la scia (its
cader        trail), which led me to translate:
e
            the arrow
   ,        of
            Time
            com
            pensate
            what
            its
            trail
            lets
            fal
            l
                    ,
: that's what happens letting words dance
from one language to another
```

limitless creation

crossing
the as
through discontinuity and
fluctuation

neither pure beginning
         nor pure end   but
eternal
    (irreversible)
           change

as
it advances
the arrow
of
Time
com
pensates
the one
who
lets
go

In her annotation she writes:

> even if your translation is so beautiful (*the one / who / lets / go*) it doesn't convey an unexpected further meaning which came out from my subdivision of the line:
> "la freccia / del / Tempo / com / pensa / quel / che / *la / scia* / cader / e // ,"
> : the subdivision of the verb *lascia* (la / scia) let emerge *la scia* (its trail), which led me to translate:
> "the arrow / of / Time / com / pensate [sic] / what / its / trail / lets / fal / l // ,"
> : that's what happens letting words dance from one language to another

As we see, Sandri takes advantage of the passage into English – i.e. "when letting words dance from one language to another" – to make explicit a potential double meaning of the Italian verb. By giving both the noun ("its trail") *and* the verb ("lets") in English, she introduces a new meaning (i.e. that it is the trail that lets fall, not the arrow of Time, the agent of the action in the Italian text) that is at best latent in the original. In other words, she uses the translation process to creatively alter the poem. She does something similar with "( )," reproduced below:

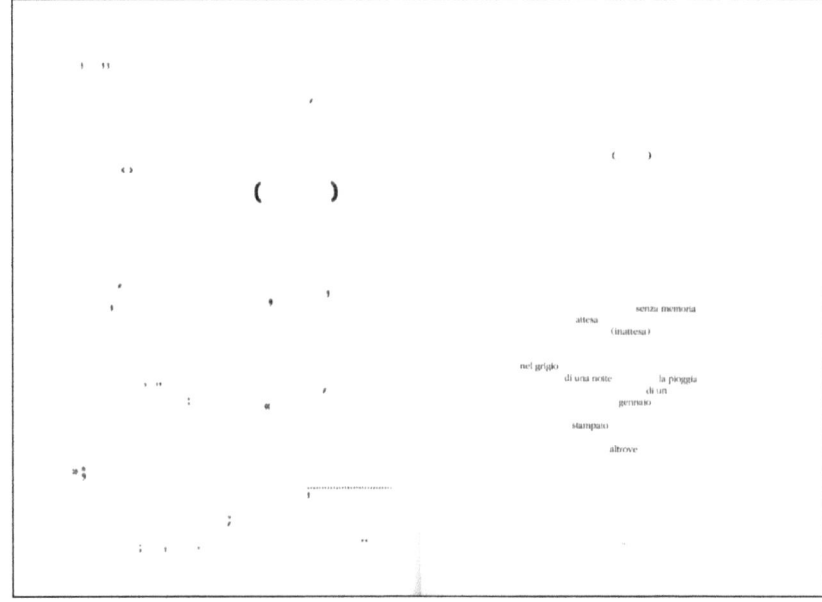

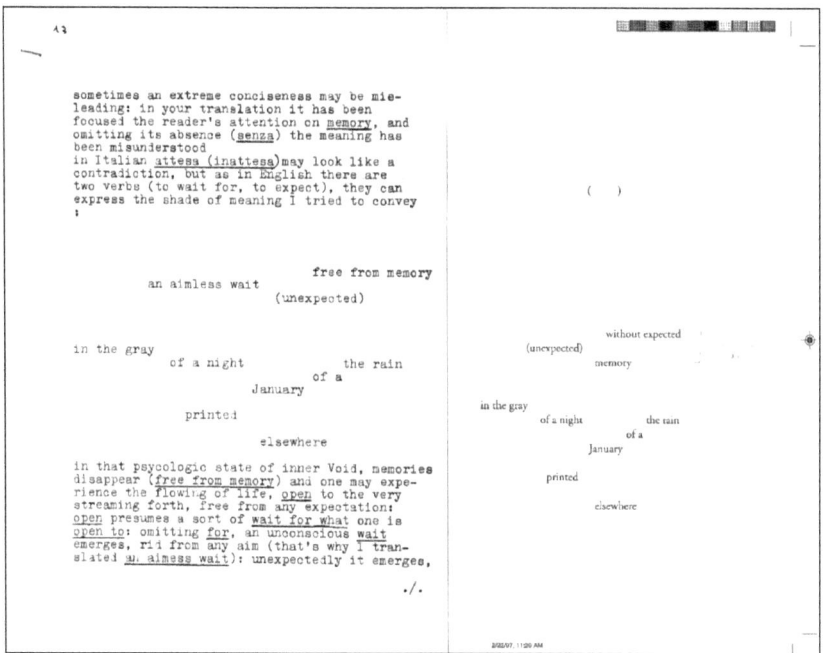

In her notes to this translation, Sandri suggests an alternate version for the first stanza, which in Italian reads: "senza memoria / attesa / (inattesa)," and which I had rendered, rather flatly I admit, as "without expected / (unexpected) / memory." She writes:

> sometimes an extreme conciseness may be misleading: in your translation it has been focused the reader's attention [sic] on *memory*, and omitting its absence (*senza*) the meaning has been misunderstood
> in Italian *attesa (inattesa)* may look like a contradiction, but as in English there are two verbs (to wait for, to expect), they can express the shade of meaning I tried to convey: "free from memory / an aimless wait / (unexpected)"

Her version is definitely the more interesting, but it is also far enough away from the original that I wouldn't have imagined it, or permitted myself to use it without her permission if I had. Translating "senza memoria" as "free from memory," and "attesa" as "an aimless wait," Sandri is introducing nuances ("to be free from" and "aimless") not present in the original. They are at best interpretations, as the rest of her annotation makes clear:

in that psychologic state of inner Void, memories disappear (*free from memory*) and one may experience the flowing of life, *open* to the very streaming forth, free from any expectation: *open* presumes a sort of *wait for what* one is *open to*: omitting *for*, an unconscious *wait* emerges, rid from any aim (that's why I translated *an aimless wait*): unexpectedly it emerges, so your (*unexpected*) is simply perfect
[…]
I quite remember when these lines were written: it was a Winter night rain went on wrapping silence and stillness breath rhythm let pure detachment spread around its halo (memories disappeared) on lifting the window curtain that present gray rainy night was seen from an indefinite distance, peculiar to that state of psychic experience (simple, isn't it ?!

Of all of the poems that make up *clessidra*, the texts of only two were set "hard left," that is, the verses were not articulated spatially on the page as they were in all of the other poems; they aligned on the left, as poems traditionally do. In her notes, Sandri speculated that she had apparently not had the time to "visualize" them, as she put it, before sending them off to the publisher, so she proposed to visualize the translations in order "to improve this edition." The poems in question are "mare" ["sea"] and "tra / di" ["on / of"]:

mare

nel
fondo
degli abissi
muta è la corrente
e nera

strappata e
la rete dei ricordi : un groviglio
di nord est sud ovest senza più sestante

```
as you can see I have visualized your beautiful
translation (and of the next one) :
would it create you a problem? (eveidently I
had no time to do it when I sent my texts to Ante-
rem Edizioni)   as to the cardinal points you
left in Italian, it seems to me the terms in Italian
add a further shade to thet flowing unlimitation

                sea (1)
```

```
      at
the bottom of
       the abyss
              the silent black
                  current
                        the net of
                              memories torn
              :
           a tangle
    of nord
         est
            sud
               ovest
                       no
                       more
                  sextant
(1.)
(at the same position of the other titles)
```

sea

at the
bottom
of the abyss
the silent black
current

the net of memories
torn: a tangle
of nord   est   sud   ovest   no more sextant

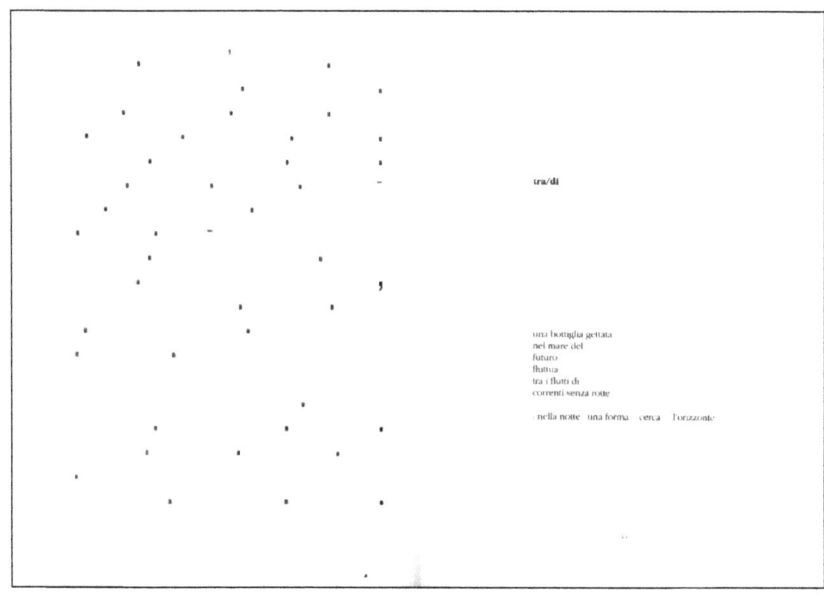

tra/di

una bottiglia gettata
nel mare del
futuro
fluttua
tra i flutti di
correnti senza notte

nella notte   una forma   cerca   l'orizzonte

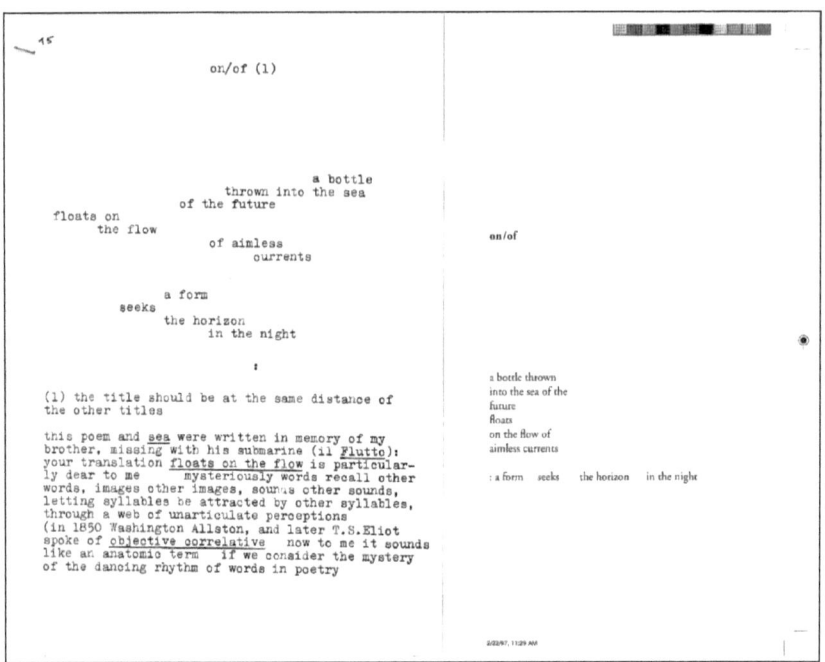

As you can see in her annotations, she completely recast both of the translated poems, breaking nearly all of the lines differently and splitting the long, final lines into multiple new ones. Furthermore, in "sea" she reformed the stanzas, moving the first line and first word of the second line of the second stanza to the end of the first stanza, which now concludes with a colon. In "on / of" she shifts the colon that introduces the final line to the end of the poem, where it becomes the final stanza, finishing the poem on an "open" note.

The recasting of these poems is significant, I believe, in that it suggests that a "visualized" poem may well have different phraseological "needs" than a poem traditionally set. Evidently, it was not enough to merely indent the lines written as they were; they needed to be rewritten in view of the poems' new shape, which in turn suggests that for Sandri, the shape of a poem takes precedence over the linear articulation of its constituent lines when set conventionally. As she did with "( )," she also explains the origins of these two poems and comments briefly on their semantic content:

this poem and *sea* were written in memory of my brother, missing with his submarine (il *Flutto*): your translation *floats on the flow* is particularly dear to me mysteriously words recall other words, images other images, sounds other sounds, letting syllables be attracted to other syllables, through a web of unarticulate perceptions (in 1850 Washington Allston, and later T.S. Eliot spoke of *objective correlative* now to me it sounds like an anatomic term if we consider the mystery of the dancing rhythm of words in poetry

Given the subject matter of these poems, I had "read" the visual texts appearing on the verso pages as specular highlights on the ocean surface. In fact, these pieces were not intended to be representational; Sandri created them from a page of Joyce's *Ulysses* (specifically, p. 440 of the Bodley Head edition, containing the "description of confraternities (At the sound of the sacred bell)"), removing all of the words and retaining only the punctuation. Several pieces in *Capitolo Zero* were made in this way, in order, she explained, to reveal the rhythm of the writing.[6]

The final example I would like to consider is the poem "con i resti" ["with the rest"]:

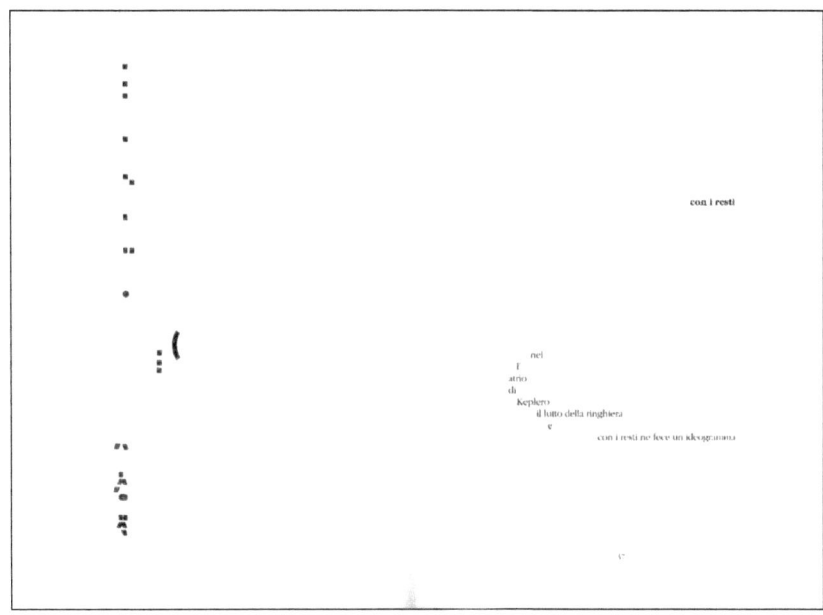

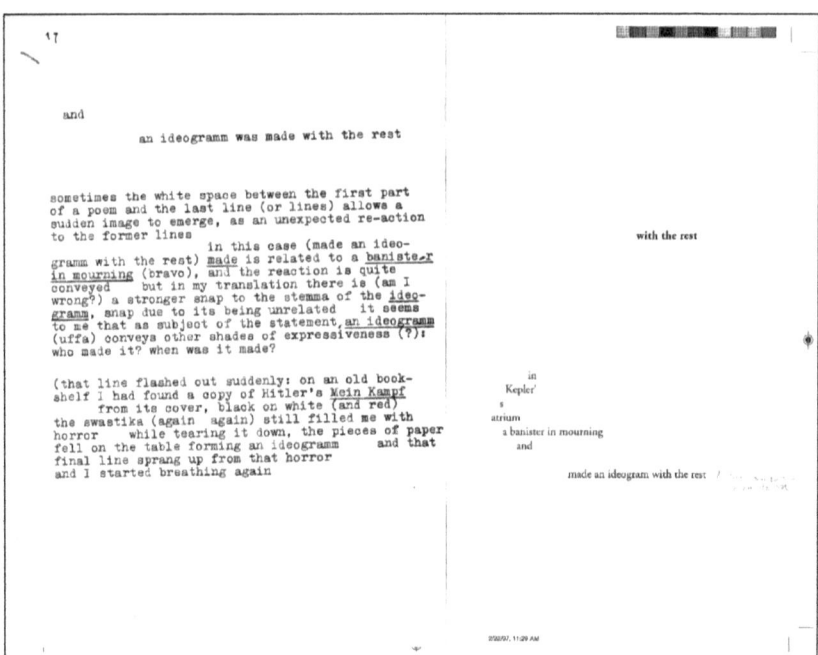

The poem reads, "nel / l' / atrio / di / Keplero / il lutto della ringhiera / e // con i resti ne fece un ideogramma," which I translated as, "in / Kepler' / s / atrium / a banister in mourning / and // made an ideogram with the rest." Sandri suggested that I reword the final line to read, "an ideogram was made with the rest," a minor but not insignificant change, explaining that:

> sometimes the white space between the first part of a poem and the last line (or lines) allows a sudden image to emerge, as an unexpected re-action to the former lines
> in this case (made an ideogramm [sic] with the rest) *made* is related to a *banister in mourning* (bravo), and the reaction is quite conveyed but in my translation there is (am I wrong?) a stronger snap to the stemma of the *ideogramm,* snap due to its being unrelated it seems to me that as subject of the statement, *an ideogramm* (uffa) conveys other shades of expressiveness (?): who made it? when was it made?

One might wonder whether Sandri only noticed that the line could be improved after the fact, or whether she felt that, for whatever reason, only the English version of the poem needed improvement. Whatever the case may be, it is clear that for her, "strict" fidelity to the original was less important than creating what she felt would be a strong English version, even if this meant altering aspects of the Italian text (in this case, going from an active to a passive construction, with the syntactic and positional changes that that implies) to do so.

This leads to the unusual situation in which there is no longer a single "original" text, there are two. This is no less true of the other poems discussed above, since their original versions were likewise revised by the author as they were brought into English. As Sandri herself made the changes in question, the resulting new versions of these poems might be more accurately described as variants, rather than simple translations, and would thus need to be taken into consideration by future editors and translators as they work on her poetry. It goes without saying that while this may make for richer poems, it also complicates the task of the translator. "that's what happens letting words dance from one language to another."

Notes

[1] Giovanna Sandri, *only fragments found: selected poems, 1969–1998*. Ed. Guy Bennett, Trans. Guy Bennett, Faust Pauluzzi, and Giovanna Sandri. Introduction by Giulia Niccolai. Los Angeles: Otis Books | Seismicity Editions, 2014.

[2] My translation of *clessidra* was published as *hourglass: the rhythm of traces,* by Seeing Eye Books (now Mindmade Books) in 1998.

[3] *Capitolo Zero*. Rome: Lerici Editore, 1969.

[4] This is the second and final stanza of the poem "incontro."

[5] Sandri, Giovanna. Letter to the author. May 25, 1997. Unless otherwise noted, all quotations are from this letter.

[6] In the copy of *Capitolo Zero* which she gave me, Sandri slipped typewritten notes between certain pages to explain their origins and comment on their contents. Thus I learned that she appropriated and manipulated in this way pages from Joyce, Addison, Dylan Thomas, and an unidentified essay in linguistics, in each case analyzing the rhythm suggested by the remaining punctuation. This may well be what she was referring to in *clessidra*'s subtitle: *il ritmo delle tracce.*

Renato Barilli

Il Gruppo 63 e il postmoderno

La riunione a Palermo, Hotel Zagarella, nei pressi del capoluogo siciliano, ottobre 1963, da cui è venuta la denominazione di Gruppo 63, è stata la classica punta emergente di un iceberg con poderose basi sommerse, anche in senso cronologico. Tutto infatti parte dall'autunno del 1956, quando a Milano esce il primo numero del "Verri", la rivista fondata da Luciano Anceschi, che da tutti è riconosciuto come il padre nobile del movimento, capace di scegliere subito e di chiamare attorno a sé tanti futuri protagonisti, praticamente l'intera squadra dei poeti Novissimi, e molti critici e compagni di via, tra cui lo scrivente, assieme a Fausto Curi e Angelo Guglielmi. Il primo dato su cui ragionare è proprio lo straordinario cambio di una staffetta in corsa, di carattere generazionale, che Anceschi[1] rese possibile, lui tipico rappresentante dei "nati nel secondo decennio del Novecento", avendo accanto Carlo Bo, Oreste Macrì, nonché l'intera ondata degli "ermetici", cioè dei rappresentanti dei valori che dominavano i nostri Anni Trenta, come vigile riserva di caccia e di protesta contro i valori ufficiali imposti dal regime fascista. Anceschi era stato, fin dai suoi primi passi, una figura di punta, nell'accogliere e accompagnare tutto quel clima di ricerca, che si ispirava a un senso "chiuso" delle forme, arroccato nella difesa di un'autenticità gelosa e sofferta contro le volgarità e le profanazioni care al regime fascista. Ma Anceschi era anche profondamente imbevuto degli insegnamenti della fenomenologia, che indica come appunto i fenomeni passino, sul filo dei tempi, avendo proprio nel fattore generazionale uno degli stimoli al mutamento incessante. Da qui un suo prendere le distanze, dagli alleati di quella partenza anteriore alla seconda guerra mondiale, appunto i Bo e Macrì, che anche passato il conflitto continuarono a restare chiusi nella difesa, diciamo così, di una letteratura intenta a guardarsi l'ombelico, e semmai a divenire il più possibile colloquiale e arrendevole nei confronti di un clima fatto di conformismo e di mancanza di audacia. Anceschi, invece, capì che i tempi nuovi esigevano ormai di battersi in nome dell'"aperto", e che la scena stava profondamente cambiando. In particolar modo la sua metodologia, in cui il fattore generazionale era così importante, doveva accettare, o più ancora postulare l'arrivo di nuovi volti sulla scena, obbligando gli anziani a fare un passo indietro. Da qui una sua estrema saggezza nel coniugare a un tempo stesso il chiuso e l'aperto, egli insomma si poneva come un Mosé di nuovo conio intento a predicare incondite terre promesse, ma sapendo anche di doversi fare da parte, comprendendo che non poteva accompagnare del tutto i suoi stessi pupilli ad occupare in forze il nuovo continente intravisto da lontano. La poesia, come ben si sa, era il terreno d'azione favorito da Anceschi, e il suo abile pilotaggio fuori dalle secche dell'ermetismo aveva già iniziato a manifestarsi attraverso una puntata sulla presenza dell'oggetto, rinvenuto presso autori padani, anzi, "lombardi", seppure in senso lato, con un Montale posto in testa, a gareggiare contro una linea alternativa fondata sull'analogia, patrocinata piuttosto da Ungaretti. Insomma, l'asse dei paradigmi, delle famiglie lessicali, si schierava contro l'asse dei sintagmi, delle costruzioni sintattiche. Da qui appunto l'appoggio a una "linea lombarda", fondata sulla frequentazione di temi e materiali domestici, proposti in modi ancora umbratili e quasi post-crepuscolari, basti pensare a un Vittorio Sereni, che ne era l'esponente di spicco. Ma Anceschi covava anche la capacità di avvertire subito che stava arrivando qualcosa dal passo del tutto insolito e travolgente, quale il *Laborintus* di Sanguineti. Ecco il miracolo compiuto dal fondatore del "Verri": capire, intuire l'arrivo del nuovo, ma anche sapersi fare da parte, e in fondo proprio sulla "sua" rivista, sul "Verri", lasciò la barra del timone, e nel settore a lui più consono della poesia, ad Alfredo Giuliani, disposto ad andare un po' oltre, a spingere la linea degli oggetti verso traguardi più duri, e soprattutto più accelerati. In fondo, tutti sono sempre stati pronti ad ammettere che l'antologia dei Novissimi è stata il primo, più tipico prodotto della neoavanguardia al suo annunciarsi, con due anni di anticipo rispetto all'emersione, attraverso la punta pubblicitaria e polemica che si sarebbe poi realizzata nella riunione palermitana del 63. Ma appunto, il *patron* lungimirante non aveva preteso di arrogarsi il diritto di capeggiare quella prima e decisiva emersione, lasciandola firmare in prima persona da Giuliani, anche se c'era piena condivisione nella selezione degli aventi diritto, Sanguineti in primo luogo, e poi i "novissimi" in tutti i sensi, a cominciare da quello generazionale della nascita nel '35, un anno d'oro per le fortune del nascente movimento, in cui avevano visto la luce Nanni Balestrini e Antonio Porta. E poi, Giuliani stesso, che salta a bordo dell'imbarcazione dopo averle dato l'abbrivio, convincendo tutti ad ammettervi anche Elio Pagliarani. Quando poi i giovani Turchi andarono assumendo sempre più peso nella navigazione globale, e contro di essi si innalzò il fuoco di sbarramento dei "vecchi", dell'intero *establishment* composto da chi già si era costruito una agevole e confortante dimora negli anni anteguerra, e ora non voleva essere scalzato dal potere, Anceschi rivolse, verso i suoi stessi coetanei, un rimbrotto sostanzioso e colmo di saggio senso della storia: grulli, non sapete che ogni generazione si porta dietro i suoi diritti, e aspira giustamente ad assumere il bastone del comando? E dunque, comportatevi come me, non stigmatizzate, non deprecate, ma fatevi prudentemente da parte, date via libera all'incedere dei giovani.

Finalmente al comando

A quel punto toccò a noi uscir fuori, prendere in mano il nostro destino, e siccome su questo palcoscenico di Los Angeles spetta a me riferire in tal senso, vado subito a sintetizzare quello che fu il mio apporto, a nome, beninteso, dell'intero Gruppo,[2] giacché una vocazione individualista e monografica non fu mai molto ben vista tra noi, al contrario di una certa accusa convenzionale che pretende di considerarci come una compagine di disperati anarchici. Io sono sempre stato, e sarò pure qui, il sostenitore di un clima comune forte di tante convergenze, pur di avere occhi per intravedere il disegnarsi di questo canovaccio a maglie fitte. Sul finire dei Cinquanta e nei primi Sessanta era ormai chiaro a tutti che la nostra filibusta aveva innalzato la bandiera della neoavanguardia, ma proprio su questo punto i nostri nemici naturali rivolsero le batterie di un cannoneggiamento in breccia, ed erano, soprattutto sul fronte della narrativa, i vari Cassola, Pratolini, Bassani, perfino Pasolini, nonostante i molti spunti innovativi che certo non gli mancavano, e anche un Calvino che al momento non aveva ancora risciacquato i suoi panni sulla Senna, e ci rivolgeva rimbrotti di tono moralista dalle colonne del "Menabò". Per non parlare dei critici patentati e conformisti, guidati da Carlo Bo, come già detto sopra, il più riluttante a disancorarsi dal clima "chiuso" anni Trenta. Il bello è che con lui, e con l'ancor più *arriéré* Emilio Cecchi, proprio a partire dall'anno fatidico '63 stavamo coabitando sull'inserto letterario del "Corriere della sera", in cui un altro reduce dai Trenta, incerto se mantenere il chiuso o aprirsi al nuovo, quale Enrico Emanuelli, aveva adottato una curiosa e in definitiva intelligente soluzione *double face*: sul *recto* di un paginone comparivano i nostalgici, come Bo e Cecchi, chiusi nella difesa di valori intonati alla moderazione e al buon senso, e sul *verso* trovavano posto gli "arrabbiati", pilotati da Eco, e con attorno Giuliani, Angelo Guglielmi, Giorgio Manganelli, io stesso, con un Balestrini chiamato addirittura a formulare i consigli di lettura. Fu un esperimento di breve durata, anche per la precoce morte di Emanuelli, il Corrierone riprese la sua navigazione prudente e centralista, ma intanto la nostra fiamma stava divampando, e i pompieri non riuscivano più a spegnerla.

A dire il vero la metafora del fuoco è del tutto fuori luogo, infatti ricordo subito quello che fu allora, e continua a essere, il mio più convinto argomento critico, in risposta all'obiezione in apparenza del tutto ovvia e di buon senso formulata ai nostri danni dall'intero *establishment* di cui sopra: perché una "neo" avanguardia, quando se ne era già avuto una storica composta da giganti, e sempre per stare nell'ambito della narrativa l'elenco è presto fatto, ci si potevano mettere dentro i proverbiali Proust, Joyce, Kafka, Musil, in compagnia con i nostri Svevo e Pirandello (molti miei compagni di cordata preferivano puntare secco su Gadda, senza il consenso mio e pure del grande Sanguineti, ma sono questioni di dettaglio su cui qui non è il caso di insistere).[3] Io rispondo, con una risposta che si è andata via via rafforzando sulle mie labbra: così ragionando, questi nostri coriacei avversari interpretavano l'intera fase delle avanguardie storiche come una specie di malattia infantile, un morbillo o una scarlattina che è giusto che un bambino, ovvero fuor di metafora un corpo sociale, sperimentino negli anni buoni, ma poi guarendone, e anzi risultandone vaccinati, in modo da svolgere in seguito una vita serena ed equilibrata, intendi, intonata ai valori imperituri di una sapiente e ben ordinata rappresentazione dei vari aspetti della realtà, sociale, psicologica, ambientale, così da non rimettere più in gioco i buoni valori del realismo-naturalismo ottocentesco. Purtroppo in una diagnosi del genere i rappresentanti di una borghesia onestamente retriva e conservatrice si univano agli esponenti di una sinistra ugualmente ufficiale e benpensante, guidata magari, dalle nostre parti, da un Palmiro Togliatti sotto le spoglie di Roderigo di Castiglia, postosi del resto nei panni di rispettoso continuatore di certi ammonimenti già pronunciati dal grande Lenin. Il proletariato deve impegnarsi in una lotta estrema per strappare dalle mani della borghesia il potere economico, e dunque, perché frastornarlo mettendo in crisi un "sano" rapporto con la realtà di tutti i giorni? E in fondo, la psicoanalisi stessa, non è forse un lusso da lasciare alla borghesia, di cui esprime un momento di malattia, di smarrimento? Semmai tocca proprio a operai e contadini, uniti nello sforzo, saper approfittare di quello stato di decadimento, cercando appunto di mantenere una salute robusta, intatta, resistente a ogni dubbio.

Noi invece capovolgevamo quel modo di impostare la questione: i germi dell'infezione, manifestatisi presso i padri fondatori in misura ancora incerta e precaria, invece di essere spenti e ricacciati, dovevano essere alimentati, fatti crescere, allargati oltre misura, fino a interessare l'intera umanità. Era certo vero che nel primo apparire quei germi potevano essere coltivati solo da parte di chi avesse un buon livello di agio, al riparo da assillanti preoccupazioni quotidiane, ma era ormai giunta l'ora di estendere la "malattia", di farne una ragione d'essere per l'intera umanità. Anche il proletariato aveva il diritto-dovere di scoprire in sé l'esistenza di profonde cariche sessuali-erotiche-libidiche, cui concedere una libera manifestazione. In fondo, Freud, sbarcando negli USA, accolto da manifestazioni di pubblico entusiasmo, aveva detto la parola giusta: Non sanno che io vengo a portare la peste. Ebbene, quella "peste" della grande rivoluzione epistemologica, psicologica, psicanalitica, della scoperta che ciascun abitante del pianeta è, per dirla con Pirandello "uno, nessuno e centomila", era una peste da dover essere propagata, infettandone le masse, in una vasta operazione quantitativa. Da qui il mio slogan preferito, che bisognava "normalizzare" quei germi epidemici messi in campo dai Padri fondatori, i quali però pativano l'inevitabile limite storico di proporli in misura troppo concentrata e qualitativa, mentre nella nostra fase seconda la malattia doveva investire tutto il corpo, venire somatizzata, da qui il mio secondo slogan, che predicava pure l'"abbassamento" delle pratiche del primo Novecento.

Quei miei due gridi di battaglia, che sono assolutamente fiero di aver enunciato, consuonavano del resto con altri provenienti da altre sponde del nostro medesimo fronte. Umberto Eco, che in tutto quel frangente, degli anni a cavallo tra i Cinquanta e Sessanta, ha funzionato da magnifico e riconosciuto nostro fratello maggiore o portavoce del Gruppo in via di formazione (dopo, ahimé, non è stato più così, ma non è il caso che io ripeta qui certe accuse in seguito formulate contro l'Umberto nazionale) aveva adottato con sicurezza il parametro generazionale, stabilendo in termini efficaci e di grande evidenza il salto storico tra la prima e la seconda fase. Infatti aveva definito l'eletta compagnia di Joyce e soci come "generazione di Vulcano", di artieri intenti a produrre oggetti forti, vistosi, incombenti, mentre noi eravamo piuttosto la "generazione di Nettuno", decisi a lasciar cadere ogni aspetto di clamore esteriore, niente per esempio "serate futuriste", preferivamo piuttosto agire sott'acqua, in modi "freddi", circospetti, ma appunto aumentando in diffusione quanto perdevamo in intensità. E anche Giuliani, nello stendere la prefazione ai Novissimi, aveva sostenuto due tesi del tutto convergenti: che in loro era in atto una "riduzione dell'io", cioè il venir meno di un protagonismo baldanzoso e compiaciuto di sé, a favore di una discesa nelle zone più segrete dell'inconscio-Es-libido-principio del piacere. Questa apparente rinuncia o riduzione di forze portava però, per compenso, a quanto il grande Leopardi aveva posto all'insegna di un "accrescimento di vitalità", che poi è il fine di tutte le avanguardie, vecchie e nuove, contro tutti i fattori che pretendono di bloccare le energie.

Il concetto prezioso di omologia

In quel momento la nostra attenzione, e in particolare la mia, si rivolgeva preferibilmente verso i settori affini delle scienze umane, psicologia e soprattutto psicoanalisi, con i corrispondenti effetti di ordine psichiatrico, in nome di un comune insistere su tutti i fattori che spingevano in direzione dell'"aperto", non mancando però di istituire le opportune connessioni con gli orizzonti epistemologi, teoria della relatività, principio di indeterminazione ecc. Magari, potevamo patire qualche dubbio nel sentirci così indotti a trascurare le cause relative a fattori di ordine socio-economico. Ma poco dopo, per me almeno si deve giungere all'altezza del '65, quando cominciarono a circolare le teorie del sociologo francese della letteratura Lucien Goldmann, intervennero i buoni uffici del suo concetto di omologia, cioè di identità funzionale, un potente strumento che, nella sua ottica di marxista fedele a certi presupposti, serviva però per affrancare la ricerca letteraria da un ruolo subordinato. Secondo la vulgata dell'ortodossia marxista, svolta soprattutto da Lukàcs, e ripetuta passivamente dalla sinistra ufficiale di casa nostra, prima veniva la dinamica delle classi sociali, e dunque la grande prospettiva era che il proletariato si impadronisse del potere economico liberando l'umanità, un grandioso fine cui le arti, e la narrativa *in primis*, dovevano "tirare la volata", farsi docile specchio di esiti del genere. Elio Vittorini aveva già denunciato, nel primo dopoguerra, questa infausta modalità di ragionamento, parlando di una deplorevole pretesa di "suonare il piffero alla rivoluzione". Goldmann veniva a dire che gli operatori di ogni livello agiscono con pari dignità, ciascuno nel proprio settore, e procedono concordi, lo sappiano o no, verso comuni traguardi. Ebbene, questa era la carta vincente, le ipotesi letterarie del Gruppo 63, pronte del resto a marciare in piena sintonia con le affermazioni provenienti da tutti gli altri settori dell'arco artistico, arti visive, musica, teatro, cinema, funzionavano in piena omologia con la grande svolta tecnologica che in quel momento interessava l'intero mondo occidentale, il passaggio da una vecchia e arretrata condizione di lavoro e di civiltà contadina verso i nuovi parametri di una società fondata sull'invasione degli oggetti industriali, l'automobile, il telefono, la lavatrice, il frigorifero, non più beni di lusso, bensì di un consumo "normalizzato". E dunque la poesia doveva rinnovare il suo lessico, accogliere questo profluvio di nuove entità, dar loro un volto, una denominazione, e questo non solo sul piano semantico, ma anche su quello sintattico di una velocizzazione nell'afflusso di tanto materiale inedito. Tutto questo, d'altra parte, non certo in un accoglimento passivo, bensì in un rapporto teso e dinamico. Balzavano agli occhi le corrispondenze tra le scelte linguistiche dei Novissimi ed altre manifestazioni di un enorme fronte di "neo" concomitanti: Nouveau Réalisme a Parigi, New Dada negli USA, e beninteso, rientrando in ambito letterario, il Nouveau roman francese, col capofila Robbe-Grillet cui io dedicavo un'attenzione addirittura morbosa.[4] Se si va a vedere, si potrà riscontrare che tutti questi fenomeni rientrano nelle mie due categorie, hanno condotto cioè imprese di normalizzazione e di abbassamento. Se ridiciamo la cosa avvalendoci di una similitudine rubata all'ambito delle arti visive, si potrà ricorrere all'immagine del pantografo. Le avanguardie seconde nulla inventano di radicalmente nuovo, ma applicano un pantografo, un ingranditore alle scoperte più minute e sfuggenti delle avanguardie storiche. Il formidabile socio di Duchamp nelle operazioni dadaiste, Man Ray, ci dà sia una scrittura con qualche parola cancellata, sia un piccolo oggetto avvolto nella plastica, e dunque tanto il nostro Emilio Isgrò, quanto il bulgaro-francese-statunitense Christo non hanno realizzato nulla che si possa dire "mai visto", ma evidentemente un conto è cancellare poche parole (Man Ray), o invece farlo sull'intera Bibbia (Isgrò), o impacchettare chilometri di costa e interi edifici (Christo). Credo che questi due esempi rendano nella misura più piena l'opportunità della mia diagnosi di un effetto quantitativo-normalizzante come tipico della seconda metà del secolo passato.

Insomma, ritengo che l'intero pacchetto delle operazioni del Gruppo 63 abbia costituito la più ampia, sicura, precoce previsione nel caratterizzare una seconda metà del secolo, rispetto alla sua prima parte, con un anticipo di circa un decennio su quanto avrebbe poi fatto, sempre con riferimento all'ambito letterario, lo statunitense Ihab Hassan nel suo *Dismemberment of Orpheus*, una delle fonti ufficiali del lancio di un termine destinato ad estendersi a macchia d'olio, il *postmodern*. Già in molti, anche al di fuori dalle nostre fila, ovviamente troppo interessate in proposito per essere accettate senza riserve, ci hanno riconosciuto questo merito, deprecando che la relativa debolezza del nostro Paese, su tutti i piani, politico, economico, e soprattutto linguistico, non ci abbia permesso di ricavare i frutti adeguati di queste premonizioni.[5]

Quando nasce il revivalismo?

Si potrebbe obiettare in proposito che però il fulcro del postmoderno, per quello che riguarda la letteratura, non è da trovare nella predicazione di un allargamento quantitativo delle pratiche del primo Novecento, bensì nell'insistere piuttosto sull'introduzione di aspetti ironici, revivalisti, citazionisti, approdanti al *pastiche*. Ebbene, anche su questo aspetto alternativo abbiamo recato, o almeno l'ha fatto il sottoscritto, consistenti contributi. Intanto, una riflessione generale. Il *pastiche* non può assolutamente essere presentato come una innovazione dei tardi anni del secolo scorso, si pensi come esso fosse già presente in Raymod Roussel, in Alfred Jarry, nel nostro Giorgio De Chirico, quando almeno si è cimentato in un'impresa letteraria di alto bordo quale *Ebdomeros*, ma la sua intera produzione artistica può essere collocata sotto il segno di una continua, intrepida rivisitazione del museo della storia dell'arte di ogni secolo. E dunque, il postmoderno, anche nel tentativo di assicuragli peculiarità sue proprie, come si sono sforzati di fare Ihab Hassan, e Charles Jencks sul versante dell'architettura, non riesce ad accreditare una sua novità radicale, ma si deve accontentare di quanto compete all'intero fronte dei "neo", e cioè, di costituire una estensione quantitativa-normalizzante di quanto era già presente mezzo secolo prima.[6]

Devo poi aggiungere a questo proposito che dal mio maestro Anceschi ho adottato pure la metodologia basata sul ricorrere di coppie bipolari. Lui stesso ha dato il buon esempio partendo da quella tra autonomia ed eteronomia dell'arte,[7] io personalmente sono stato sedotto dalle famose coppie enunciate dallo storico dell'arte Wölfflin, a cominciare da quella del chiuso-aperto, di cui ho fatto largo uso, anche prima che la adottasse Eco, portando l'aperto a vette estreme, e in definitiva facendone un sinonimo dell'intero ciclo del "neo". L'insegnamento del Wölfflin è stato esemplare in quanto egli ha predicato anche la reversibilità delle sue categorie antinomiche, per esempio, dopo aver insistito troppo sull'aperto, è quasi inevitabile che per reazione si ritorni a chiudere le prospettive, o, secondo una variante dello stesso criterio, dopo essersi slanciati un po' troppo a investire il futuro, si rimbalzi indietro, innescando fasi sul tipo di quelle che, negli anni Venti del Novecento, si sono dette del *rappel à l'ordre*, o a metà dei Settanta, citazione, *retour à*, *mode rétro*. Io stesso nel '74 ho curato a Milano, Galleria Marconi, una mostra in questo senso utilizzando il titolo ispirato a un saggio famoso di Deleuze, *La ripetizione differente*. Balestrini, inesausto manager del Gruppo 63, ci ha richiamato a Palermo due anni dopo, nell'autunno '65, invitandoci a meditare soprattutto sul romanzo, che era il lato debole della neoavanguardia, in confronto con il laboratorio vivacissimo fornito dalla poesia.[8] Io capii chiaramente che in quella circostanza bisognava rovesciare il pendolo, passare dall'altra parte. Fin lì avevamo predicato la normalizzazione della corrente di coscienza primonovecentesca, rivolgendo una attenzione capillare all'oggetto qualunque, banale, quotidiano, che però diviene sintomo di remoti momenti gravanti nell'inconscio. Si pensi alle epifanie joyciane o alla *madeleine* proustiana. Tutto ciò era stato portato a una diffusione-normalizzazione senza pari, estesa a perdita d'occhio, producendo una sorta di estasi dilagante, ma statica, inerte. Voltare la frittata voleva dire invece ritornare a introdurre la tanto bistrattata trama, ovvero l'intrigo, l'azione, e in effetti nel '67 avrei pubblicato un saggio rivolto a perlustrare queste possibilità, in alternativa alle precedenti già esaminate, intitolandolo in modo eloquente *L'azione e l'estasi*.[9] E dunque, tra i miei validi titoli di antesignano del postmoderno, ci sta pure quello di aver teorizzato a suo tempo il possibile ricorso all'effetto-*pastiche* o a forme similari.

La generazione di Eolo

In coda a queste riflessioni a posteriori sul Gruppo 63, o più in generale sul fenomeno delle neoavanguardie all'altezza dei primi anni '60, non vorrei però dare l'impressione di esserne testimone e sostenitore a tal punto da ritenerne la presenza in misura pressoché permanente. Ma proprio la stretta omologia, l'identità funzionale tra le proposte letterarie e i fattori bassi del livello economico-tecnologico sono intervenuti a provocarne l'inevitabile cessazione, quando quegli stessi fattori che ne avevano propiziato la comparsa se ne uscirono di scena o conobbero forti trasformazioni. Ho già detto del sostanziale parallelismo che ci fu allora, fine dei '50, prima metà dei '60, tra le proposte letterarie messe in campo da noi e l'avverarsi di una ennesima rivoluzione industriale, destinata a dar luogo agli anni del boom, del consumismo avanzato, dell'invasione dell'oggetto sotto specie di merce a buon mercato, improntata a un connotato popolar-democratico. Ma stava avanzando una ennesima svolta di grande peso, quasi una rivoluzione, quella che si concentra nella fatidica data del '68. Per carità, non se ne interpreti la portata in termini di conseguenze politiche, da quel punto di vista non ci furono effetti palesi e di lunga durata, almeno nel mondo occidentale le istituzioni liberal-democratiche ressero abbastanza bene, pur conoscendo periodi di intense turbolenze, e continuando ad essere animate dalle lotte tra una borghesia intenta a sfruttare le modalità dette del neocapitalismo, ma ben contrastate da forme oppositive di socialdemocrazia, arroccate nella difesa del *welfare*, applicato in gradi più o meno avanzati. Il parametro da prendere in considerazione è semmai quello fornito dalla tecnologia, con la sua capacità intrinseca di "ambiguare" in sé un versante di pura teoria epistemologica e uno ben diverso di concreta realizzazione pratico-operativa. È insomma a McLuhan che dobbiamo dare la parola, il quale, non dimentichiamolo, con la sua prima opera nota, *The Mechanical Bride*, si era limitato a celebrare l'industrialismo di specie meccanica, attraverso il suo prodotto privilegiato, l'automobile. Ma poi le due opere successive, e decisamente profetiche, *The Gutenberg Galaxy* e *Understanding Media*, 1962 e 1963, avevano intonato l'inno all'inevitabile trionfo dell'elettromagnetismo, e più ancora dell'elettronica, preparando la strada alla svolta del '68. La stretta affinità tra le soluzioni dei Novissimi e l'avvento di un oggettualismo accanito non aveva più ragion d'essere, usciva scavalcata da quella svolta, che intronizzava invece i procedimenti smaterializzati. Non più l'arroccarsi entro le ultime vestigia della carta stampata, ma il ricorrere direttamente alla voce, al suono, ormai capaci di svincolarsi dai vecchi supporti e di viaggiare liberi per l'etere, trasportati da internet, volando alla velocità incredibile della luce, ovvero delle onde elettromagnetiche. Non è un caso che proprio attorno a quella data il Gruppo 63 entri in crisi, quando invece si illude di aver conquistato definitivamente il potere, facendo uscire il sospirato mensile di informazione capillare, "Quindici", così denominato perché gestito da altrettanti redattori, costituiti dall'intero *plenum* dei protagonisti della neo-avanguardia. Ma fu commesso l'errore già denunciato da Vittorini, di pensare cioè che fosse alle porte una rivoluzione "vera", a livello politico economico, con le masse lanciate a conquistare un qualche Palazzo d'Inverno, cui pertanto valesse la pena di suonare un piffero di incoraggiamento. Le campane non stormivano per incitare a una battaglia estrema, bensì a morto, per dire che la civiltà dell'oggetto, pur nella sua apparente efficienza, diffusione, piena corrispondenza alle esigenze dei tempi, risultava ormai destituita di credito. Certo, i vari esponenti di quel tipo di produzione erano autorizzati a insistere sul loro cammino, ma non esisteva più una magica sintonia con il progredire della tecnologia, o per dirla in termini più laici, era venuta meno la corrispondenza tra gli esiti stilistici e i movimenti di ordine economico-produttivo. Da quella battuta d'arresto si potevano salvare solo le punte estreme del movimento, un Adriano Spatola, un Corrado Costa, assieme a certe presenze femminili che si dimostravano anch'esse dotate di una fin lì non compresa efficacia, quali Giulia Niccolai e Patrizia Vicinelli. Tutti assieme, questi neo-neoavanguardisti dell'ultima ora si davano a produrre emissioni verbali brevi, pronte a trasferirsi in rete, a lanciare i segni martellanti di un "tam tam" (titolo assai amato da Spatola) capace di scuotere il "villaggio globale", per valerci di una ennesima felice espressione mcluhaniana. Tra gli anziani, il più pronto a compiere quell'aggiornamento fu il regista stesso dell'intera impresa, Nanni Balestrini, proprio perché non aveva mai bloccato il suo lavoro letterario a un qualche livello stabile, pronto invece a scomporre le parole mettendone in libertà le lettere, i fonemi, o a ricomporle in lunghi brani in sé neutri, ma affidati a criteri combinatori da giocarsi ai dadi, come in una roulette.[10]

Se posso prolungare questo *excursus* insistendo su miei apporti personali, negli anni Settanta condivisi con ogni altro collega un senso di disorientamento, accompagnato dal timore di dover riconoscere una nostra inevitabile cessazione di esercizio. Tutt'al più mi limitai, con l'amico Angelo, a tentare di portare in salvo, dalla nave naufragata, simile a un prudente e giudizioso Robinson Crusoe, un po' di utili masserizie, in attesa del ricomparire di un qualche futuro, e dunque compilammo un *corpus* globale della nostra saggezza concepita negli anni di gloria.[11] Ma poi sono stato tra i primi ad avvertire il sopraggiungere in scena di una nuova ondata generazionale, dei nati alla giusta distanza di un ventennio da noi, rispettando per questo verso uno degli insegnamenti anceschiani. Inoltre, ricordando anche la bella capacità dimostrata da Eco di concepire slogan illuminanti su questo variare dei destini generazionali, dopo la generazione dei freddi, circospetti, subacquei figli di Nettuno, quali eravamo stati noi stessi, era la volta di ipotizzare l'avvento dei Figli di Eolo, pronti a rendere leggeri i loro messaggi per affidarli al Dio dei venti, ovvero alla rapida diffusione telematica. Lo stesso Giuliani, anche lui sentitosi richiamare in scena, battezzava una nuova squadra di poeti come Gruppo 93, e anche in quel caso era solo la punta di un iceberg, la base aveva iniziato a manifestarsi fin dai primi Ottanta, coi vari Ottonieri, Baino, Cepollaro, Voce, Berisso, Frixione, Gentiluomo, Caliceti, Berardi. Poi, sentimmo addirittura l'utilità di rilanciare la formula dei riti cui si dava il Gruppo 63 chiamando giovani autori a leggere brani inediti alla presenza di un gruppo di esperti pronti a collaborare al farsi dei testi, e ci furono quindi gli incontri noti come RicercaRE, a Reggio Emilia, svoltisi per un abbondante decennio, 1993-2002,[12] poi un loro seguito trasferito a Bologna, RicercaBO, tuttora in corso. E dunque la carovana della sperimentazione si è rimessa in marcia, magari contrassegnando queste fasi iper-nuove attraverso la moltiplicazione dei prefissi, infatti al lessema un po' stantio di avanguardia, di "neo" se ne deve ormai premettere una sfilza innumerevole. Ma in definitiva il compito è sempre lo stesso: prendere atto che i grandi mutamenti che si verifichino al livello basso, economia, società e soprattutto tecnologia, non possono mancare di avere i loro riscontri al piano alto, oggi non si avrebbe più il coraggio di definirlo nobile, della ricerca letteraria, sempre più portata a sua volta a fondersi con le altre zone dell'arte. E questo programma comune sta proprio nell'abbandonare il cartaceo, soprattutto se ancora ligio ai caratteri a stampa, o più in genere, nel rinunciare ad ogni specie di supporto statico, esterno, materiale, avendo il coraggio di passare attraverso la soglia stretta, le forche caudine, del filtro imposto dalle varie modalità dei media elettronici.

Note

[1] Cfr. in merito un mio contributo più analitico, *Come da A. si è arrivati alla neoavanguardia*, in "Studi di estetica", n. 47, 2013,

[2] Mi posso vantare di aver steso la più accurata cronistoria dell'intero movimento, seppure a posteriori, *La neoavanguardia italiana. Dalla nascita del "Verri" alla fine di "Quinidici"*, dapprima Bologna, il Mulino, 1995, poi Lecce, Manni, 2007.

[3] Ho consegnato le mie scelte a favore di Svevo e Pirandello via via alla *Barriera del naturalismo*, Milano, Mursia, 1964 e ed. successive; *La linea Svevo-Pirandello*, Milano, Mursia, 1972 e Milano, Oscar Mondadori, 2003; *Pirandello. Una rivoluzione culturale*, Milano, Oscar Mondadori, 2005.

[4] Dopo averlo accompagnato passo passo, almeno da quando ne avevo letto la trilogia degli anni Cinquanta, mi sono deciso a dedicargli uno studio d'insieme, *R.G. e il romanzo postmoderno*, Milano, Mursia, 1998.

[5] Un'osservazione del genere è stata svolta soprattutto da J. Picchione, ottimo osservatore di quanto è avvenuto sia in Italia che negli USA in quel periodo storico. Cfr. il suo *Dal modernismo al postmodernismo*, Edizioni dell'Università di Macerata, 2013,.

[6] Proprio per questa difficoltà di stabilire una netta linea di demarcazione tra un prima e un dopo vengo proponendo di allargare l'ambito di validità del postmoderno fino a renderlo sostitutivo della nozione vaga di "contemporaneo", che non circola negli USA. Cfr. in merito il mio *Tutto sul postmoderno*, Rimini, Guaraldi, 2013, anche come ebook.

[7] Che era stata la sua tesi di dottorato discussa a Milano con Antonio Banfi, poi pubblicata a molte riprese.

[8] Gli atti di quel convegno dedicato al romanzo sperimentale, usciti a Milano, Feltrinelli, 1966, sono stati riediti a Roma, L'orma, 2013, a cura di N. Balestrini, con commenti a posteriori sia dei partecipanti di allora, sia di altri entrati in scena successivamente.

[9] In seguito quel mio saggio è uscito a Torino, Testo & immagine, 2003, poi confluito nel gruppo RCS.

[10] Ho anch'io esaminato queste avventure della parola in su o in giù nel volumetto *Viaggio al termine della parola*, Milano, Feltrinelli, 1981, trad, inglese Unversity of San Diego Press, 1997.

[11] *Gruppo 63. Critica e teoria*, Milano, Feltrinelli, 1976. Questa antologia doveva essere affiancata da un'altra sui testi creativi a cura di N. Balestrini e A. Giuliani, ma non venne realizzata. Si

dovette attendere il 2003 quando entrambe uscirono presso Testo & immagine, e infine in un unico volume, presso Bompiani, 2013.

[12] Furono dedicati subito alla narrativa sperimentale, con ottimi esiti che ci permisero di ricavarne un'antologia forte di ben 32 presenze. Cfr. *Narrative invaders*, Torino, Testo & immagine, 2000, in cui è comparso pure un mio studio globale sul passaggio tra i due secoli sotto il titolo di *È arrivata la terza ondata*, sempre nel 2000 (le prime due essendo costituite dalle generazioni di Vulcano e di Nettuno).

Federico Milone

Due poeti sulla novissima frontiera: Nelo Risi e Sandro Sinigaglia

Negli ultimi giorni del 1960, Luciano Anceschi ha l'occasione di leggere i testi dei *Novissimi*, già corretti e impaginati, prima che entrino in tipografia. La versione, non molto diversa da quella che sarà diffusa di lì a poco nelle librerie di tutta la penisola, incontra la sua approvazione, manifestata al curatore in una lettera privata, datata 30 dicembre. In questo documento Anceschi propone anche una fugace ma significativa riflessione sulla crudeltà insita in ogni antologia, che si presenta sempre come «una macchina terribilmente rigorosa, e senza diplomazie».[1] Anche Edoardo Sanguineti, nella breve nota con cui presenta il suo volume *Poesia italiana del Novecento*, indugia sulla severità necessaria alla realizzazione di qualunque progetto antologico:

> [l'antologia] è poi sempre una proposta che si fonda violentemente sopra il meccanismo semplicissimo dell'includere, dell'escludere, del dosare (così anche il più inerte e ripetitivo manuale antologico, ad uso di liceali e affini, si fa militante e pugnante arma, pur nelle mani del più pacifico dei docenti).[2]

Questa intrinseca combattività può sfociare, secondo Sanguineti, in due esiti differenti, ovvero il museo (parola cara all'autore, che evoca, pur entro un sistema di plurisignificanza e ambiguità, un contesto di normalizzazione e pacificazione) e il manifesto:

> Anfibio genere letterario, l'antologia oscilla naturalmente tra il museo e il manifesto: ora, come attraverso ordinate sale, invita il visitatore che legge a percorrere la galleria delle sue pagine; ora invece, tendenziosa e provocante, propone una linea di ricerca, non soltanto critica, ma direttamente operativa, e in funzione di tale linea organizza il tutto.[3]

Non ci sono sale da percorrere nei *Novissimi*, che certo non possono essere ascritti al primo tipo, il museo. Balestrini, del resto, avvertirà subito il pericolo di un fraintendimento, e rifiuterà categoricamente il sottotitolo *Antologia poetica degli anni Sessanta*, proposto da Giuliani, per evitare di ingenerare nel pubblico la tentazione di riconoscere, nel libro, un florilegio delle migliori poesie del decennio che si andava inaugurando. Pochi mesi prima della pubblicazione, il 4 settembre 1960, scrive infatti:

> Sottotitolo d'accordo, non si tratta di gruppo o corrente. Però non si tratta nemmeno della scelta dei migliori poeti di questi anni, che dovrebbe includere anche Pasolini, Risi, Erba... Dunque il sottotitolo deve parlare di ipotesi, direzione – insomma, la parola "antologia" va per me abolita. I Nuovissimi non sono un movimento, un ismo, però sono sempre qualcosa di particolare (altrimenti perché Nuovissimi? basterebbe "I poeti d'Italia") e dunque questo va detto nel sottotitolo, oltre che per onestà verso il lettore, anche perché fargli vedere che qui c'è solo "certa" poesia lo stimola di più. Antologia poetica degli anni 60 non va, è vaghissimo e falso.[4]

La proposta operativa che s'intende avanzare con i *Novissimi* è radicalmente diversa: l'intento è accomunare un gruppo di poeti che condividono un orizzonte di ricerca fortemente alternativo rispetto alla tradizione letteraria italiana e che, sul piano compositivo, si attengono ad alcuni principi cardine enunciati nell'introduzione. Il volume ha dunque più l'aspetto del manifesto, ma perché un'iniziativa del genere risulti incisiva è ancora più indispensabile un'attenta cernita degli autori: Giuliani, coadiuvato fin dall'inizio da Balestrini e Porta (che non ha ancora assunto lo pseudonimo e si firma nelle lettere Leo Paolazzi), s'interroga subito, in sede di composizione, su chi possa salire a bordo della nave novissima e chi invece debba, per un motivo o per l'altro, rimanerne escluso. Non è casuale o tantomeno ornamentale le metafora marinaresca, autorizzata dalle parole di Giuliani, che avrebbe desiderato intitolare il volume *L'isola dei corsari* o *Una nave pirata*: le proposte cadranno nel nulla, ma lasciano intender bene il tipo di poeta pugnace e stilisticamente anarcoide ricercato da Giuliani e compagni.[5]

Al lettore che oggi per la prima volta si avvicini ai *Novissimi*, questo nucleo di poeti-filibustieri potrebbe apparire cristallizzato nella formazione che la storiografia letteraria ci ha consegnato: nell'antologia si presentano, in rigoroso ordine di esordio poetico, Elio Pagliarani, Alfredo Giuliani, Edoardo Sanguineti, Nanni Balestrini e Antonio Porta. La comitiva, in cui certamente convivono personalità e stili molto differenti, può trasmettere un'impressione di compattezza, a cui contribuisce del resto la differenza evidente fra questo gruppo, incontratosi e organizzatosi negli ultimi scampoli degli anni Cinquanta nella fucina della rivista "il verri", e il più inclusivo e vario Gruppo 63. Anche Maria Corti, rileggendo e periodizzando verso la fine degli anni Settanta la vicenda della neoavanguardia, avverte questa divaricazione:

[...] un minimo di cautela suggerisce alcune distinzioni, soprattutto quella preliminare fra un primo gruppo molto limitato di scrittori e critici, che creano fra il 1959 e il 1960 il movimento della neoavanguardia, cioè i Novissimi, e un secondo gruppo, molto più ampio, differenziato sino al pericolo dell'atipicità, che è il Gruppo 63.[6]

Pur accettando senza riserve la separazione fra i due momenti della seconda ondata avanguardista, lo studio degli avantesti del libro, reso possibile dalla recente acquisizione dell'archivio di Giuliani da parte del Centro Manoscritti di Pavia, restituisce un quadro ancora più sfumato e meno monolitico anche per quanto concerne il campo novissimo. Infatti si accerta l'esistenza di un'area magmatica e movimentata, una zona di frontiera che si può percorrere, pur con qualche intralcio dovuto ad alcune lacune fra i documenti, e in cui si muovevano più autori, tutti impegnati nel vasto territorio della poesia di ricerca, i cui componenti furono letti con attenzione da Giuliani, in vista di una possibile antologizzazione.

Il compito non è facile: si deve stabilire un confine, un recinto entro cui saranno accolti alcuni poeti e, inevitabilmente, ne saranno esclusi altri. Stando alle carte d'archivio, il progetto muove i suoi primi passi negli ultimi mesi del 1959, quando Anceschi avanza la proposta di una «silloge di poeti del dopoguerra» da inserire nelle collane del "verri". Quest'ipotesi viene rapidamente abbandonata quando il lavoro, saldamente nelle mani di Giuliani, muove i suoi primi passi, fra gli ultimi giorni del dicembre 1959 e i primi del gennaio 1960. Un incontro con Balestrini e Paolazzi segna la svolta e prelude a un cambio di direzione che non mancherà di sorprendere lo stesso Anceschi, come Giuliani ebbe modo di ricordare, a distanza di anni, in un breve intervento comparso sulle pagine bolognesi di "la Repubblica":

> Tu, senza che nessuno di noi due l'avesse veramente voluto, sei stato un maestro perfetto: mi hai spronato e poi hai lasciato che io prendessi la mia libertà. Ho sempre ricordato, con affetto e fierezza, il momento in cui, progettando l'antologia che uscì nel '61, a una tua proposta io opposi la mia, e tu alzasti le braccia e dicesti «faccia lei!». (Allora non ci davamo ancora del tu). Così si avviò l'operazione "novissimi". Sì, il tuo atto di fiducia fu proprio il gesto di un vero maestro.[7]

Il passaggio lascia una traccia ben visibile nei documenti del curatore, che dapprima stila una serie di elenchi molto inclusivi, per poi ridurre progressivamente il novero degli autori. In particolare, si nota, in una lista scritta a penna e quasi illeggibile, una bipartizione: da una parte Cacciatore, Guglielmi, Risi e Sinigaglia, dall'altra Sanguineti, Giuliani, Balestrini e Paolazzi.[8]

Il breve catalogo è significativo perché accomuna quasi tutti i poeti che contribuiranno al volume e ne nomina altri, che saranno in vario grado coinvolti. Balza immediatamente all'occhio un'assenza, quella di Elio Pagliarani, che d'altra parte la critica, anche quella più raffinata e meno pregiudiziale, fatica inzialmente ad armonizzare con gli altri quattro e tende a spingere al di fuori dello spazio novissimo.[9] Le missive testimoniano però un coinvolgimento pressoché immediato del poeta, sostenuto con forza da Balestrini, il cui giudizio è certo suggestionato dalla lettura, in anteprima, della *Ragazza Carla*, la cui forza dirompente impressiona il giovane collaboratore del "verri", tanto da spingerlo a scrivere, negli ultimi giorni del gennaio 1960:

> Pagliarani (torno a proporlo): è un giovanissimo, e si affiancherebbe a me e a Paolazzi – un suo poemetto, che apparirà sul 2° Menabò è migliore delle cose precedenti, e una sua ultima poesia, che mi ha mostrato ieri, è piuttosto interessante. Ha dei lati, secondo me, validi – riesce, tra l'altro, a fare dei veri versi con linguaggio corrente e terminologia tecnica astenendosi completamente dall'uso di immagini, analogie, correlativi oggettivi ecc. giocando soltanto sul tono e sulla sintassi.[10]

L'importanza di un criterio anagrafico, almeno in questa prima fase della selezione dei poeti, si riscontra anche in una lettera di Porta, che il 5 febbraio scrive:

> Pagliarani sta per uscire con un lungo poema sul Menabò, e sarebbe giovevole che ci fosse un terzo uomo con noi, naturalmente se tu giudicherai idoneo il poema.[11]

Giuliani non resta indifferente ai consigli dei sodali e ne accetta il parere, concordando con loro e direttamente con Pagliarani l'antologizzazione di ampi passi da *La ragazza Carla*, preceduti da un breve compendio estratto da *Cronache e altre poesie*. La seconda raccolta di Pagliarani, *Inventario privato*, è tralasciata, probabilmente per via della conduzione diaristica e monodica dei versi, che entravano così in rotta di collisione con il precetto dell'occultamento dell'io, parametro da rispettare per poter essere ammessi nel collegio dei *Novissimi*.[12] L'assenza dall'elenco si può forse addebitare a una iniziale freddezza nei suoi riguardi, dovuta alla mancata lettura del poemetto: la minuta di una lettera indirizzata a Pagliarani in occasione della pubblicazione dell'*Inventario* e conservata fra le carte di Giuliani trasmette da un lato una grande stima nei riguardi del poeta, dall'altra una riserva sulla maturità dei primi due libri. Si legge infatti:

Così, mi creda affettuosamente, io la leggo volentieri e stimo la sua serietà nel <u>dare</u> la parola – e mi aspetto da lei un terzo libro, e magari un quarto, completamente maturo.[13]

L'auspicio trova senz'altro realizzazione nella *Ragazza Carla*, che segna un altro e forse decisivo punto in favore del coinvolgimento di Pagliarani. Nella lista sono invece presenti alcuni nomi che non troveranno spazio nell'antologia: si tratta di Giuseppe Guglielmi, Edoardo Cacciatore, Nelo Risi e Sandro Sinigaglia. Le ragioni dell'abbandono dei primi due, come ha di recente ricordato Luigi Ballerini, sono note e dunque è sufficiente una rapida ricognizione.[14] Entrambi abbandonarono di loro sponte la compagnia, rifiutando categoricamente di essere inclusi nel progetto. La rinuncia di Guglielmi, che stando alle carte d'archivio avrebbe dovuto proporre alcune sezioni dei *Proverbi romani*, pubblicati poi su "Nuovi Argomenti" nel 1961, è dovuta a un progressivo allontanamento dalla rivista "il verri". L'abbandono avviene in una data precisa, ovvero il 9 settembre 1960, quando, con una lettera furibonda, informa Giuliani di non voler partecipare a un'impresa a suo dire troppo legata alla rivista anceschiana. A questa obiezione segue – è conservata la minuta della responsiva – una piccata e orgogliosa replica di Giuliani, che rivendica la sua assoluta indipendenza e autonomia di giudizio, accettando l'autoesclusione del corrispondente. Più dolorosa la vicenda Cacciatore, con l'autore che si sfila fra dicembre 1960 e gennaio 1961, dunque davvero a ridosso della pubblicazione. Nonostante il contratto già firmato, il poeta cambia idea e solo la mediazione di Anceschi e della casa editrice Vallecchi scongiurerà l'eventualità di una conclusione della vicenda davanti a un giudice. La defezione infligge un durissimo colpo all'antologia, che ne risente *in primis* sotto l'aspetto della complessità: Giuliani, in un'intervista del 2007, denuncia il non aver potuto esercitare le sue affilate armi di critico sulla poesia di Cacciatore, difficilmente assimilabile a quella degli altri cinque, e addebiterà a questa mancanza una complessiva diminuzione di «pericolosità» dell'antologia.[15] Non si tratta però dell'unica conseguenza: il libro esce dalla *querelle* indebolito anche sotto l'aspetto puramente quantitativo, perché le pagine dedicate a *La restituzione*, *Graduali* e *Lo specchio e la trottola* restano bianche e i novissimi sono costretti a vagliare, almeno in prima battuta, alcune candidature alternative per colmare il vuoto. Balestrini sponsorizza Giancarlo Majorino, mentre Anceschi suggerisce, senza però troppa convinzione, l'inserimento di Cesare Vivaldi: nessuno dei due però incontra il favore unanime di Giuliani, Paolazzi e Balestrini, forse anche per via dell'esiguo margine di tempo che precede la pubblicazione.[16]

Diverso invece il caso di Nelo Risi e Sandro Sinigaglia, che sono valutati nella primissima fase di gestazione dell'antologia, all'incirca fra il dicembre 1959 e il febbraio 1960. Alcune carte, postillate da Balestrini e Paolazzi, riportano ordinati elenchi di titoli e attestano un'accurata valutazione delle poesie: i *corpora* passibili d'inserimento si raffinano progressivamente, foglio per foglio, fino ad arrivare a un ultimo documento, in cui sono riepilogate le scelte che sembrano essere definitive.[17] Risi e Sinigaglia sono dunque a pieno titolo, in questa prima fase redazionale, parte del progetto – sebbene, a quanto risulta dall'archivio, la loro candidatura decada prima che ne siano informati – e sul loro coinvolgimento, finora sconosciuto, è necessario un supplemento d'indagine.

Del primo sono oggetto d'analisi due raccolte, *Polso teso*, uscito per i tipi Mondadori nel 1956, e *Civilissimo*, stampato in 500 copie numerate nel 1958 nella collana "Lunario" della casa editrice All'Insegna del Pesce d'Oro, di Vanni Scheiwiller.[18] Il poeta aveva anche partecipato all'antologia *Linea lombarda*, promossa da Anceschi nel 1952, e ricordando il volume e il suo compilatore Risi rivendica una sorta di continuità con l'esperienza della neoavanguardia, che muoverà i suoi primi passi quasi un decennio più tardi:

> L'antologia dei sei poeti esemplati da Anceschi in *Linea lombarda*, ormai più di quarant'anni fa, nell'enunciato del critico non aveva valore né di movimento né di avanguardia e tuttavia a posteriori non gli si può negare un ché di profetica anticipazione riguardo alle presenze più giovani che si sono venute innestando su quell'acerbo tronco.[19]

L'opera di Sinigaglia presa in esame, l'unica del resto licenziata dall'autore a questa altezza cronologica, è *Il flauto e la bricolla*, edita nella "Biblioteca di Paragone" nel 1954.[20] In aggiunta, testi poetici di entrambi avevano trovato spazio fra le pagine delle prime annate del "verri": si tratta insomma di due poeti graditi ad Anceschi, che avevano compiuto un pezzo di strada insieme ai più giovani collaboratori della rivista e potevano apparire funzionali al discorso dell'antologia che si andava preparando.[21]

Nelo Risi abbinava alla pratica poetica un intenso lavoro come regista ed era dunque abituato a misurarsi sia con la parola colta, sia con la lingua di consumo. La raccolta del 1956 propone un mosaico linguistico che, pur muovendosi sulla base del vocabolario della *koiné* post-ermetica, saccheggia a piene mani i linguaggi settoriali, entro una prospettiva di allargamento del lessico poetico consonante, su questo punto, con il Pagliarani delle *Cronache* e della *Ragazza Carla*.[22] Una certa vicinanza fra i due, e nello specifico con la raccolta di Risi del 1962, *Minime massime*, è rilevata anche da Giovanni Raboni:

[...] tensione morale, letteralità, presenza «fisica», dentro il testo, delle sue stesse ipotesi linguistiche. Probabilmente è per quest'ultimo verso che Risi si apparenta in qualche modo a poeti per altro così diversi da lui: a Pagliarani, per esempio. Anche con Risi, i linguaggi «pratici» (tecnici, giornalistici, burocratici) che egli immette nelle sue poesie non appaiono trascritti, ma trasportati di sana pianta: materialmente, «matericamente» presenti [...].[23]

Una perlustrazione del lessico di *Polso teso* conferma in pieno l'impressione. Citando solo le occorrenze più evidenti, segnalo i lessemi tratti dal campo medico, come «acrofilia» (p. 42), nuovo conio dell'autore modellato in opposizione ad «acrofobia», parola che indica il timore di affacciarsi da un luogo elevato; «nittalopo» (p. 74), termine specialistico che designa chi ha buone capacità visive durante le ore notturne; «plantigrado» (p. 95), ovvero chi cammina appoggiando al suolo l'intera pianta del piede e, di conseguenza, una persona molto lenta. Molto attestati sono anche i lessemi della botanica: «sparto» (p. 45), «fiore di zolfo» (p. 47) e le tipologie di uva «passerina» (p. 45), «salamanna» (p. 52), «colombana» (p. 53). Risi attinge a piene mani e senza timore reverenziale anche ai termini desueti o della tradizione letteraria: tra le forme verbali spiccano due dantismi evidenti come «dissigillare» (p. 31) e il parasintetico «inacciaia» (p. 63); forme colte come «dolorare» (p. 29), già dannunziano oltre che dantesco, l'obsoleto «mercare» (p. 104), la forma letteraria «rugge» (p. 65) in luogo dell'incoativo di uso comune «ruggisce», il toscaneggiante «usolare» (p. 89) e il neologismo «fiumare» (p. 43). Tra gli aggettivi emergono dal dettato «soriano» (p. 43), variante antica e letteraria di «siriano», e «falotico», dove forse si nasconde un'eco montaliana dagli *Ossi di seppia* e in particolare dal componimento con *incipit* «Ciò che di me sapeste», dove si legge «O vero c'era il falòtico / mutarsi della mia vita, /lo schiudersi d'un ignita /zolla che mai vedrò». A movimentare ulteriormente il quadro concorrono i forestierismi, dall'inglese, dal greco e dall'arabo; nonché frammenti di canzoni e di lingua parlata trapiantati dal contesto e riproposti senza mediazioni, eccetto la marca tipografica del corsivo, nel corpo del testo.

Questo trattamento del materiale verbale, che accosta in modo violento vocabolari e strati linguistici diversi, si attenua considerevolmente in *Civilissimo*, che si muove interamente nell'alveo della lingua comune e in cui si attestano solo due prelievi dall'inglese e pochissimi termini desunti dalla tradizione poetica. Eppure, gli intarsi linguistici di *Polso teso* non dovevano risultare sgraditi a Giuliani, che nel 1959 scrive sul «verri» una recensione complessiva alle due sillogi, giudicando con molto favore le soluzioni stilistiche messe in campo nella prima:

> [...] sarebbero poi da notare le suggestioni di letture a noi più vicine, l'acre gusto per le formule tecnologiche e mediche, per i concetti scientifici e le frasi discorsive, per certe sprezzature del «parlato». L'insieme che deriva da questa tecnica di incastri e di tasselli di vario spessore e disegno allude icasticamente alla cronaca sociale, alle didascalie degli ebdomadari e alle chiacchiere internazionali tra amici e conoscenti. Questa gremita congerie stilistica e lessicale è, diciamo, la materia della tensione vitale di Risi [...].[24]

Di segno opposto, quasi una stroncatura, è la severissima valutazione della seconda raccolta:

> [...] è la struttura che manca; l'assenza di una *idea* poetica finisce per far suonare queste poesie come un repertorio lessicale dei luoghi scientifici e morali dell'era atomica, tenuto insieme da una mera ossessione concettuale.[25]

Giuliani resta alquanto vago in questo articolo sul concetto di struttura, su cui si era soffermato con più accuratezza in altra sede, ovvero in una recensione del 1955 a *Linea Lombarda*: si tratta dell'organizzare le immagini poetiche, considerabili come singole cellule, entro un quadro armonico e funzionale. Scrive Giuliani (corsivi miei):

> [...] un'immagine, perché viva in poesia, ha bisogno di un retroterra di coscienza e fantasia; se è vero che l'immagine è il nucleo della poesia, per raggiungerlo il poeta deve muovere da una esigenza più ampia, più segreta, che sarà per lui *la forma, la struttura, lo scavo di fondazione delle immagini*. L'immaginismo è una teoria riduttiva, è l'organismo guardato dal punto di vista della cellula, una poetica onesta in tempo di crisi e di dispersione: l'immagine è venuta a coincidere con la parola, e questa con il discorso.[26]

Il sistema, non si cada in equivoco, non deve naturalmente essere lineare o debitore alle forme fisse della tradizione: l'impianto può essere costituito anche dalla ricorrenza di strutture asintattiche, rotture e spezzature, scarti linguistici e sintattici dalla norma. Ciò che conta è la presenza in filigrana di una chirurgica razionalità, una progettualità che consenta alle immagini, per quanto anarchiche e procedenti in direzioni differenti, di strutturarsi in forme vitali. Riprendendo le pagine segnalate nelle carte d'archivio, si nota subito fra i testi selezionati *I meli i meli i meli*, poesia in cui si percepisce una gabbia rigida, sostanziata dalla ripresa anaforica a inizio strofe del deittico e in fine strofe dell'aggettivo «quanto» (corsivi miei):

> *Quell'albero* che mi sorprese
> con i suoi rami gonfi
> *quanti corvi* sul ramo più alto

Quel toro che si accese
per una macchia scura al mercato
quanto sangue versato alle frontiere

Quella ragazza in tuta che s'intese
prima coi francesi e polacchi
quanti viaggi il suo corpo tra le braccia

Quel soldato che mi chiese
la via breve oltre Sempione
quanta ansia in uno sguardo.

Le quattro immagini, racchiuse entro il limite strofico della terzina e saldamente ancorate all'oggetto che le evoca, sono tutte latrici di un'unica emozione, ovvero il sentimento della guerra, fatto di dolore e presagi di morte. In *Superior stabat lupus* si riscontra invece una struttura dialogica ben definita, sebbene il susseguirsi delle battute sia impregnato di assurdità e si concluda con una sentenza paradossale:

Stamane s'è trovata
la Statua sulla piazza
mutilata:
Rivendichiamo per le pietre
il minimo vitale.

– Hai spiato il sole
salato il mare
seminato il colera nelle scuole
untore!
Sei nato a Danzica o in Corea
Vissuto sotto rossi sotto neri
Usi il passaporto per viaggiare
Hai letto il Capitale
in dialetto
accolto turisti indiani
e gazze ladre nella tua casa tra i pini
Hai soccorso tua madre
parlato alto in autobus
C'è chi ti ha visto
in chiesa...
        Confessa!

– Ho paura della mia innocenza
di non avere niente
da confessare.

Questo testo, per quanto polifonico, si snoda entro una sintassi assolutamente lineare, senza salti e rotture, e non rompe violentemente sul piano della forma. Anche il paradosso conclusivo non illumina retrospettivamente la poesia, che resta lontana dalle forme apprezzabili nei *Novissimi*. Il gusto per il motto in clausula, di sapore epigrammatico, è presente anche in altri componimenti segnalati nelle carte pavesi, come *Tautologia*:

Su
 e giù
 sull'altalena
a ripagarci di ogni pena
ogni sera ci auguriamo
un mattino migliore.
Ma i nostri sforzi sono frivoli
ma non si può che
peggiorare in meglio

Il verso a gradino mima anche graficamente la semantica dei primi versi, suggerendo un movimento oscillatorio enfatizzato ritmicamente dai tre accenti consecutivi in «u»; tuttavia questa soluzione, che certamente incrementa l'espressività, sembra innocua se confrontata con il ritmo sincopato con cui si rincorrono e e ribattono gli accenti in poesie novissime come *Aprire*. La *gnome* conclusiva invece attinge al serbatoio dell'ambiguo e dell'ordine aperto dei significati grazie al paradosso «peggiorare in meglio», mettendo in mostra quella che Giuliani avrebbe potuto definire una «cara contraddizione». La proposizione, isolata nell'ultimo verso, certamente colpisce l'immaginario del curatore dei *Novissimi*, che sottolinea spesso, con piccoli segni a penna, gli *explicit* sentenziosi di alcuni componimenti nella sua copia personale di *Civilissimo*.[27] Anche in questo caso però si può rilevare una divaricazione significativa rispetto all'ambiente novissimo: i versi in clausola, per quanto arguti e talvolta folgoranti, non sono dotati del *venenum in cauda* di tradizione classica, non consentono una rilettura a ritroso con effetto straniante, né tantomeno si presentano come sberleffi ironici di gusto surrealista. Si tratta di vere e proprie massime, da intendere nella loro cruda letteralità, soluzione questa che mi pare sfociare a tratti nel parenetico, aggressivamente messo in discussione nell'introduzione ai *Novissimi*.[28]

In una missiva spedita a Giuliani nei primi giorni del gennaio 1960, Antonio Porta muove alla poesia di Risi un'obiezione ben più consistente, parlando esplicitamente di «inautenticità»:

> Quanto al <u>Risi</u> ho l'impressione che tu abbia, in parte, ragione. Se infatti Risi ha dato certi contributi di coraggio e di rottura, la sua è veramente una poesia un po' facile, e non so fino a che punto <u>veramente</u> autentica.[29]

L'affermazione sembra trovare la sua ragione in certi componimenti di *Civilissimo* in cui alcuni vessilli propri del campo novissimo, ovvero la messa fra parentesi dell'io lirico e il turbamento causato dall'ingresso nell'era atomica, sono ostentati fin dai titoli, che rivendicano così la loro appartenenza alla più stretta contemporaneità: *Conforme all'epoca* e *L'ouvre du XX siècle*. Nonostante questo, è sufficiente riproporre alcuni stralci per verificare una diffrazione fra la modernità dei contenuti e una prassi scrittoria che, per quanto fermenti grazie a un lessico vivace, resta costretta entro una sintassi piana, senza soluzione di continuità con la poesia coeva. Il tramonto dell'io e la suggestione apocalittica provocata dal rischio di una guerra nucleare si trasfondono così all'interno di quello che Giuliani aveva definito un «repertorio d'epoca»:

CONFORME ALL'EPOCA

Bastassero
l'ostinazione
un equipaggio sleale
e la bonaccia che fiacca le vele
tutti contro
meno l'Io teso a occidente
forte anche dell'errore diffuso
presto o tardi troverei le mie Indie;
è solo questione di fede.
Ma che la scienza dica:
a oriente,
non ha più senso il viaggio
e l'epoca delle grandi scoperte
è chiusa per sempre.

L'OUVRE DU XX SIÈCLE

[...]
Che gaia scienza:
maremoti

> per il fungo balneare di Bikini
> mare e monti
> pei bambini radioattivi di Hiroshima
> malamorte
> per le scimmie dentro i razzi planetari.
> Tutto gratis.

L'esclusione definitiva è sancita da una lettera di Paolazzi a Giuliani, datata 5 febbraio. Se l'antologia doveva configurarsi come «un'isola di corsari», la presenza di Risi, «pirata al servizio della regina», sarebbe stata stonata:

> Così come siamo, sono d'accordo, idem Nanni, per l'esclusione del Risi (pirata al servizio della regina o pirata turistico) mentre sospenderei per ora il giudizio per Guglielmi e Pagliarani e Sinigaglia.[30]

Diverso il caso di Sinigaglia, poeta per pochi, intimo amico di Gianfranco Contini – che presentò i suoi primi versi a Roberto Longhi ed Anna Banti –, quasi caduto nel dimenticatoio e ripubblicato in una meritoria edizione completa e di larga diffusione solo sul finire degli anni Novanta.[31] Porta, che conosceva questo scrittore appartato di persona, era un estimatore dei suoi versi, tanto da raccomandarli a Giuliani, ventilandone l'inserimento nei *Novissimi*:

> Il caso di Sinigaglia, poiché lo conosco di persona, è diverso, perché mi sembra più autentico, meno provvisorio, ma c'è, per entrambi, uno stesso pericolo: continueranno a scrivere? Che anche vuol dire, al di là degli impegni materiali che apparentemente ostacolano lo scrivere, fino a che punto conta per loro la poesia se possono prenderla un po' alla leggera (Risi) o forse abbandonarla.[32]

Il primo dubbio riguarda dunque la fedeltà alla scrittura e sembra nascondere un tema più insidioso e molto sentito all'interno della compagine novissima, ovvero la considerazione che ha di sé il poeta, che si riflette *naturaliter* sul problema cardine del nascondimento dell'io. L'atteggiamento di Sinigaglia è molto chiaro ed è testimoniato dai suoi componimenti, anche in quelli che i tre selezionatori considerano adatti a entrare nei *Novissimi*. In questo senso, molto esplicita fin dal titolo è *Coperto di pidocchi*:

> Coperto di pidocchi
> la bocca tarata dal tabacco
> del male che fredda in fienile
> il sobrio barbone
> despota vagabondo

moriva Gauguin.
Volto di mistica volpe
il bianco telefono di bende
su l'orecchio reciso
Vincent si mise una palla nel ventre.
Medici d'anime
uomini talari
con arguta eccitazione
si chinano su quegli atti colorati
e Frine dalle cosce incipriate
flettendo il collo
perché la luce s'adimi
come sulla scorzetta
naufraga del limone.
E anche Platone aveva ragione
a bandire i poeti dalla repubblica.

L'immagine dell'artista esce umiliata, ridotta all'inutilità e destinata alla derisione. Nel 1960 sono di recente pubblicazione i saggi di Sanguineti *Da D'Annunzio a Gozzano* e *Da Gozzano a Montale*: Giuliani ne riceve copia proprio in quell'anno. Nel primo di questi contributi, Sanguineti chiama in causa dapprima Pascoli e D'Annunzio, poeti in cui la centralità dell'io risulta evidente, per poi individuare nei crepuscolari il controcanto polemico. Scrive infatti a proposito di alcuni versi della *Signorina Felicita* di Gozzano:

> E quando leggiamo questi versi ci avvediamo, precisamente, di trovarci di fronte alla proclamazione di quella rovesciata centralità dell'io, cui alludevamo, e ne tocchiamo al tempo stesso i limiti.[33]

E poco oltre, su Corazzini:

> E s'intende: l'inimitabile vivere dannunziano del poeta che «nacque ogni mattina»; e Corazzini, vedete, muore «un poco, ogni giorno»; pascolismo rovesciato, dannunzianesimo rovesciato, e il peso polemico, intiero, di tale rovesciamento.[34]

Le forme di Sinigaglia, certo maturate in un periodo molto più rispetto alla temperie crepuscolare, sono mitigate dall'ironia (tanto che «Platone aveva ragione / a bandire i poeti dalla repubblica»), ma risultano pericolosamente vicine al ribaltamento crepuscolare di cui scrive Sanguineti: il poeta ha smesso da tempo i panni del poeta vate, il suo io è dimesso, ma in *Coperto di pidocchi* occupa comunque, sebbene vestito di stracci, il centro della scena.

Analoga l'impressione che riserva *Verranno i falliti*, dove la soggettività si diluisce in un noi corale: si considerino i versi «Verranno i falliti / di tutte le razze di tutti i paesi del mondo / con gli occhi bianchi della vocazione / a chiamarmi», in cui il pronome enclitico finale mette il poeta al centro dell'adunata dei reietti del pianeta. Tutto il contrario, per citare l'esito più celebre in ambito novissimo (e non solo) di questo processo di collettivizzazione della voce, dei corali de *La ragazza Carla*.

Certamente, agli occhi attenti dei giovani redattori dei *Novissimi*, non poteva sfuggire la «lessicofagia» di Sinigaglia, avido razziatore di vocabolari. Nelle sue ultime raccolte questa golosità verbale sfocerà in una forma di *trobar clus* tale da costringere il lettore alla consultazione di un glossario, opportunamente approntato nell'edizione complessiva delle opere dell'autore. Già nella prima raccolta la lingua si presenta in continua oscillazione: il dettato è continuamente movimentato da preziosismi come «latibolo» (p. 14), «nenufari» (p. 23), «emorroisse» (p. 43), «carcame» (p. 70), «borborigmo» (p. 72);[35] scelte paradigmatiche che prediligono la tradizione letteraria, come «sparve» (p. 38) in luogo di «sparì», «tristo» (p. 61) per «triste», «aombrare» (p. 84) invece di «adombrare». Strettissimo è il legame con la tradizione dantesca, e segnalo le forme «invechi» (p. 59), a fine verso come nel canto dei suicidi, «adimi» (p. 78) per «abbassi», dal *Purgatorio*, e «secchione» (p. 63), che vale «luna» ancora nella cantica purgatoriale. Fra le forme colte si annoverano alcuni latinismi e grecismi: «celestia» (p. 66) per «occhi celesti», «bibuli» (p. 84) per «assorbenti», «catabasi» (p. 84) per «discesa». Sul versante opposto del registro colloquiale, si nota la perifrasi ironica «gomma maltusiana» per «preservativo», con una singolare ma non certo stupefacente sovrapposizione della teoria economica al campo sessuale; i dialettalismi «bocia» (p. 67), lombardismo che vale «ragazzo», e «frummia» (p. 59), termine dell'Italia centrale che definisce un'improvvisa esaltazione; infine il gergo infantile, con «alimorta» (p. 16), grido di tregua dei giochi dei bambini. Sinigaglia esplora le zone periferiche del vocabolario, tanto che, successivamente, non esiterà a ritagliarsi uno spazio entro la linea espressionista della poesia italiana. Probabilmente per questa ragione Giuliani tenderà a separarlo da Risi, come scrive in una lettera a Porta del 9 gennaio:

> Sinigaglia bisognerebbe vedere altre sue cose per decidere, gli ho scritto. Ha il vantaggio di essere abbastanza un fuori legge nel mondo delle lettere.[36]

Un fuorilegge appartato però, senza una progettualità. La rottura di Sinigaglia, che avviene sul piano lessicale, sembra soddisfare più un desiderio naturale e formalista, piuttosto che inserirsi consapevolmente entro un progetto di ampliamento del lessico poetico. A distanza di anni, sarà lo stesso Sinigaglia a confermare:

> Una poetica ce l'ho anchio! ma tutta a posteriori, decifrabile controluce, sperando a lume di candela i miei prodotti. Giacché neanche la mia scelta plurilingue o espressionistica che dir si voglia è nata da un'esigenza di gusto o tanto meno da una determinazione critica o da qualche affrancamento elettivo a scapito di altre manifestazioni.[37]

Rinnovata centralità dell'io e mancanza di progettualità: sono queste forse le ragioni che hanno affossato la candidatura di Sinigaglia, che verrà tacitamente abbandonata; si resta comunque, per questo poeta, nel campo delle ipotesi, perché mancano, all'interno del fondo pavese, documenti che possano dire l'ultima parola sull'esclusione.

Sia Risi, sia Sinigaglia sono finiti sotto la lente d'ingrandimento di Giuliani e compagni perché erano poeti apprezzati da Anceschi, vicini alla rivista «il verri» e soprattutto perché avevano una sensibilità diversa rispetto alla poesia loro coeva, specie sotto la specola lessicale. Entrambi procedono in direzione dell'allargamento del vocabolario, praticando, tramite l'accostamento stridente di lingua della tradizione e lessemi impoetici, una violenza sui segni. Eppure, nessuno dei due riesce a convincere pienamente i selezionatori e il gruppo dei novissimi si restringe così attorno ai cinque poeti poi pubblicati, probabilmente più coesi (anche da un punto di vista generazionale), pur entro un ampio ventaglio di «intenzioni poetiche». Restano però le ultime frasi dell'introduzione di Giuliani, in cui il curatore rimarca, quasi per inciso, la possibilità che altri stiano cercando di percorrere la stessa strada, quasi a giustificazione – se non a parziale risarcimento – delle esclusioni (corsivi miei): «Io credo, *senza escludere che altri abbiano fatto o stiano facendo del loro meglio*, credo che le poesie qui raccolte aprano più di uno spiraglio, e che sia quasi impossibile ignorare le esperienze e la carica vitale che noi, ciascuno a suo modo, abbiamo tentato di immettere nel linguaggio».[38]

Note

* Salvo pochissime eccezioni, segnalate di volta in volta, tutti i documenti citati e le carte riprodotte in questo contributo fanno parte del fondo "Alfredo Giuliani", acquisito dal Centro di ricerca interdipartimentale sulla tradizione manoscritta di autori moderni e contemporanei di Pavia nel 2009 dagli eredi dello scrittore.

¹ La lettera, del 30 dicembre 1960, comincia con l'annuncio di aver visto l'antologia composta («ho visto la raccolta. Optime. Ed è già in tipografia»), e fa parte di un consistente gruppo di missive spedite da Anceschi a Giuliani, archiviato all'interno della corrispondenza di quest'ultimo.

² *Poesia italiana del Novecento*, a c. di Edoardo Sanguineti, vol. I, Einaudi, Torino 1969. Si cita dalla premessa del 1970, nell'edizione del 1993, p. XXVII.

³ *Ibidem*.

⁴ Si nota, in queste righe di Balestrini, l'uso del termine "Nuovissimi": la forma monottongata "Novissimi", proposta da Sanguineti, non è ancora stata accettata. Una carta della lunga lettera è riprodotta nella fig. 1.

⁵ Queste precoci proposte di titolo sono attestate in una lettera indirizzata da Leo Paolazzi a Giuliani il 5 febbraio 1960, in cui si legge: «Quanto al possibile titolo, quelli che tu sembri lanciare divertendoti mi sembrano belli: Una nave pirata, L'isola dei corsari ecc. Bisognerà pensarci ancora, ma sono già molto mordenti. Rivelano forse un po' troppo il gioco».

⁶ Maria Corti, *Il viaggio testuale*, Einaudi, Torino 1978, p. 113.

⁷ Alfredo Giuliani, *Caro maestro della mia libertà. Biglietto d'auguri di un critico a Luciano Anceschi*, "la Repubblica" (Bologna), 20 febbraio 1991, pp. I e V.

⁸ La lista, una delle due rinvenute nel fondo Giuliani, è riprodotta in fig. 2. L'elenco bipartito e di difficile lettura si trova nell'angolo in basso a destra della carta.

⁹ Si vedano in particolare le parole di Giovanni Raboni, che dapprima ricorda: «[...] è fin troppo facile scorgere nella poesia di Pagliarani un'aperta volontà di discorso e l'intento di far "funzionare" un certo contenuto, di stabilire fra questo e il lettore un contatto tutt'altro che libero e casuale, anzi accuratamente predisposto e qualche volta persino intimidatorio: il che ci porta, in effetti, da tutt'altra parte rispetto agli altri quattro quinti dei novissimi». Poco dopo, a parziale attenuazione di quanto scritto, rimarca: «Considerate in sé, le strutture sintattiche, metriche, linguistiche che Pagliarani utilizza nelle sue poesie sono tutt'altro che lontane da quelle di un Sanguineti o di un Balestrini» (Giovanni Raboni, *La musa pedagogica di Pagliarani*, "Aut Aut", gennaio 1963, ora in Id., *Poesie degli anni sessanta*, Editori Riuniti, Roma 1976, pp. 79-80). Del resto, lo stesso Edoardo Sanguineti nella già citata *Poesia italiana del Novecento*, inserirà alcune poesie di *Lezione di fisica* nell'area «sperimentale», in stravagante compagnia di stralci tratti da *Lavorare stanca* di Cesare Pavese e *Le ceneri di Gramsci* di Pasolini. Lo sperimentalismo, secondo la visione sanguinetiana, «getta il suo ponte storico fra neorealismo e neoavaguardia» e Pagliarani ne rappresenta il capolinea, poiché, con lui, «siamo già nell'area novissima, e se ne vedono tutti gli effetti» (p. XL).

¹⁰ La lettera non è datata, ma precede la pubblicazione del secondo "Menabò", dei primi del febbraio 1960.

¹¹ Si può apprezzare, essendo la lettera datata 5 febbraio, come Giuliani coinvolga simultaneamente Balestrini e Paolazzi nella scelta dei poeti da antologizzare.

¹² Soltanto Nanni Balestrini proporrà di sfuggita, in una sua lettera, l'inserimento di alcuni componimenti da *Inventario privato*, senza però trovare risposta. La raccolta sembra essere accantonata, almeno per quanto attestano gli epistolari, per tacito consenso.

¹³ La lettera è datata 12 settembre 1959, non è stato possibile verificare se una sua copia sia stata effettivamente spedita a Pagliarani.

¹⁴ Per un approfondimento sulla vicenda cfr. Luigi Ballerini, *Per una nuova edizione dei* Novissimi, "Autografo", XXI, 50, 2013, pp. 11-37.

¹⁵ Durante un'intervista a Castell'Arquato, Giuliani ha la possibilità di spiegare le ragioni della defezione e il suo cruccio: «Cacciatore mi tolse una possibilità, la possibilità di mettere dentro un as-

petto stilistico che non combaciava con quello degli altri ed era una piccola sfida che io avrei potuto e saputo vincere sul piano della presentazione critica [...] La sua presenza avrebbe reso più pericolosa l'antologia, ma l'avrebbe resa anche più dirompente» (*Alfredo Giuliani, (19 giugno 2005)*, intervista di Aldo Tagliaferri, Scritture, Piacenza 2008, p. 31).

[16] Nella già citata lettera del 30 dicembre, Anceschi aveva scritto: «Opto per il Vivaldi, anche se debole». Il 5 gennaio invece è Balestrini a scrivere a Giuliani: «Metterei Majorino. È molto simile a Pagliarani e questo servirebbe a non isolare troppo l'Elio. Vivaldi invece no»; la risposta di Giuliani probabilmente deve essere stata negativa, dato che, nel documento seguente, si legge: «Non mi sarebbe dispiaciuta l'aggiunta di Majorino – ma è affar tuo».

[17] Quest'ultimo documento è riprodotto in fig. 3. Per Risi, da *Polso teso* sono scelte *Tutta polvere*, *I meli i meli i meli*, *Dominante*, *Teologale*, *L'istinto*, *Ricetta*; da *Civilissimo* invece *Condizione*, *Complici*, *Tautologia*, *Superior stabat lupus* e *Sto sul fiume, guardo passare*; infine è segnalata *Bucolica*, comparsa sul primo numero del "verri" del 1958. Per quanto concerne Sinigaglia, oltre a *Per conoscere il fondo del cuore*, pubblicata sulla rivista anceschiana nel primo numero del 1959, i tre selezionatori stabiliscono un *corpus* estratto da *Il flauto e la briccola*, costituito da *Verranno i falliti*, *Adesso nessuno più entra*, *Il corvo rabdomante volò*, *Io lo riconosco col suo triciclo*, *Meglio la calca*, *l'urtone*, *Uccello cieco*, *Dalla finestra sul ballatoio*, *Riderà la facile castagna*, *Coperto di pidocchi*.

[18] Nella sua biblioteca, Giuliani conserva una copia di *Civilissimo*, con pochissimi segni di lettura e con una dedica autografa: «a / Alfredo Giuliani, / molto cordialmente / il suo / N. Risi / Roma – 1958». Il libro raccoglie in una sezione apposita anche l'esile gruppo di testi di *Contromemoriale*, pubblicato nell'anno precedente per la stessa casa editrice in un fascicolo di piccolo formato, anch'esso ritrovato, con dedica, nella biblioteca di Giuliani.

[19] Nelo Risi, *Da una vecchia antologia*, in *Il laboratorio di Luciano Anceschi. Pagine, carte, memorie*, a cura di Maria Giovanna Anceschi, Antonella Campagna, Duccio Colombo, Scheiwiller, Milano 1998, p. 188.

[20] Anche questo libro è presente nella biblioteca di Giuliani, che con alcuni leggeri tratti a matita ha segnalato alcune poesie, in gran parte corrispondenti a quelle proposte per l'inclusione nei *Novissimi*. Sulla prima pagina compare una scritta autografa a lapis che recita «ex libris / Leo Paolazzi», si può dunque pensare che il libro, dalla biblioteca del poeta milanese, sia stato spedito a Giuliani a Roma.

[21] Nelo Risi pubblicherà sul primo numero del 1958 le poesie *Bucolica* e *Le magre baccanti* (pp. 36-39), sul terzo del 1960 i *Pensieri elementari* (pp. 71-73). Sinigaglia invece aveva proposto, sul numero inaugurale del 1959, quattro componimenti, intitolati *La gran via della mia mente*, *San Martino*, *A mia madre*, *Per conoscere il fondo del cuore* (pp. 67-70). Curiosamente, queste poesie sono immediatamente precedenti all'anticipazione della *Ragazza Carla* che compare sul medesimo numero.

[22] Cfr. Renato Barilli, *La neoavanguardia italiana. Dalla nascita del "Verri" alla fine di "Quindici"*, Il Mulino, Bologna 1995. Per quanto riguarda l'opera di Risi, si cita da *Polso teso*, Mondadori, Milano 1973 (l'edizione è riveduta e ampliata, si sono considerati solo i componimenti già nell'edizione del 1956), e da *Civilissimo*, All'Insegna del Pesce d'Oro, Milano 1958.

[23] *Poesie degli anni sessanta*, cit., p. 83. Nel proseguo della citazione, Raboni allontana i due dal coté neoavanguardista, coerentemente con quanto scritto a proposito di Pagliarani e già citato nella nota 8.

[24] Alfredo Giuliani, *Nelo Risi: Polso Teso – Civilissimo*, "Il Verri", a. II, n. 3, 1958, pp. 96-97.

[25] *Ivi*, p. 98.

[26] Si cita da Alfredo Giuliani, *Immagini e maniere*, Edizioni Scientifiche Italiane, Napoli 1996, p. 34 (Feltrinelli, Milano 1965). Per comprendere cosa Giuliani intenda con «retroterra di coscienza e fantasia» è necessario aver presente le parole con cui Ezra Pound definiva un'immagine in *A few don'ts of an imaginist*: «An "image" is that which presents an intellectual and emotional complex in an instant of time. I use the term "complex" rather in the technical sense employed by the newer psychologists, such as Hart, though we might not agree absolutely in our application» (Ezra Pound, *A few don'ts of an imaginist*, "Poetry", 1, marzo 1913, pp. 200-201).

[27] E davvero, scorrendo le pagine della copia personale di Giuliani, molti tratti a penna segnalano gli ultimi versi, specie dove compare una sentenza: «e l'epoca delle grandi scoperte / è chiusa per sempre» (*Conforme all'epoca*), «Non rifiutare il mondo / è la gran scelta» (*Domiciliato*), «la sofferenza ha bisogno di quiete» (*Bucolica*), «Ma il vecchio mondo è moderno» (*Le magre baccanti*).

[28] Il primo a rilevare la letteralità con cui sono da intendersi le massime di Risi è stato Raboni, all'interno di un discorso più letterale sulla poesia dell'autore: «La sua sentenziosità non è per finta o per burla, né un rimando ironico e assurdo al mondo dove le sentenze erano possibili, ma una sentenziosità vera, tesa e netta, efficiente anche se dolorosa» (*Poesia degli anni sessanta*, cit., p. 83).

[29] La missiva, non datata, è precedente alla responsiva di Giuliani del 9 gennaio, conservata presso l'archivio milanese di Apice.

[30] Le definizioni «pirata al servizio della regina» e «pirata turistico» vanno chiaramente lette in parallelo alle proposte di titolo ventilate da Giuliani, ovvero *L'isola dei corsari* o *Una nava pirata*.

[31] L'edizione, da cui si cita, è: Sandro Sinigaglia, *Poesie*, introduzione di Silvia Longhi, testo e glossario a c. di Paola Italia, Garzanti, Milano 1997.

[32] Si cita ancora la lettera precedente il 9 gennaio 1960, cfr. nota 9.

[33] I due saggi sono raccolti e accostati in Edoardo Sanguineti, *Tra liberty e crepuscolarismo*, Mursia, Milano 1961. Si cita dalla ristampa del 1977, p. 50.

[34] *Ivi*, p. 51.

[35] Riporto qui le definizioni date da Paola Italia nell'indispensabile glossario dell'edizione Garzanti: «latibolo» significa «nascondiglio, tana»; «nenufari» vale «ninfee», «emorroisse» è termine che compare anche nel vangelo per designare il colore rosso sangue. «Carcame» sta per «collana, monile», mentre il «borborigmo» è un gorgoglio addominale.

[36] La lettera è conservata presso il centro di Apice.

[37] *Poesie*, cit., p. 340.

[38] *I novissimi. Poesie per gli anni Sessanta*, a c. di Alfredo Giuliani, Rusconi e Paolazzi, Milano 1961, p. XXXI.

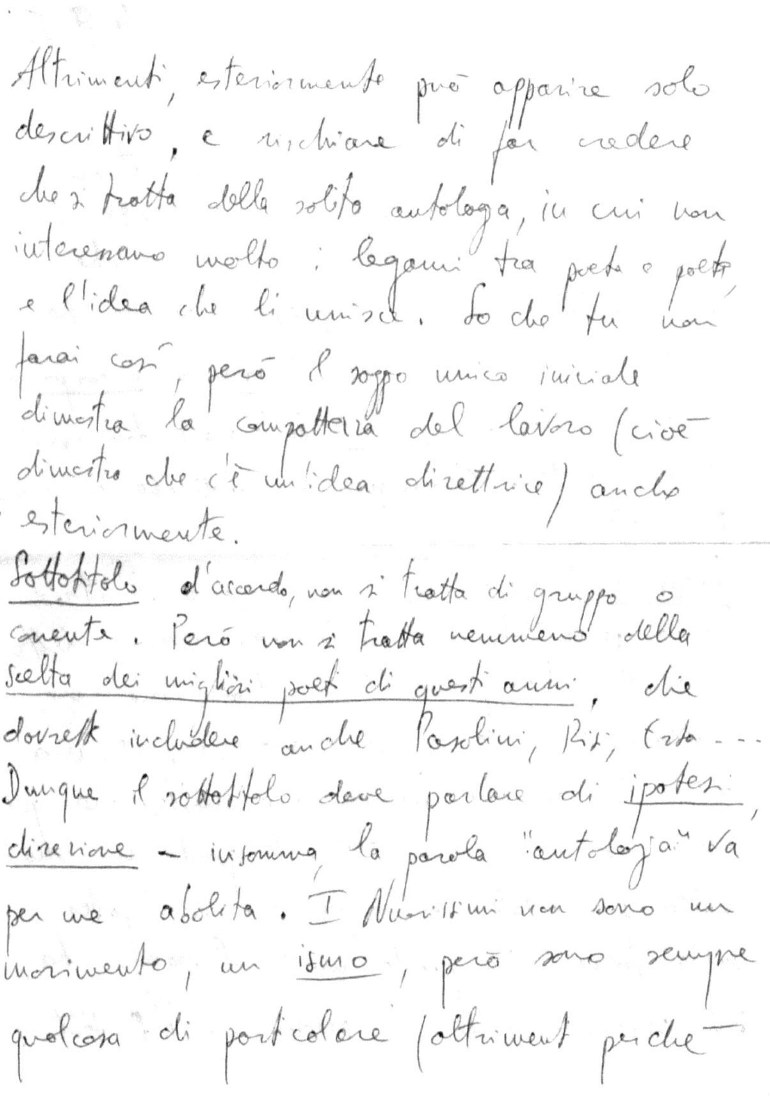
Altrimenti, esteriormente può apparire solo
descrittivo, e rischiare di far credere
che si tratta della solita antologia, in cui non
interessano molto i legami tra poeta e poeta
e l'idea che li unisce. So che tu non
farai così, però il saggio unico iniziale
dimostra la compattezza del lavoro (cioè
dimostra che c'è un'idea direttrice) anche
esteriormente.
Sottotitolo d'accordo, non si tratta di gruppo o
corrente. Però non si tratta nemmeno della
scelta dei migliori poeti di questi anni, che
dovrebbe includere anche Pasolini, Risi, Erba....
Dunque il sottotitolo deve parlare di ipotesi,
direzione – insomma la parola "antologia" va
per me abolita. I Novissimi non sono un
movimento, un ismo, però sono sempre
qualcosa di particolare (altrimenti perché—

Fig. 1: Lettera manoscritta di Nanni Balestrini ad Alfredo Giuliani, 4 settembre 1960.

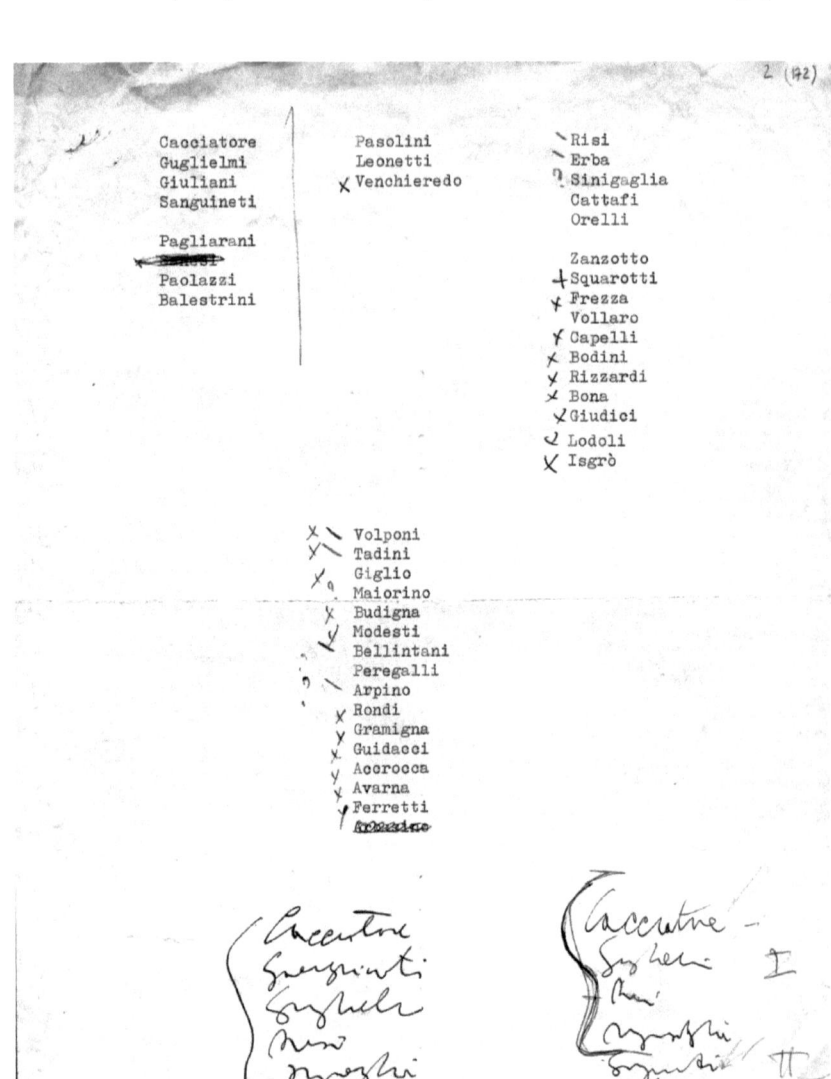

Fig. 2: Elenchi conservati fra gli avantesti dei *Novissimi* nell'archivio di Alfredo Giuliani.

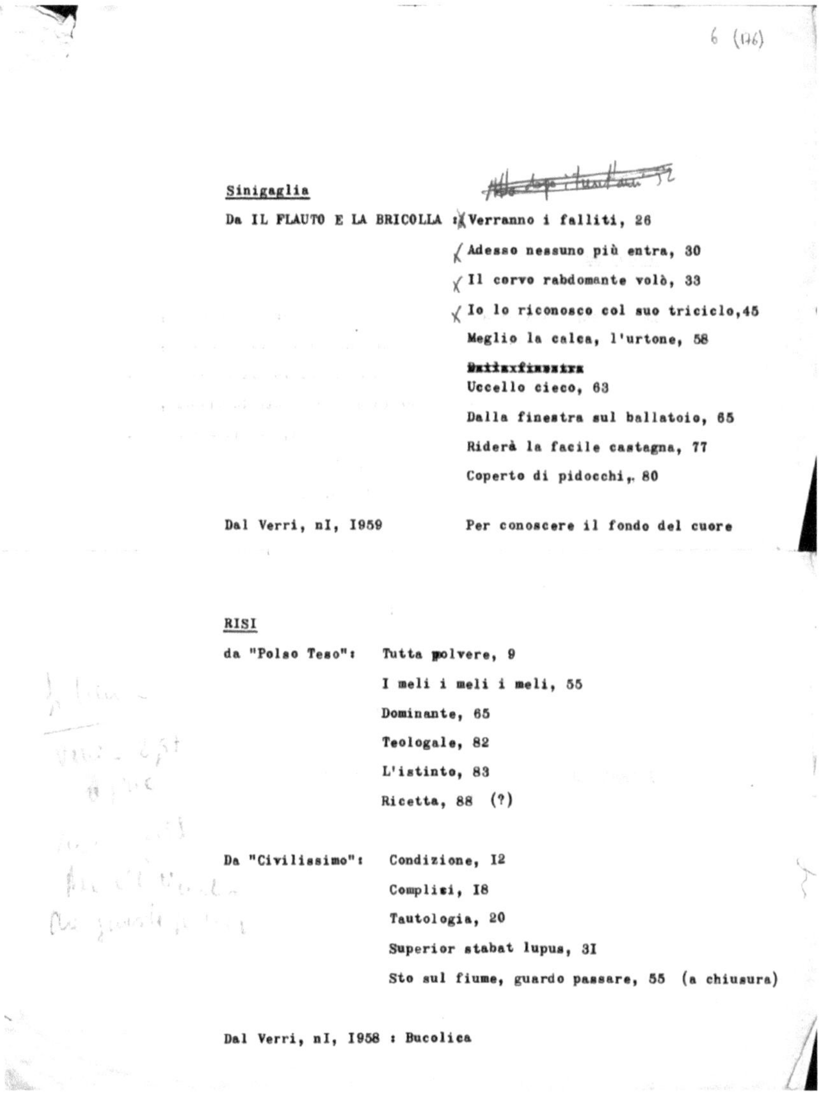

6 (146)

Sinigaglia

Da IL FLAUTO E LA BRICOLLA : Verranno i falliti, 26
   Adesso nessuno più entra, 30
   Il corvo rabdomante volò, 33
   Io lo riconosco col suo triciclo, 45
   Meglio la calca, l'urtone, 58

   Uccello cieco, 63
   Dalla finestra sul ballatoio, 65
   Riderà la facile castagna, 77
   Coperto di pidocchi,. 80

Dal Verri, nI, 1959   Per conoscere il fondo del cuore

RISI

da "Polso Teso":   Tutta polvere, 9
                   I meli i meli i meli, 55
                   Dominante, 65
                   Teologale, 82
                   L'istinto, 83
                   Ricetta, 88 (?)

Da "Civilissimo": Condizione, 12
                   Complisi, 18
                   Tautologia, 20
                   Superior stabat lupus, 31
                   Sto sul fiume, guardo passare, 55 (a chiusura)

Dal Verri, nI, 1958 : Bucolica

Fig. 3: Carta con il riepilogo dei testi di Risi e Sinigaglia valutati per l'inclusione nei *Novissimi*.

Luca Barbieri

Il fonodèrma lucido d'un adediretto

> *Principio auditor sonus et vox omnis, in auris*
> *insinuata suo pepulere ubi corpore sensum.*
> *Corpoream «vocem» quoque enim constare fatendumst*
> *et sonitum, quoniam possunt impellere sensus.*
> *praeterea radit vox fauces saepe facitque*
> *asperiora foras ubi coeperunt primordia vocum,*
> *scilicet expletis quoque ianua raditur oris.*
>
> Titus Lucretius Carus, *De rerum natura*, IV, 524-529.

> *Riverrun, past Eve and Adam's, from swerve of shore to bend of bay, brings us by a commodious vicus of recirculation back to Howth Castle and Environs.*
>
> James Joyce, *Finnegans wake*, Faber and Faber, Londra, 1939, I, 3.

> *Sempre una piega nella piega, o una caverna nella caverna. L'unità di materia, il più piccolo elemento del labirinto, è la piega, non il punto che non è mai una parte, ma una semplice estremità della linea. Proprio per questo le parti della materia sono masse o aggregati, correlati della forza elastica compressiva. La spiegatura non è dunque il contrario della piega, ma segue la piega fino al formarsi di un'altra piega.*
>
> Gilles Deleuze, *La piega. Leibniz e il Barocco*, Einaudi, Torino, 2004, 10.

Hilarotragoedia[1] è una torva dissertazione teologica, amaro e puntuto enchiridio minimo sul '*Grande Imprenditore*'[2] – l'intervistatissimo '*Signore delle Galassie e dei Rotocalchi*' [18] – e sulla mortale macchina universa, come pure trattato cosmogonico e sarcastico compendio di una teoria corpuscolare della materia che limpidamente attinge a *De rerum natura*.

Opera proteiforme, *Hilarotragoedia* è tratteggiata con rapidi cenni da Giorgio Manganelli in un breve scritto autografo risalente al 1964, forse sollecitato da Nanni Balestrini perché fosse incluso in un catalogo promozionale di iniziative editoriali[3]. Dal documento, che l'Autore assemblò con minuziosa cura impiegando lacerti e frammenti dell'opera stessa, emergono i tratti costitutivi di *Hilarotragoedia*. In esordio, la figurazione dell'Origine, calcata con scalpicciante sarcasmo sulla dottrina atomistica lucreziana: è il Teatro dell'inconcludibile morte del Primo Motore, evaporante *ab aeterno* e disperso in innumeri elementi minimi.

Disteso su «sprimacciate galassie, livido di manrovesci di meteoriti blasfeme», Iddio sta eternamente morendo. E il pulviscolo, gli innumerevoli grani di angoscia, in cui Egli ogni giorno si scioglie, assumono un'effimera consistenza: trasformati in uomini o in cose, rimangono un attimo in bilico tra l'essere e il nulla; e poi riprendono la corsa rovinosa verso la seconda morte. Trasudando e gemendo, la grande macchina del mondo si avvia alla propria distruzione.

In *Hilarotragoedia*, la medesima congettura atomista intorno al corpo brulicante di Dio, disfatto in nebula di particole e infinitamente consumato, è dispiegata sapientemente a conclusione delle speculazioni intorno alla '*balistica discenditiva*'.

'*che questo inveterato pàbulo di carne spastica, e sughi di malefizio, e brodi di delirio, e maionesi dogliosissime, questo nutrimento occulto, quotidiano, interrotto, di paste lievitate di «no», di fermentati alcali moritivi, venga dal disfarsi in camera ardente, deserta da viltà di angeli, fra sfatte tende gonfie di ventosa, isterica gravidanza, corrusche e polverulente, tra candele abbattute, smoccolate dalle seghe dentarie di pantegane industriose e fiere di solenni vibrisse, venga dal disfarsi, dico, del corpaccione enormosissimo, divaricato su sprimacciate galassie, livido di manrovesci di meteoriti blasfeme, l'infinito otre svuotato di Dio.*
Si disfa l'immortale, in quella altissima stanza in cui morì solo, e lì va mutandosi in pulviscolo di malizioso dolore, in granuli, pepe e spezie d'ambascia: e questo si sperde dovunque, all'alitare di uno smorto vento [...]. Lo trovi ovunque, tra le tue carte, sul bavero [...]: minimo fragmentum del disfatto Padre irraggiungibile. Fu, forse, il suo fallimento alla paternità a indurlo a eterna mutazione, per cui Dio sarà in ogni luogo, e vi sarà come male.'[4] [24-25]

Se nel documento autografo Giorgio Manganelli compila un primo rudimentale elenco di elementi costitutivi della materia, limitandosi a menzionare il '*pulviscolo*' e gli '*innumerevoli grani d'angoscia*', nel richiamato frammento di *Hilarotragoedia*, questi sono connotati con sarcastica esattezza come '*inveterato pàbulo di carne spastica*', '*pulviscolo di malizioso dolore*', '*granuli, pepe e spezie d'ambascia*' e '*minimo fragmentum*'.

Urti e deviazioni riuniscono i precipitati *primordia* in instabili aggregati e costruzioni. Non appena plasmati, corpi e figure principiano a sgretolarsi e dissolversi[5].

È la disgregazione che prelude a nuove concrezioni, al rinnovato 'incosmicarsi' della materia.

'*Intendo come segue: che Dio sia morto ab aeterno, ed eterna sia la condizione di irradiamento dei granuli dogliosi, e pertanto tutto sia, da sempre, immerso in codesta morte. Forse anche: la massa corposa delle cose, il tangibile universale, sintattico, renitente e diverso, altro non sia che detta granuleria versata e rappresa in formelle, e in queste condotta ad effimera consistenza, e intinta in anilina di anima o retorica (secondo le leggi consentono). Così la budinotecnica reggitrice di domus inguaina le gelatinose cioccolate in metallo di pesce infantile: e il pesce pretestuoso tremula su tondo biancore di terraglia; ma nuotare oh non saprebbe*'. [28]

'*siano gli oggetti presenza non umana, disumana più che umana, antiumana; coagulo di angoscia, da intendersi: o come conglomerati in vinavil di disperazione di granuli del diomorto (vedi sopra); o tocchi di grassa doglia ritagliati nella pinguedine della doglienza, con pressione di pollici demiurgici persuasi a nascere albero (con vocazione di bara o forca), metallo (coltello o cavaunghie), sasso (tumulto popolare represso nel sangue). A meno che non siano, simpliciter, tocchi del diomorto medesimo, macerato in decomposizione, odoroso di untume greve e nutriente. Dio come budino*'.[6] [51]

'*Grandissima emozione, incontrare nei cieli un'aureola d'unghia, e riconoscerla propria, e sulla fragile cheratina rintracciare, come su valva di conca o in ventre di albero resecato, le stigmate del viaggio, e i segni degli stupri d'amore patiti e inflitti; dei volti lacerati in orgasmi d'addio; sfiorati in spasimi di ritrovamento.*' [72]

Il catalogo di elementi minimi disseminati in *Hilarotragoedia* è folto. Ad un approssimato censimento, potrebbero essere iscritti nell'anagrafe degli *elementa materiei* i seguenti primordi.

|· '*L'ameba nonnina masticò il primo parvolissimo punto, il perlino minutissimo, il primo frantume di duro, indigeribile niente*' [24] ·||· '*E lì va mutandosi in pulviscolo di malizioso dolore, in granuli, pepe e spezie d'ambascia*' [25] ·||· '*Minimo fragmentum del disfatto Padre irraggiungibile*' [25] ·||· '*Irradiamento dei granuli dogliosi*' [28] ·||· '*Granuleria versata e rappresa in formelle*' [28] ·||· '*Granuli lavorati a scheletro, chassis, fanoni, corteccia e libro*' [28] ·||· '*Ed è costui tecnico che con nonio e verniero fa stima di granuli e angoli*' [34] ·||· '*Le microangosce, i minimi glomeruli di niente*' [34] ·||· '*Ma, se essa si depone come larva o ninfa o minimo ovo in commessure di cose idiote e inette*' [41] ·||· '*Sasso [tumulto popolare represso nel sangue]*' [51] ·||· '*Ape regina autofeconda di ogni minima larva di rinuncia*' [51] ·||· '*Sterile al seme balestrato dal niente*' [56] ·||· '*Incontrare nei cieli un'aureola d'unghia, e riconoscerla propria*' [72] ·||· '*Il sabba delle animule*' [75] ·||· '*E riscattato infine al destino suo proprio da un minimo incidente*' [83] ·||· '*E volteggiar per l'aria effimere colonie di batterii angosciastici*' [96] ·||· '*Taluni uomini giacciono in stato di interpunzione, minima, pregnante scansione, propriamente un non essere, che patisce e fa abitabile l'essere*' [101] ·||· '*E la domestica interpunzione, appena incarnata in brevissima goccia d'inchiostro*' [103] ·||· '*Cautamente mi scosto da quel microscopico gorgo di peccaminosità*' [103] ·||· '*Oh, una minima macchia, quali innumerevoli affollano assorbenti, fogli, scrivanie: un certo nerastro, aureolato di brevi raggi, come di minima esplosione*' [103-104] ·||· '*Ogni grano di dolore che così si faceva mio accoglievo con una sorta di letizia intellettuale,*

come indizio di vita vera' [115] ·||· '*Secoli sono occorsi perché questa macchina di carne e metallo inventasse se stessa, traesse dal proprio nulla la forza di disegnarsi, e occupasse infine con le proprie provvisorie membra, come di minimo pesce, un infinitesimo di universo. E di lì tumore o feto o perla o stalagmite, è concresciuta per autonome invenzioni*' [137] ·||· '*Si è lasciata catalogare dai frettolosi ispettori come granulo casuale, o esiguo disordine delle viscere universali, e mucillagine erratica*' [137] ·||· '*È il geometrico punto dell'Ade*' [139] ·|

Di taluni corpuscoli, immersi in '*universale decesso*' [33], Giorgio Manganelli segue divertito gli esiti ulteriori e remoti del ciclico processo di formazione e disfacimento del '*metamorfosizzato diomorto*' [28].

'*si risponde: improvvida delusione urge a segare burocrati, infantile rancuna a disseccare coniuge, concresciute attorno a granulo di non ucciso amore; e dal medesimo seme rigemmano gerarchi e amori coniugali; la ruota non si arresta, ci si incarna e reincarna e disincarna e si allunga a dismisura la perduranza dell'universo, che aspetta, sbadigliando, lo smistamento dell'ultimo capoccione di reincarnato amoroso, sensuoso e liscante, per catalogarsi sugli scaffali altissimi del niente*'. [43]

'... *ed ecco la mia mano abrenunciata incosmicarsi; dall'afrita trapassa in poltergeist, sakti, arcangelo; e oltre: dopo secoli si troveranno, le mie mani, in dotazione ad una qualche periferica nebula, o se le commerceranno serafini e cherubini; io morto, infine, un giorno, ignaro o meno, ritroverò le mie mani.*' [53]

'*E di lì, tumore o feto o perla o stalagmite, è concresciuta per autonome invenzioni, per auto concezione si è ingravidata, concependo e partorendosi arti, si è collaudata, volta a volta scartata o approvata, e infine, costituitasi in totale organismo si è lasciata catalogare dai frettolosi ispettori come granulo casuale, o esiguo disordine delle viscere universali, e mucillagine erratica; sulle sue esterne pareti han scritto «cesso», per ulteriore ludibrio vi hanno orinato sopra.*' [112]

Dopo l'iniziale cenno dedicato alla inconclusa [e inconcludibile] morte di Dio, il seguito del documento autografo accenna alla discesa dell'uomo verso l'Ade e all'informe folla accalcata in attesa nei rumorosi sobborghi dell'Ade stesso[7].

Tutti gli uomini sono degli apprendisti suicidi. C'è chi indugia il passo fatale: fluttua, si dimentica. E chi, invece, vede nelle cose una «giustapposizione di polvere»: ad ogni colpo blasfemo di clacson, già ascolta la tromba del Giudizio. Costui divide in vita la compagnia dei morti, dei non nati, dei misti di vita e di morte; e annota «gli scricchi compitati dai sassi, le smozzicate ragioni degli insetti le confessioni dei vegetali agonizzanti». I più esperti e coraggiosi tra noi raggiungono i sobborghi dell'Ade. In questo limbo, senza buio né luce, dove rochi, secchi temporali bagnano qualche muro

> *graffito di parole oscene, folle di uomini solitari vivono acquattati in tane o fessure, scavate nei sassi. Nella attesa del trapasso definitivo, i loro corpi si riducono a misere larve, cartilagini, appunti di spina dorsale, palpebre vibranti, lucciole. Ignorano i propri nomi, tollerano brevi e sommessi colloqui e, come in una dissimulata forma di culto, buttano le dita, i dadi o le carte, tentando il caso. Ma nessuno di loro ha mai varcato le porte dell'Ade. Quell'approdo felice, quel precipizio così a lungo sognato ci illude ancora una volta. Viviamo già nell'Ade, questo macchinoso universo.*

È descritta una strepitante teofanìa, un clamorante teatro sulla cui scena hanno al contempo corpo e voce [in comizio] sia lo scartocciato universo [*summa summarum*], in sfrenata discesa verso l'Ade[8], che l'Ade medesimo, sordo ineluttabile precipizio che s'approssima, mastica e inghiotte[9].

In ossequio ad un '*prenatale assioma*', anche l'uomo '*HA NATURA DISCENDITIVA*' [9]: percorre, per ingovernabile vocazione[10], una disordinata sibilante traiettoria discendente.

L'orizzonte che accompagna la smodata discesa verso l'Ade è informe e bislacco, accoglie una sterminata teoria di ordini e figure in 'gran travaglio', senza mai costituire riferimento fermo per alcuno.

> '*...l'omo è agìto da forza non umana, da voglia, o amore, o occulta intenzione, che si inlatebra in muscolo e nerbo, che egli non sceglie, né intende; che egli disama e disvuole, che gli instà, lo adopera, invade e governa; la quale abbia nome potestà o volontà discenditiva.*' [9]

La levitazione discenditiva è dunque l'andatura di ciascun uomo 'inabissante', lanciata in un intreccio di fischianti traiettorie '*di sempre più rapidissima rapidità*', ponderata e indagata da Giorgio Manganelli con gli strumenti propri della balistica discenditiva, 'interna' ed 'esterna' [22-23].

> '*... ché l'intero universo è così callidamente strutturato da fare di tutti i possibili movimenti questo solo sollecitante ed aperto, cattivante, anzi rallegrante, naturale, naturalmente rapido di sempre più rapidissima rapidità; onde si sibila per l'aria intendendo a ipotetico bersaglio, o teologico, o infernico, supernamente infimo, su quello convergendo la nostra natura magra e diffusa, come capovolto ventaglio di rette si monoaccentra in grafico prospettico.*' [9-10]

L'incontrastata '*levitazione all'ingiù*' [22], a cui l'uomo suo malgrado si consegna con incantata devozione, non è muta, bensì intonata, percorsa da 'correnti soniche'[11].

L'opera intera è mostra di una polimorfa e sfrenata 'espressione sonica'.

Il dispiegamento di invenzioni musicali è ingente e l'arsenale di sorgenti sonore esibito incessantemente dall'Autore, moderno grammatico di un suono invariabilmente granulare.

> 'Si considerino i momenti significativi e solenni della mia giornata. La «contemplazione odiosa», destinata a verificare l'inconsistenza dell'oggetto, salutarlo come giustapposizioni di polvere, inchinarsi alla morte, entelechia attuale del vivo; recezione dell'uomo come polvere fonetica, morte dinamica, affaccendato disfacimento.'[12] [103]

Hilarotragoedia è percorsa da un rumorìo indistinto e fuggente, da una incessante sottile macchinazione sonica che aziona timbri e riverberi inauditi: a fragilissime e sottili architetture microfoniche e remote microconcrezioni [micro-epifonìe] succedono roboanti invenzioni, estese tessiture soniche, risonanze amplissime mosse da una indecifrabile energia acustica [macro-epifonìe].

Di seguito, la proposta di un non esaustivo catalogo di microepifonìe e macroepifonìe.

> |· *'Un subitaneo urlare delle dieci delle venti dita'* [31] ·||· *'Un frastuono sardonico e rovinoso atterrisce la casa deserta, il cui silenzio è per il solito intaccato dal gemere di un rubinetto consunto da mani ormai morte'* [62] ·||· *'Declamai un vile, sintattico, benvenuto; senza orrore mi scopersi nella voce il metallico omaggio dello scherano'* [63] ·||· *'Non fosse il rado, secco scricchiolìo dei capelli e delle unghie in crescita ostinata'* [75] ·||· *'Si arroventa in esplosione plumbea che diteggia il didentro del tuo teschio'* [78] ·||· *'Borotalchi liturgici – le inette a sopravvivere! – che ninnò in imitazione di morte con la cantilena di affettuose laringi'* [87] ·||· *'Troverai la vocale fosforescente'*[13] [102] ·|

> |· *'al ruotare degli ingranaggi serafineschi'* [11] ·||· *'Hanno impastato di peli e deiezioni le tremule corde delle arpe celesti'* [26] ·||· *'Tenebre arcaiche, silenzi tombali, sono senza difesa contro il raschio di un'unghia, una lucciola'* [62] ·||· *'Talora umidi del segreto gemere di acque sotterranee, scricchiolosi, turbati da soffi di terra che smotta'* [90] ·||· *'Come alti risuonano intorno a me i superni stridii imperativi!'* [102] ·||· *'Empirei gracidii'* [104] ·||· *'Muove le sue bocche ed esofaghi di bestia immortale alla deglutizione dei cieli'* [139] ·|

Giorgio Manganelli fu un 'ascoltatore maniacale'[14], sorprendente sperimentatore e organizzatore sapiente del suono.

> 'Mentre scrivo, la stanza, la casa, la città e la regione, pacifiche e ordinate, sono immerse in un flusso di fonemi mostruosi. Ma io ho infranto il centralino della mia anima, non ascolto, non voglio più ascoltare.' [102]

> 'L'interruttore si collega fulmineo ai campanelli dell'Ade, dalla strada un clacson blasfemo fa il verso alla tromba del Giudizio, il mio cappello è vitandus...' [103]

> 'Ma, allora, ci sarà un altro punto che si è arrogato il segno +? È il geometrico punto dell'Ade il tribuno che bercia e demagoga a squarciare della sua vociaccia la pace disonesta, fascistica, dei cieli?' [139]

L'evocazione di un suono [o di un silenzio] è espressione di potente astrazione, incantamento, tentativo di *'abolizione del significato'*[15].

Le divagazioni e le fantasmagorie soniche, le macchinazioni e i dispositivi fonici innestati in *Hilarotragoedia* operano come 'depositi d'astrazione', congegni onirici pulsanti o elementi di 'senso-sonico' intorno ai quali Giorgio Manganelli conduce una ricerca essenzialmente timbrica[16], animata da una strenua volontà di ascolto, da bramosia fonoide.

> |· *'Inospite ed irto, io vivo in una gibigianna di tetri prodigi; fuggo le voci registrate dei vivi, indugio in gutturale conversazione con i fiati biascicati, i rochi ronzii dei pelurosi imperfetti; i non nati, i non morti, i misti di vita e morte; annoto gli scricchi compitati dei sassi, le smozzicate ragioni degli insetti, raccolgo le confessioni dei vegetali agonizzanti'* [62] ·||· *'Allettato dalla colta pornofonìa della mia voce'* [63] ·||· *'Ora appena, dopo enne per enne ere si è dilatato appena il viscere nebusolico, e gli si è arrochita la voce; e questi minimi indizi dà in offa alla propria implacata brama di morire'* [77] ·||· *'Meditano i borborigmi, come per cibo recente, del cielo coniugale, temporalante, il fiato caldo, con cocciuta attenzione; compitano tuoni, vocalizzi di serpenteschi fulmini biforcuti, palatalizzano tremuoti; vista patetica, di costoro aggrembati e intenti'* [86]·|

Che si tratti di una impensata teofonìa [*'Registrano sugli intimi nastri del grundig eterno la voce del dio ciclotimico'* (66)], di una vocalica germinazione intestina [*'Nasali lamentazioni autobiografiche, i corrucci lirici e allusivi'* (62)] o di riverberi che progrediscono sbrigliati in vastità insondabili [*'appena insufflato flatus de coelo'* (24) e *'I soffi sotterranei delle clandestine divinità'* (93)], la facoltà d'ascolto è esercitata dall'Autore con esuberanza ed estrema precisione, impiegando 'protesi' e apparati fonici inediti.

> *'Adipe in corsa, sferzato sulle natiche di nonno dalla pronuncia dialettale degli altoparlanti'* [46]

> *'E dunque, nella notte perfetta della tua anima, nel traccheballacche del tuo cervello sonoro e secco, che sentenzi e concludi, cornuto?'*[17] [48]

> *'Orecchie deformate a larghi imbuti di vetro, manovrate a cogliere i sussurri dell'Ade'* [96]

Pare sia rivolto l'invito ad attraversare il testo [e le trame timbriche in questo intessute] elaborando ipotesi soniche e ideando un equipaggiamento [attrezzature, strumenti ed automi] che consenta di cogliere e discriminare il polverulento rumorìo del Cosmo e della precipitante folla di adediretti

Forse ci si potrebbe addentrare in *Hilarotragoedia* attrezzati di scandagli a caduta libera per biascichii poggiati in trista conca, buratti per pagliuzze vocaliche, frulloni e setacci per strattonati granelli fonici e arcaiche parafonìe, inneschi per sibili e zufolamenti, CATAFONI[18] per monologhi e concertati rumusculi, generatori di impulsi.

Così attrezzati, ingegnarsi 'manovratori' della parola, vibrato e labirintico simulacro [o *'congegno aereo'* frullato in aria come *'labile macchina'*[19]], senza trascurare una sinistra avvertenza dell'Autore: *'ti esploderà ben altro della morte ridarella.'* [43]

Note

[1] Ove non diversamente precisato, i brani e i frammenti riportati nel presente intervento sono tratti da Giorgio Manganelli, *Hilarotragoedia*, Adelphi, Milano, 2001.

[2] *'È questione di galassie, del / Grande Imprenditore: / Straccialo coi denti. Mangialo'* in Giorgio Manganelli, *Poesie*, Crocetti Editore, Milano, 2006, 167.

[3] Maria Rosa Bricchi, *Manganelli e la menzogna*, Interlinea, Novara, 2002, 81-82.

[4] Anche in *'Angoscia estatica e conclusiva'* l'Autore descrive l'Origine.

'Gravida si gonfia per i cieli la tracotante nebulosa; la decompone una lentissima ira; si disgrega e da secoli il mignoletto cosmico si sforza di perdere di vista l'opposto coccige, ma hai voglia a pedalare pei cieli; ora appena, dopo enne per enne di ere si è dilatato appena il viscere nebusolico, e gli si è arrochita la voce; e questi minimi indizi dà in offa alla propria implacata brama di morire.' [77]

Al processo di formazione della materia è attribuita una esatta andatura [mossa da *'lentissima ira'*] e una precisa qualità timbrica [la voce arrochita della *'tracotante nebulosa'* indica con evidenza una 'diminuzione' granulare e polverosa della voce stessa, uno strepito].

[5] L'uomo, altrove definito dall'Autore *'polvere fonetica'*, non sfugge al rovinoso divenire del Cosmo.

'Tu, chiuso nell'angusto abitacolo di un universo infinito, abiti una bolgia, donde, più tardi, fatto immoto e terroso, passerai ad altra bolgia a ciò deputato.' [78-79]

'Piamente sgomento, contemplavo l'intrinseco disfarsi dell'uomo istantaneamente abbronzato dallo splendore negativo della macula radiosa.' [104]

[6] Sono numerose le forme e concrezioni che l'Autore 'libera' nel cosmo di *Hilarotagoedia*. Di seguito, alcune figure e aggregazioni, in taluni casi caratterizzate da una chiara 'attitudine' sonica.

·‖· *'Sciami di singulti con magliette a strisce'* [45] ·‖· *'Esplosione discinetica di dita crocchianti agli addii'* [45] ·‖· *'A frotte, affettuose, le mosche consanguinee si agglomerano al*

> *liquame fatto immune da onta di sesso, grazie denegate, disorientamento ideologico*' [46] ·‖·
> '*E infine scompaia in una aureola di parolacce*' [46] ·‖· '*Non verità perdute, ma melodie che discorrono di genitali coperti di spinaci in notti di luna mestruale*' [41] ·‖· '*Sul corpo, infissi in cispe e gromme, staranno aggregati ciuffi di occhi, viziosi tutti, miopi, ipermetropi, astigmatici e daltonici*' [61] ·‖· '*Aggregato di selce e scorpione*' [62] ·‖· '*Lì gli esseri umani si agglomerano, di rado in più d'uno in una sola tana; vi si infilano, ivi apparecchiano il loro triste cibo, ivi giacciono, acquattati sul fondo, tra spuntoni e sassi, e di lì, infine, muoveranno un giorno all'ingresso dell'Ade*' [90] ·‖· '«*Umano*» *sarà l'agglomerato di visceri violacei che si trascina per le piane del quattordicesimo pianeta di Aldeberan.*' [95] ·‖· '*Grandissima cosa, ma non spietata, anzi sensata, e forse duramente amorosa, la macchinarda dal suo loco negativo protrude lentissimo, secolare tentacolo; e l'errore, il non previsto, si insinua in quegli altri superni ingranaggi*' [137] ·|

[7] La 'galleria' di minimi mostrata da Giorgio Manganelli per rappresentare il 'trapasso' dei soggiornanti nei sobborghi dell'Ade esibisce figure informi o schegge: '*misere larve*', '*cartilagini*', '*appunti di spina dorsale*', '*palpebre vibranti*' e '*lucciole*'. Tali creature inconcluse *[immemori del proprio nome e destinati a 'minimi' colloqui]*, sono a loro volta costrette in desolanti e angusti 'luoghi minimi' *['tane' e 'fessure']* e condannati a tentare il caso con 'minimi' arnesi cultuali *['dita', 'dadi' o 'carte']*.

[8] La 'natura discentiva', inestirpabile attributo dell'uomo, è altresì cifra essenziale dell'universo, rovesciato in una rumorosa discesa.

> '*E dunque vedetelo, quest'universo consapevole, illuminato, saggio di collettiva saggezza, scendere, in fasto di torme e violini, a gloriosa levitazione; ed al risolversi del tutto nel musicale, coreografico (cosa da luna-park) suicidio, ha pace, nel gran letto smanioso, Iddio, tra il sudore rafferno delle solitarie, piatte lenzuola.*' [28-29]

[9] Giorgio Manganelli riserva ai diversi [inadempienti] tentativi di definizione dell'Ade l'ultima parte di *Hilarotragoedia* [133-143]. L'Autore esamina indizi e reperti rinvenuti nell'opera, formula ipotesi, anche contraddittorie, e avanza interpretazioni. Tra queste, a mero titolo esemplificativo, si riportano le seguenti, possibili, definizioni del luogo geometrico chiamato 'Ade'.

> '*Immaginiamo questo come una gran cosa combinata parte di macchine e parte di membra, di ingranaggi e unghie, gronde, e graffe, e zanche, e branche, e palpi, e chele, e cianche, metallici, cheratinizzati, carnosi, inossidabili, efficienti e passionali.*' [137]
> '*Pensa infatti taluno che l'Ade possa essere una sorta di animalone, grande a sproposito, in cui vada via via entrando il mondo, riducendosi a bolo alimentare; che la bestia, con mascelle infinite, pazientemente ustioni le larghe e tenere labbia con le galassie che ingoia come biada; che mastica, impasta e insaliva, e gusta ghiottamente, come piene di letterature e divinità; e lavi e intacchi con gli intimi succhi, efficaci e solenni; e infine defechi in blocchi di mirabili feci che fecondano la novale universale, donde sorgeranno altri astri e costellazioni, affinché il mite bestione le inghiotta, assimili, defechi.*' [141]
> '*L'idea che l'Ade sia escremento ci riporta ad altra, già adombrata teoria: che esso sia un quid che non c'è; nel firmamento solido, il buco; attivo orifizio, come quello, assurdo, che si disegna al centro dell'acqua in movimento, che pare debba inghiottire fiume e mare, sebbene esso propriamente sia un non esistere*'. [142]

[10] '*Si noti come questa vocazione discenditiva si essempla nel nostro corpo, fusiforme verso i piedi, come si addice a ordigni di scavo, quali sono le talpe dei talloni, con che a noi medesimi*

scaviamo la tomba in amica argilla; a trivella ci attorcigliamo dall'ombelico in giù, con quale breve e autonomo cavicchio del membro e, oltre, l'alluce da trifola tenta al terra terragna cui inabita il tartufo del diavolo, e vi apre unghiata in abisso.' [10]

[11] Le evocazioni soniche e foniche non sono legate ad un suono sperimentabile; l'Autore predilige la frequentazione di un dominio onirico ed allucinatorio del fenomeno acustico, elaborando congegni sonici astratti, immateriali: '*conversevole litopedio*' [10], '*venta su per le gonne il fiato delle bestie zodiacali*' [11], '*disperse ecolalie d'infanzia*' [14], '*tumulto dei mattoni*' [15], '*ringhierà simulati rimbrotti*' [15], '*porgerà orecchio, sollecito sindacalista delle umane angustie, a rivendicazioni e lagnanze*' [15], '*teologica botta*' [18]. Può accadere che il TIMBRO impresso all'azione scenica non sia qualificato espressamente, ma ancorché mediato, si formi senza difetto e con ancor maggior incisività se portato in voce ed intonato con vivace dinamismo.

'*... ma brevemente si consideri il gesto di chi si dirupa, si esplode, si disentragna, si scavezza, si scinde per bisturi di treno, di incianura e incianotica, si ciancica e disfa, si appende a ricordevole cappio, si scalca di efficiente coltello...*' [20]

[12] Quale precipitante nube di polvere fonetica, si potrebbe non infondatamente avanzare l'ipotesi di una rifigurazione testuale di *Hilarotragoedia* per la quale l'uomo abbia natura 'FONOdiscenditiva' e il moto di discesa verso gli accentratori sobborghi dell'Ade impresso a ciascuna traiettoria determini intrecci sempre più fitti, sino a costituire fasci sonici in caduta.

[13] La '*vocale fosforescente*' è un corpuscolo sonico, un primordio della materia certamente annoverabile tra gli *elementa* di cui si è più sopra costituita una prima anagrafe. Con riferimento alla '*vocale fosforescente*', affiora il cruciale tema dell'atomismo linguistico [e della fermissima condizione di reversibilità tra *elementa vocis* ed *elementa mundi*]. A tal riguardo, si considerino anche l'espressione '*sgrammaticato universo*' [133] e il frammento '*Ecco una grafia nerobianca per l'aria tener luogo di anima; e passeggiare un ideogramma che fu uomo di impetuosi e vanissimi amori*' [96]. Per un approfondimento circa le corrispondenze tra le leggi della Grammatica e il funzionamento del Cosmo, si rinvia a Ivano Dionigi, *Lucrezio. Le parole e le cose*, Patron Editore, Bologna, 2005.

[14] Paolo Terni, *Giorgio Manganelli, ascoltatore maniacale*, Sellerio Editore, Palermo, 2001.

[15] '*Esiste una specifica invidia dello scrittore verso il musicista che è l'invidia di una ... di una condizione particolare che a lui sembra infinitamente più libera e più inventiva, più naturalmente fantastica. E qui vorrei proprio premettere due parole su uno dei problemi che lo scrittore ha di fronte a sé. Lo scrittore ha il problema di scrivere adoperando qualche cosa che si può presentare e descrivere come un significato e deve contemporaneamente liberarsi del significato. È questa macchinazione che porta all'abolizione del significato conservandone la struttura in qualche modo [...] questo è il tema più angoscioso diciamo del letterato*', in Paolo Terni, op. cit., 45-46.

[16] Per TIMBRO deve qui intendersi non solo l'impronta di un suono o di una voce, bensì anche il moto recondito che ne plasma la sembianza, una sorta di ANTECEDENTE, di intenzione vibrante.

[17] Il 'triccheballacche' è uno strumento tradizionale delle regioni meridionali d'Italia. È formato da tre martelletti [battenti] fissati in un telaio. Il suono è prodotto facendo battere i martelli laterali contro il battente centrale, che è fisso. Allo strumento sono sovente aggiunti dischi metallici, sonagli e campanelli.

[18] Il catafono è un 'invisibile' apparecchio amplificatore; comprime e trattiene il pulviscolo fonetico [o fonoderma] che avvolge l'uomo, il '*catalievitante*' [33].

[19] '*Così è l'orecchio, dentro, dove l'aria, comunque penetri e avanzi trova il luogo dove modulare e macinare temperature, sibili, rumori, sensazioni, e infine parole, cioè congegni aerei, labili macchine, invisibili, impalpabili, eppure capaci di muovere la nostra vita*' [Emilio Villa, Visita alla Termomeccanica, in Civiltà delle macchine, IV, numero 6, 1956, 49].

Beppe Cavatorta

E il romanzo?... Non pervenuto. Parole 'color nostalgia' a proposito del romanzo neoavanguardista

> *La fatale e conclusiva crisi mi era stata annunciata da eventi di clandestina portentosità: ad essi mi ero inchinato, li avevo annotati, diligente scriba dell'invisibile.*
>
> G. Manganelli, *Hilarotragoedia*[1]

> *Si capisce subito quanto siano scarse le risorse drammatiche di una formula siffatta: impedito l'incontro fra l'uomo e la realtà, preclusa la possibilità di un vero dialogo fra i personaggi, il tutto tende ad esaurirsi in soliloqui ed effusioni liriche.*
>
> L. Pignotti, *Una forma di lotta*[2]

> *Mio Dio, mio Dio! da tanto tempo desideravo cominciare uno scritto con questa inutile invocazione. Ed ecco, almeno questo avrò fatto.*
>
> T. Landolfi, *LA BIERE DU PECHEUR*[3]

Rileggendo oggi il volume che raccoglie gli atti del secondo raduno del *Gruppo 63*, datato 1965 e specificatamente indirizzato a sondare lo stato del romanzo, sia attraverso una ricognizione sulle ultime prove messe in campo in chiave sperimentale sia attraverso una discussione che provasse a identificare perlomeno i percorsi ritenuti vitali di un possibile nuovo modus operandi in ambito narrativo, ci si rende conto che l'ipotesi di tratteggiare una linea capace di accompagnarci attraverso l'incredibile varietà dei prodotti risultasse allora, e per certi versi ancora oggi, una chimera. Nondimeno, essendone passati quasi cinquanta di anni, ci si aspetterebbe che la critica provasse a interrogarsi seriamente sul romanzo sperimentale di quegli anni, partendo dai testi, unico vero strumento in mano al critico letterario, e non da posizioni che nel corso degli anni sembrano essersi cristallizzate, né tantomeno da scrittori o romanzi che, a torto o a ragione, hanno occupato con la loro presenza, a volte certo troppo ingombrante, tutti gli spazi della critica sulla narrativa sperimentale.

Si tratterebbe semplicemente di attivare una duplice opera di sdoganamento: quella del critico e, naturalmente, quella dei testi. Sorprendentemente, forse più facile quest'ultima da attuare che non la prima, grazie soprattutto alla nascita continua di nuove case editrici e, dati i progressi della tecnica, alla riduzione dei costi di stampa. Eppure non dovrebbe essere così arduo neppure il lavoro di chi scrive sul romanzo sperimentale poiché le porte per una critica che faccia del testo il protagonista dell'analisi letteraria sono spalancate ormai da anni: risulta quasi imbarazzante dover ricordare nuovamente la lezione di Luciano Anceschi secondo cui è proprio dal testo che si deve arrivare al poeta, alla sua poetica e non viceversa:

> Solo guardando al modo con cui uno scrittore organizza i dati dei suoi pensieri e delle sue emozioni e, in questa organizzazione, alla particolare qualità della letteratura di cui si e servito noi coglieremo il suo vivo significato. Così il criterio fondamentale di una critica stilistica quello di muovere, sì, dall'esame dello stile; ma per risalire "a tutto il poeta," a tutti i suoi complessi motivi.[4]

Quasi perfettamente sovrapponibile a quella di Leo Spitzer, con la sua profonda fiducia nell'analisi testuale, strumento d'elezione in grado di far parlare qualsiasi testo letterario:

> Il mezzo più sicuro per arrivare ai centri emotivi di scrittori o di poeti (non dimentichiamo che essi, prima di scrivere, parlano interiormente) è quello di leggere e leggere i loro testi, con vigile attenzione rivolta alle peculiarità che sorprendono nel loro linguaggio. Se si riuniranno varie di queste osservazioni linguistiche, sarà certamente possibile ridurle ad un comune denominatore e stabilirne allora i rapporti con lo stato d'animo dell'autore studiato. Di più, si potranno mettere in adeguata relazione con l'architettura dell'opera, con il suo processo di elaborazione e perfino con la visione del mondo che quell'opera ha in proprio.[5]

Ma, vista la tenacia delle incrostazioni critiche da cui il romanzo neoavanguardista sembra incapace di liberarsi, visto il preoccupante dilatarsi dei "cultural studies" in cui spesso è proprio la teoria, la poetica a essere applicata al testo (da cui ne consegue l'anti-filologismo latente di questi ultimi anni), forse non è del tutto fuori luogo. Non si tratta, tuttavia, unicamente di un problema d'approccio. Non possiamo, infatti, dimenticare che se la neoavanguardia faceva paura all'*establishment* letterario ad essa contemporaneo, sembrano esserci chiari indizi che continui a farlo ancora oggi se in numerose delle antologie poetiche più recenti non si fa altro che limitarla a un incidente di percorso piuttosto che momento di rottura fondamentale per tutta la letteratura di ricerca a venire e, in molti casi, a quella ad essi contemporanea.[6] E persino in riviste non letterarie, come *L'espresso*, o in quotidiani, come *Il giornale*, quasi in contemporanea e in coincidenza con il cinquantesimo anniversario della fondazione del Gruppo '63, si è rivelata senza veli la pervicacia con cui si continua ancora a demonizzare il neo-sperimentalismo di casa nostra. Per il settimanale, si è trattato di uno sproloquio di Eugenio Scalfari, che tradisce immediatamente la propria ignoranza, come vedremo poco più avanti, riguardo ai romanzi di area neoavanguardista, non solo da un punto di vista contenutistico ma anche quantitativo:

> LA NOSTRA NEO-AVANGUARDIA invece non ebbe alcun risvolto apprezzabile per quanto riguarda il costume; le sue rotture furono soltanto culturali ma, casino a parte per usare le parole di Eco, il solo risultato fu quello di sottolineare la crisi del romanzo che rivendicarono come loro merito mentre, a parer nostro, misero in evidenza un fatto già accaduto da tempo per effetto di tutt'altre cause. [...]. Prese di mira quasi tutti i romanzieri di allora, specialmente Carlo Cassola e Giorgio Bassani ma anche Riccardo Bacchelli e i poeti "laureati". Perplessi ma fondamentalmente critici nei confronti di Alberto Moravia e di Pier Paolo Pasolini, dei loro contemporanei salvarono soltanto Carlo Emilio Gadda. Non produssero opere e del resto la loro "filosofia" o poetica che dir si voglia, aveva promulgato canoni che rendevano di fatto impossibili opere compiute: predicavano che le parole avevano un senso solo in quanto singole parole e se fossero servite a costruire frasi quel senso sarebbe andato perduto. Avevano, coerentemente con quel presupposto, abolito la punteggiatura, non c'era punto, non c'era virgola, non c'era capoverso o capitolo. Spazi bianchi, quelli sì, ma non per marcare un ritmo, una metrica, ma per disegnare sulla pagina una geometria fatta di parole anziché di linee, di cerchi, di triangoli.[7]

E se si volesse perdonare al giornalista Scalfari, di essersi avventurato in territori a lui poco consoni, che dire di Giuseppe Conte che, poeta i cui inizi erano stati indissolubilmente legati allo sperimentalismo neoavanguardista,[8] tuona oggi dalle pagine del quotidiano milanese parole di fuoco contro la vuota faziosità dello neo-sperimentalismo italiano con parole, le sue sì, vuote, in un articolo che sembra più un attacco personale verso il critico romano Andrea Cortellessa[9] che altro:

> Dopo mezzo secolo, restano soltanto rottami di tutto quel vortice di idee, allora così contagiose, oggi così inutili. Si può ancora leggere qualcosa di Sanguineti, poeta suo malgrado, Manganelli, a chi piace, con il suo virtuosismo nichilista e barocco che stranamente andava bene a tutti, dalla neoavanguardia a Citati, Balestrini con il suo *Vogliamo tutto*, romanzo che documenta con forza una stagione politicamente sbagliata. Balestrini si pensò come il rivoluzionario del Gruppo 63, che si scisse proprio sotto l'onda d'urto del Sessantotto: ma la sua poesia è rimasta conservatrice, legata pervicacemente ai cliché degli anni Sessanta. [...] Del Gruppo 63, alla fine, rimane soprattutto l'esempio della abilità a sollevare polemiche faziose e sopraffattorie, come quella scatenata contro Cassola e Bassani, e a occupare manu militari un grande spazio

nella geografia del potere culturale italiano. Penso ad Angelo Guglielmi direttore di RAI3, dove si annida ancora qualche suo nipotino. Ed è questo esempio che periodicamente, in un paese passatista, di letterati conformisti che aspirano a «quattro paghe per il lesso», oggi diremmo forse per il sushi, spinge qualcuno a fare al Gruppo 63 una penosa rianimazione bocca a bocca, una oscena irrumatio al cadavere: come il Gruppo 93, e recentemente i cosiddetti TQ e il loro corifeo Andrea Cortellessa. Ma la letteratura è sempre anarchicamente allergica al potere. [...] Io, dopo che ebbi studiato e attraversato tutta la neoavanguardia dal di dentro, mi ribellai subito ai suoi diktat. Mi ripresi il diritto di parlare di mito, di sacro, di natura, di eros. Oggi ricordo ancora la bella estate del 63. Il Gruppo 63, invece, l'ho da tempo completamente archiviato.[10]

Appurata, dunque, la cortina fumogena che si perpetua ormai da un cinquantennio e risultante in un costante depistaggio nei confronti della neoavanguardia, e a maggior ragione del romanzo sperimentale (la poesia anche grazie a *I Novissimi*, respira un'aria migliore), sarà il caso di mettere le carte in tavola in modo definitivo. Intorno al convegno si registra, infatti, un'uscita imponente di opere che rientrano a pieno titolo in questa categoria e che spazzano via istantaneamente le illazioni relative all'assenza di prodotti narrativi neoavanguardisti. Anche se ci si limitasse al periodo che va dagli anni immediatamente precedenti l'incontro del 1965 e il 1968, si potrà notare che tra il 1961 e il 1964 erano usciti, tra gli altri, oltre al *Capriccio* sanguinetiano, *Ferito a morte* di Raffaele LaCapria, *L'allenatore* di Salvatore Bruno, *Rodrigo* di Massimo Ferretti, *Hilarotragoedia* di Giorgio Manganelli, *L'oblò* di Adriano Spatola, i *Fratelli d'Italia* di Alberto Arbasino e il volume *La scuola di Palermo*, in cui erano raccolte tre prove narrative: *Principessa Montalbo* di Michele Perriera, *Contrappunti* di Roberto Di Marco e *Società per azioni* di Gaetano Testa. Leggermente più folta la schiera negli anni successivi: sono, infatti, del 1965 *Il gazzarra* di Massimo Ferretti, del 1966 il *Tristano* di Nanni Balestrini, *Il grande angolo* di Giulia Niccolai, *L'orizzonte* di Carla Vasio, *Il serpente* di Luigi Malerba e *Fughe* di Roberto Di Marco, del 1967 *Partita* di Antonio Porta, *Il parafossile* di Giorgio Celli, *Una forma di lotta* di Lamberto Pignotti e *Il gioco dell'oca*, secondo romanzo di Sanguineti; e poi ancora *5* di Gaetano Testa, *Salto mortale* di Malerba e *Il romboide* di Michele Perriera del 1968.[11]

Quello che si può lamentare è che, anche durante il suo pieno boom editoriale, sullo sperimentalismo narrativo degli anni Sessanta, tolti i "soliti noti" Sanguineti, Arbasino, Manganelli, Malerba e Balestrini, gli interventi critici, già minimi nell'immediato dell'uscita in libreria, quasi scompaiono. La geremiade esplicita nel titolo di questo intervento è indirizzata, quindi, non certo alla mancanza di pubblicazioni di opere narrative da parte del gruppo, quanto all'attenzione critica verso lo stesso, che ancora oggi stenta a decollare.

Qualche passo, tuttavia, lo si è recentemente cominciato a fare soprattutto in Italia, nonostante chi si occupi intelligentemente di neoavanguardia resti parte di una minuscola "fazione": *Con onesto amore di degradazione: romanzi sperimentali e d'avanguardia nel secondo Novecento italiano*[12] di Luigi Weber, *Prose dal dissesto: antiromanzo e avanguardia negli anni Sessanta*[13] di Massimiliano Borelli e *Il nuovo romanzo. La narrativa d'avanguardia nella prima fase della postmodernità (1953-1973)*[14] di Federico Fastelli sono tre studi che si muovono nella giusta direzione. Negli Stati Uniti, dove invece brulicano le pubblicazioni legate alla neoavanguardia italiana, spesso curate da studiosi serissimi che hanno proposto e continuano a proporre studi di alto livello, le dolenti note arrivano, quasi senza eccezione, quando si tratta della narrativa sperimentale. Uno dei casi più eclatanti rimane quello di *Neoavanguadia: Italian Experimental Arts in the 1960s*[15], volume uscito per la University of Toronto Press, una tra le più prestigiose case editrici universitarie americane, e in generale un ottimo strumento per sondare lo sperimentalismo italiano degli anni sessanta anche grazie all'apertura verso territori lasciati spesso inesplorati (penso soprattutto ai rapporti tra musica e neoavanguardia, architettura e neoavanguardia, design e neoavanguardia). Ma per il romanzo è tutta un'altra storia, e a un'intelligente analisi di Rebecca West de *Il grande angolo* di Giulia Niccolai, si contrappone un capitolo incentrato sul romanzo sperimentale *tout court*, in cui quando si va aldilà di ciò che si è convenzionalmente preso per buono per anni, lo si fa suggerendo ipotesi e strade che a mio avviso non possono far altro che ulteriormente depistare chi si voglia dedicare al romanzo neoavanguardista (un contrasto tra contenutisti e formalisti tra i romanzieri sperimentali, *Memoriale* di Volponi elevato a capostipite della sperimentazione sul romanzo, oltre all'accostamento a mio vedere oltraggioso tra *Il Tristano* e *Vogliamo tutto* di Nanni Balestrini, due romanzi che aldilà di condividere il nome dell'autore hanno veramente poco o nulla a che fare l'uno con l'altro).

La situazione del romanzo, insomma, ricorda un po' quella di tanti altri testi e altrettanti autori a dir poco bistrattati dalla critica letteraria che spesso agisce, anche se in maniera più sottile, con la stessa efferatezza e con la stessa efficacia della Sacra Rota nel cancellarne le tracce, per le più svariate (e sbagliate) ragioni. Mi permetto qui un aneddoto di cui ho già parlato in altra sede,[16] ma che rivela, in tutta la sua clamorosa miopia critica, l'attenzione con cui per anni si sono letti (o non letti) testi ed autori difficili da maneggiare e quindi da collocare sotto l'egida di una qualsivoglia etichetta letteraria. Il salto non sarà, comunque, di quelli che ci portano lontano dai territori qui scandagliati, trattandosi, infatti, di un'"atrocità critica" commessa ai danni de *Il ricordo della basca* di Antonio Delfini, uscito nel 1936 e quindi in forma definitiva, con l'aggiunta di quel gioiellino che è l'introduzione d'autore al volume, nel 1956, testo che a ben vedere rientra perfettamente nella sfera della sperimentazione letteraria in ambito narrativo.

Chi ha avuto la possibilità di leggerlo certamente ricorda che il volume si chiude con il racconto che dà il titolo alla raccolta e che lo stesso termina con un testo poetico che per più di quarant'anni è stato considerato scritto in una lingua inesistente inventata da Delfini, articolante parole senza senso, a loro volta costituite di sillabe accostate a caso, avvolto nel mistero che la reticenza delfiniana a parlarne contribuiva ad accrescere.[17] Ebbene, si dovrà attendere il 1990, quarantaquattro anni dopo l'uscita dell'edizione definitiva e sessantaquattro anni dopo la prima uscita in volume, affinché Giorgio Agamben, coadiuvato da una specialista di basco, arrivasse a svelare la vera natura di un testo poetico che chiude un racconto intitolato *Il ricordo della basca*, tutto giocato sull'incontro tra il narratore ed una bambina basca, incluso in una raccolta intitolata *Il ricordo della basca*: una *cobla* in purissima lingua basca.

Sarebbe forse esagerato affermare che a tutt'oggi alla narrativa sperimentale degli anni sessanta si sia guardato con la stessa attenzione, ma se si mette in conto il divario tra la ricchissima varietà di prodotti e la produzione critica sugli stessi non credo si possa essere tacciati di disfattismo. E a sostegno di questa mesta constatazione, vorrei ricordare che quando nel 1992 la casa editrice fiorentina Ponte alle Grazie ristampa *Il gazzarra* di Massimo Ferretti dimenticando di comporre le ultime tre pagine e facendo dunque uscire il libro in forma mutila, nessuno se ne accorge.

Le ragioni dietro l'*impasse* critica sul romanzo sperimentale sono molteplici, spesso specifiche a singoli autori e/o testi, a volte incomprensibili, ma anche senza scadere nel lecito sospetto che spesso si sia verificata per questioni "politiche" legate a questa o quella camarilla letteraria, se ne possono identificare alcune che, come per il più classico degli autogol, sono frutto indiretto proprio di quel lontano convegno del 1965 (e anche della critica sperimentale di quegli anni) e che possono essere applicate all'intero corpus narrativo neo-sperimentale.

Già nel 1960, su *il Verri*, Renato Barilli aveva messo in chiaro, la posizione del gruppo verso la narrativa italiana del secondo dopoguerra:

[u]n discorso sulla narrativa italiana del dopoguerra muove necessariamente, per quel che ci riguarda, dalla dichiarazione di un'insoddisfazione radicale, totale, coinvolgente, che quasi non lascia luogo a eccezioni e a recuperi; per chi scrive queste righe non vi può essere dubbio: essa è tutta "sotto" un certo livello di decenza e di consapevolezza, quale può essere richiesto da un pubblico moderno.[18]

Un giudizio forte, caratteristico di anni dove due modi e due culture si scontravano in campo aperto, ma che allo stesso tempo portava con sé determinate conseguenze: infatti, se da un lato riusciva sì a mettere in chiaro la distanza che si richiedeva tra la narrativa degli ultimi 25 anni e quella dei nuovi sperimentatori, dall'altro, precludeva la possibilità di ritrovare all'interno della tradizione letteraria italiana i semi della nuova sperimentazione offrendo oltretutto il fianco ai contrattacchi della controparte, che accusava la mancanza di prodotti su cui potersi confrontare.[19] Fa un po' specie, infatti, ritornare sugli atti di quel convegno e verificare l'assenza totale, con la sola eccezione di Carlo Emilio Gadda, se non proprio di un riconoscimento almeno di un accenno a una tradizione sperimentale narrativa nostrana che, se non nelle intenzioni, certamente negli strumenti, ha informato copiosamente la narrativa sperimentale degli anni sessanta. E ai nomi a cui ho fatto riferimento nel passato, Dossi, Marinetti, Corra, De Chirico, Savinio e Delfini su tutti, saranno da aggiungere perlomeno quelli di Tommaso Landolfi (se è del lontano 1936 l'esordio con *Dialogo dei massimi sistemi*,[20] *Rien va*[21] esce nello stesso anno del *Capriccio*) e di Antonio Pizzuto, il cui distacco dalla narrativa tradizionale, inizialmente intrapreso attraverso un sottile logoramento degli elementi portanti del racconto e il costante rifiuto di sottostare alle leggi dell'unità di tempo, è già evidente tra la fine degli anni cinquanta e i primi anni sessanta (*Signorina Rosina* del 1956, *Si riparano bambole* del 1960 e *Ravenna* del 1962)[22] per poi impennarsi, esponenzialmente, arrivando alla formulazione di un personalissimo flusso linguistico (che non ha niente a che fare con il flusso di coscienza joyciano del sovrapporsi di stati di coscienza) tutto teso alla rilevazione del continuo rifluire dei dati, delle cose (*Paginette* del 1964, *Sinfonia* del 1966 e *Testamento* del 1969).[23] Silenzio totale anche sulle peripezie linguistiche dell'*Orcynus Orca* di Stefano D'Arrigo di cui nel 1960 erano già usciti su un numero del *Menabò* due capitoli abbastanza rivelatori.[24]

Ma l'eliminazione di una qualsiasi genealogia letteraria sperimentale nazionale aveva comportato sia l'impossibilità di trovare una risposta "esemplificatrice valida" alle richieste del cosiddetto *establishment* sia la pressante necessità di mettere in campo prodotti in grado di rappresentare percorsi alternativi al romanzo tradizionale. E in risposta a questa urgenza io credo si possano trovare le ragioni per il boom editoriale del romanzo targato "Gruppo 63" sostenuto anche da un cospicuo numero di poeti che raccolgono il guanto della sfida narrativa per poi rientrare immediatamente o quasi, con l'eccezione del solo Balestrini, alle sperimentazioni poetiche. Vista l'eterogeneità dei romanzi sperimentali, bisognava però anche trovare il cavallo di battaglia su cui puntare e la scelta, non a caso, cade su *Il capriccio italiano* di Sanguineti, presentato in maniera enfatica come il primo romanzo italiano capace di far rientrare di diritto la nostra narrativa nel secondo novecento. Il battage che accompagna *Il capriccio* è veramente impressionante, finanche sfacciato: dalla critica, con in prima fila Renato Barilli,

> il *Capriccio italiano*, in altre parole, fa "voltar pagina" alla narrativa italiana, la introduce al secondo Novecento, convergendo per questo aspetto (benché, lo confessiamo, attraverso vie tutt'altro che evidenti) con l'attività di altri scrittori, un Robbe-Grillet, un Butor, un Simon, forse un Günter Grass, che hanno segnato il compiersi dello stesso processo all'interno delle rispettive letterature.[25]

agli stessi elementi paratestuali del romanzo sanguinetiano, che compare nelle comete Feltrinelli: dalla copertina ("[...] Edoardo Sanguineti il personaggio più straordinario della giovane letteratura italiana") ai risvolti, dove compaiono giudizi critici su Sanguineti di Carlo Bo, Luciano Anceschi, Elio Vittorini e Valerio Riva (estrapolando qua e là si può leggere che in questo romanzo si trova niente di meno che "Dante, filtrato attraverso l'esperienza di Pound ed Eliot"). Un romanzo insomma che era uscito in libreria già avvallato e prescelto dall'enclave sperimentale come non aveva sbagliato a notare uno degli stroncatori del romanzo sanguinetiano, Alberto Asor Rosa:

> [...] Chi volesse una conferma esterna di questa fanatica serietà, legga il piccolo corpus d'interpretazioni, giudizi critici, notizie biografiche, che si allineano su tutte le facciate della copertina. Soltanto uno scrittore dotato di una fede incondizionata nell'importanza del proprio lavoro, poteva presentarsi al pubblico con questo così ampio corredo di critica quasi una Minerva armata che esca dal cervello di Giove pronta a farsi rispettare e convenientemente esperta dei segreti (anche minuti) della propria missione. *Capriccio italiano* ha, insomma, avuto la sua anteprima, ignota al grande pubblico, se può essere venduto nelle librerie già giudicato e dunque, in una qualche misura, già approvato.[26]

Ho già più volte affermato quanto il *Capriccio* sanguinetiano piuttosto che la risposta al "problema" romanzo dato dalla neoavanguardia debba essere guardato come un prototipo, preparato a tavolino ed in grado di posizionarsi in qualche modo all'interno di quella linea che vede il *Noveau Roman* di Robbe-Grillet come modello su cui informarsi (ipotesi che durante il convegno sarà entusiasticamente abbracciata proprio da Barilli), possibilità alla quale persino Sanguineti, nel *Capriccio*, sembra ammiccare:

> Così B. disse che potevamo anche fare il giuoco del romanzo, che è poi quel giuoco che so da due anni, che l'ho imparato in Francia, che M., che è medico, disse subito che è molto meglio delle associazioni libere, e che io trovo che è molto meglio davvero.[27]

Ho anche già messo in luce quanto il romanzo sanguinetiano, se messo a fianco degli altri romanzi dei poeti del Gruppo 63 che come lui si inventano romanzieri, è quello che meno riesce a non cadere nelle trappole del confessionalismo e di quello che Giuliani chiama il "lato edificante" del romanzo:

> un romanzo come *Capriccio italiano* è formalmente nel solco della tradizione edificante, perché la sua sottostruttura, il suo finalismo, è proprio una educazione dei sentimenti, perseguita attraverso le microavventure oniriche (o oniricosimili) di ciascun capitolo [...].[28]

E per finire, possiamo veramente avvallare l'ipotesi che l'operazione sul linguaggio fatta da Sanguineti sul romanzo, con quelle pagine che sembrano, per dirla con Luigi Ballerini, "scritte dal Pierino delle barzellette, autore di memorabili compiti in classe d'italiano [...] ricchissimi di anacoluti, di pleonasmi e di idiotismi"[29] sia la risposta sperimentale esemplare alla lingua del romanzo neo-crepuscolare o realista? Balestrini, nel suo *Tristano*, presentando un romanzo per molti versi in linea con il *Capriccio* – e tanto diverso dai suoi lavori a seguire, tanto da rendere sempre più plausibile l'idea di una linea strategica sul romanzo decisa a tavolino – aveva senz'altro offerto una prova più solida di quella del *Capriccio*.

Comunque sia, il danno maggiore di quella scelta è stato quello di avere creato un modello esemplare che, una volta preso per buono, ha cannibalizzato in massima parte gli spazi critici sui risultati della sperimentazione sul romanzo. Si è insomma caduti nel tranello che per Francesco Muzzioli il Gruppo 63 era riuscito ad evitare in campo poetico, e cioè che "non appena mossi i primi passi nel nuovo territorio [...]" si accettassero "per validi i risultati iniziali della ricerca facendoli diventare vessilli e contrassegni rassicuranti".[30] Il *Capriccio*, insomma, da modello imposto e in grado di rappresentare la "soluzione al problema romanzo" per la neoavanguardia, si è tramutato, nel suo fagocitare buona parte degli spazi critici, pigramente immobili su di uno stantio orizzonte d'attesa, nel più grave dei problemi per lo studio del romanzo neoavanguardistico.

E allora, oggi ben vengano le ristampe de *L'orizzonte* di Carla Vasio, quella de *L'allenatore* di Salvatore Bruno o del *Romboide* di Perriera (si spera per tutti, una miglior fortuna di quella toccata a Ferretti, e quindi in forma completa), la pubblicazione della traduzione in inglese de *L'oblò* di Adriano Spatola e l'interesse di alcuni italianisti, negli Stati Uniti e in Italia, per i romanzi di Spatola e Niccolai. Ma un discorso articolato sulla sperimentazione sul romanzo degli anni sessanta non è ancora pervenuto e non potrà arrivare, e va ribadito, senza prendere in considerazione (e verificare sui testi) le decine e decine di pubblicazioni di quegli anni.

E un primo sguardo, si dovrebbe forse darlo alle prove dell'unica "scuola" narrativa nata in seno al gruppo, con il trio Testa-Di Marco-Perriera e la cosiddetta *Scuola di Palermo*. A conti fatti, nella maggior parte dei titoli citati quali esempi di romanzo neoavanguardista, si scopre un gran numero di poeti che, comunque, dopo una o due prove narrative rientrano nella loro sfera originaria: due romanzi per Sanguineti (se si voglia escludere, perché davvero fuori tempo massimo, *L'orologio astronomico*[31]), due per Antonio Porta, uno per Giorgio Celli, Giulia Niccolai, Lamberto Pignotti e Adriano Spatola (ma si vocifera di un secondo romanzo ancora inedito tra le carte in mano alla vedova e di cui abbiamo un po' meno di una decina di pagine pubblicate sul primo numero della rivista di Elio Pagliarani *Periodo ipotetico*)[32]. Unica eccezione, quella di Nanni Balestrini, che si scopre romanziere riuscendo anche a trovare un personalissimo percorso stilistico, ma che, comunque, lo fa a partire dai primi anni Settanta e soprattutto con *La violenza illustrata*, visto che *Il Tristano*, come precedentemente affermato, va visto piuttosto come "opera di scuola" che non come una sua personale risposta al problema romanzo. La *Scuola di Palermo* è, insomma, l'unica vera risposta sul campo data da romanzieri (in erba, ma pur sempre "autoctoni" della sfera narrativa) in tempi non sospetti in seno al Gruppo 63 (Arbasino e Manganelli sono già in una personale "modalità sperimentale" e piuttosto che lasciarsi influenzare dal gruppo sembrano muoversi semplicemente in maniera tangenziale ad esso, lasciando, semmai, le proprie fecondissime tracce nella narrativa neoavanguardista),[33] e forse è proprio da lì che si dovrebbe cominciare.

Del resto, se volessimo affidarci ancora agli elementi paratestuali, Valerio Riva non arriva agli eccessi con cui finisce per presentare il "campione" scelto a tavolino, Sanguineti, ma anche in questo caso i testi del trio palermitano vengono chiaramente indicati come tasselli importanti nello scontro continuo tra neoavanguardia ed establishment sulla *querelle* romanzo:

Questi testi davvero insoliti sono non soltanto degli "sperimenti" letterari, ma la testimonianza diretta del momento di trapasso d'una società. Gli autori sono "di sinistra" e il curioso è che dieci anni fa avrebbero fatto non della letteratura informale, ma del realismo socialista: segno che i tempi cambiano, anche se non tutti se ne accorgono. [...] Qualcuno ha citato, in un discorso assai fine e coerente, il "manierismo della nevrosi" che aduggerebbe la letteratura di questi anni, il che è probabile; ma quando si tratta della letteratura di domani, bisognerebbe dare al termine "nevrosi" dimensioni assai differenti, perché è pur sempre una ben particolare nevrosi quella d'una gioventù che passa le ore di lezione ad innescar bombe sotto i banchi e le butta durante le ore di ricreazione. Ed è evidente che queste "bombe" letterarie sono ancora soltanto una pallida eco di quelle altre, non metaforiche. Né d'altronde si insisterà mai abbastanza sul carattere di registrazione di questi "panorami": certe cose ci sono, esistono, ed è inutile distoglierne lo sguardo raccapricciati o mettere le mutande ai tori, così come non vale la pena, per amore di eleganza, sviolinare su Kerouac, Burroughs e Beckett e tacere sul resto, in una ennesima ripetizione del (parafrasando) *verité au delà des Alpes, erreur en deçà*. Una vera civiltà letteraria è anche fatta di questi *monstra* e del fair-play con cui si ammettono: perché dev'essere ben povera quella società culturale in cui basti un anacoluto per far gridare allo scandalo!

Importanza ribadita da Alfredo Giuliani nella sua introduzione al volume:

È stupefacente che Testa, Perriera e Di Marco abbiano capito subito la serietà dell'avanguardia e chiedano allo scrivere di costituirsi come una disfunzione rigorosamente indifesa, giacché "vivere non è mestiere, ma scienza momentanea" e ciò che conta non è *il meglio*, quel che si sa fare, ma il fatto che nello scrivere "la molteplicità delle connivenze tra strumento e oggetto – o viceversa – suggerisce una esplosione noetica ulteriore." Così la loro ricerca di "sintassi alternate, non periodiche," quali che siano i risultati, merita di essere portata alla luce. Il lettore paziente s'accorgerà che essi hanno effettivamente una porzione di cervello in comune, che brulicano insieme distillando da una stessa sostanza succhi diversamente acidi, di colore e densità *sui generis*.[34]

E da qui, avanti, senza tralasciare anche quelli che, per una ragione o per l'altra, hanno mantenuto i loro legami con il gruppo magari soltanto per una stagione (ma che comunque hanno poi continuato a scrivere) e, perché no, scandagliare anche (e ancora) i poeti legati al Gruppo 63 (Celli, Niccolai, Pignotti, Porta e Spatola), e "romanzieri per un giorno", che si buttano sul romanzo offrendo le loro personalissime soluzioni, lontanissime spesso dal modello che ci siamo continuamente visti imporre, ma tra le quali è possibile riconoscere un modus operandi "comune", tesi già sostenuta da me in altra sede.[35]

A quel punto risulterebbe corretto, e finanche utilissimo, riprendere in mano il *Capriccio*, per trattarlo però come una delle risposte dei poeti del Gruppo '63 al romanzo (e non come "Il romanzo") e provare a verificare o meno la possibilità di certe linee comuni, appoggiate dai testi, per la sperimentazione narrativa della neoavanguardia. Da ricordare, comunque, a questo proposito, gli interventi di Wladimir Krysinski ("How Experimental Are Edoardo Sanguineti's Narrative Devices?") e di Norma Bouchard ("In the *Palus Putredinis* of Italy's Burgeous Domesticity: Edoardo Sanguineti's *Capriccio italiano* from Textual Representation to Critical Practice") raccolti in *Edoardo Sanguineti. Literature, Ideology and the Avant-Garde*[36], che finalmente si staccano dagli stereotipi che da sempre accompagnano il primo romanzo sanguinetiano e che, partendo altresì dal testo, riescono a sottolinearne intelligentemente alcuni modi e motivi.

Note

[1] Giorgio Manganelli, *Hilarotragoedia*. Milano: Feltrinelli, 1964, 129.
[2] Lamberto Pignotti, *Una forma di lotta*. Milano: Mondadori, 1967, 293.
[3] Tommaso Landolfi, *LA BIERE DU PECHEUR*. Milano: Adelphi, 1999, 15 (prima edizione Firenze: Vallecchi, 1953).
[4] Luciano Anceschi, *L'esercizio della lettura*. A cura di Liliana Rampello. Parma: Pratiche, 1995, 6.
[5] Leo Spitzer, *Critica stilistica e storia del linguaggio*. Bari: Laterza, 1954, 69.
[6] Tra i tanti, possiamo qui ricordare Giorgio Manacorda per cui i neoavanguardisti "[n]on avevano dentro di sé nulla che non fosse «autocoscienza e «autocritica», due atteggiamenti, due modalità del pensiero che, se non c'è altro, servono solo alla letteratura «letterata», ma pochissimo alla poesia" (*Poesia italiana oggi*. Roma: Castelvecchi, 2004, 14).
[7] Eugenio Scalfari, *Avanguardia da vagone letto*. "L'espresso Online", 7, 14 febbraio 2013.
[8] Si veda a proposito *Il processo di comunicazione secondo Sade*. Napoli: Edizioni Altri Termini, 1975.
[9] Che tra i due non corra buon sangue lo si può facilmente evincere dalla fustigazione a cui Cortellessa aveva sottoposto Conte nell'antologia da lui curata, *Parola Plurale*: "Giuseppe Conte è vittima di un'allucinazione: quella di credersi 'Giuseppe Conte'. [...] Giuseppe Conte, giunto a un massimo di frenesia intellettualistica e concettualistica quando *giocava* a fare il Poeta (e *sognava* di esserlo, sino ad auspicare 'una Edizione Completa in 81 volumi / della mia Opera Omnia'...), a un certo disgraziato momento ha cominciato a *crederci davvero*". In *Parola plurale. Sessantaquattro poeti italiani fra due secoli*. Roma: Sossella, 2005, 93-95.
[10] Giuseppe Conte, *Il Gruppo 63 e la sua misera eredità*. "Il giornale", 5 febbraio 2013.
[11] Edoardo Sanguineti, *Il Capriccio italiano*. Milano: Feltrinelli, 1963; Raffaele LaCapria, *Ferito a morte*. Milano: Bompiani, 1961; Salvatore Bruno, *L'allenatore*. Firenze: Vallecchi, 1963; Massimo Ferretti, *Rodrigo*. Milano: Garzanti, 1963; Giorgio Manganelli, *Hilarotragoedia*. Milano: Feltrinelli, 1964; Adriano Spatola, *L'oblò*. Milano: Feltrinelli, 1964; Alberto Arbasino, *Fratelli d'Italia*. Milano: Feltrinelli, 1964; AA.VV., *La scuola di Palermo*. Milano: Feltrinelli, 1963; Massimo Ferretti, *Il gazzarra*. Milano: Feltrinelli, 1965; Nanni Balestrini, *Tristano*. Milano: Feltrinelli, 1966;

Giulia Niccolai, *Il grande angolo*. Milano: Feltrinelli, 1966; Carla Vasio, *L'orizzonte*. Milano: Feltrinelli, 1966; Luigi Malerba, *Il serpente*. Milano: Bompiani, 1966; Roberto Di Marco, *Fughe*. Milano: Feltrinelli, 1966; Antonio Porta, *La partita*. Milano: Feltrinelli, 1967; Giorgio Celli, *Il parafossile*. Milano: Feltrinelli, 1967; Lamberto Pignotti, *Una forma di lotta*. Milano: Mondadori, 1967; Edoardo Sanguineti, *Il gioco dell'oca*. Milano: Feltrinelli, 1967; Gaetano Testa, *5*. Milano: Feltrinelli, 1968; Luigi Malerba, *Salto mortale*. Milano: Bompiani, 1968; Michele Perriera, *Il romboide*. Roma: Lerici, 1968.

[12] Luigi Weber, *Con onesto amore di degradazione: romanzi sperimentali e d'avanguardia nel secondo Novecento italiano*. Bologna: Il Mulino, 2007.

[13] Massimiliano Borelli, *Prose dal dissesto: antiromanzo e avanguardia negli anni Sessanta*. Modena: Mucchi, 2013.

[14] Federico Fastelli, *Il nuovo romanzo. La narrativa d'avanguardia nella prima fase della postmodernità (1953-1973)*. Firenze: Firenze University Press, 2014.

[15] *Neoavanguadia: Italian Experimental Arts in the 1960s*. (A cura di) Paolo Chirumbolo, Mario Moroni, Luca Somigli. Toronto: University of Toronto Press, 2010.

[16] Beppe Cavatorta, *Scrivere Contro. Viaggio nella narrativa sperimentale italiana del XX secolo*. Piacenza: Scritture, 2010, 122.

[17] A questo proposito si veda l'introduzione alla raccolta in cui Delfini parla di questo racconto come di "un pasticcio che nessuno ha capito" (p. 62) e sul quale fa appello che non gli venga chiesto il perché della Basca, chi sia e cosa voglia dire.

[18] Renato Barilli, *Cahier de Doléance sull'ultima narrativa italiana*. In *Gruppo '63. Critica e teoria*. Milano: Feltrinelli, 1976, 157. Uscito originalmente in "Il Verri", 1, 1960.

[19] "Le repliche e le controaccuse non erano meno esplicite e venivano da ogni parte, si potevano raccogliere sui giornali, nelle riviste, nelle conferenze. Innanzitutto, diceva in pratica il cosiddetto *establishment*, l'avanguardia oggi è superba e inattuabile. E poi chi la propone non ha ancora accompagnato le intenzioni critiche spesso così violente con opere esemplificatrici valide." Andrea Barbato, *Appunti per una storia della nuova avanguardia italiana*. In *Avanguardia e neo-avanguardia*. Milano: Sugar, 1966, 180.

[20] Tommaso Landolfi, *Dialogo dei massimi sistemi*. Firenze: Parenti Editore, 1937.

[21] Tommaso Landolfi, *Rien Va*. Firenze: Vallecchi, 1963.

[22] Antonio Pizzuto, *Signorina Rosina*. Roma: Edizioni Macchia, 1956; Antonio Pizzuto, *Si riparano bambole*. Milano: Lerici, 1960; Antonio Pizzuto, *Ravenna*. Milano: Lerici, 1962.

[23] Antonio Pizzuto, *Paginette*. Milano: Lerici, 1964; Antonio Pizzuto, *Sinfonia*. Milano: Lerici, 1966; Antonio Pizzuto, *Testamento*. Milano: Il Saggiatore, 1969.

[24] Stefano D'Arrigo, *Orcynus Orca* in *Menabò*, 1960; poi in versione definitiva nel 1975 (Milano: Mondadori).

[25] Renato Barilli, *La normalità "autre" di Sanguineti*. In "Il Verri", 7, 1963, 8.

[26] Alberto Asor Rosa, *L'avanguardia disossata*. In "Mondo mondo", 12 maggio 1963.

[27] Edoardo Sanguineti, *Il capriccio italiano*, cit., 46.

[28] Alfredo Giuliani, *Intervento*. In *Gruppo 63, il romanzo sperimentale*. Milano: Feltrinelli, 1966, 71.

[29] Luigi Ballerini, *Riso (al dente) e sorriso (al salto) nella narrativa di P.M. Pasinetti*. In «Le parentele inventate». Letteratura, cinema e arte per Francesco e Pier Maria Pasinetti. (A cura di) Anna Rinaldin e Samuela Simion. Padova: Editrice Antenore, 2011, 165-166.

[30] Francesco Muzzioli, *Teoria e critica della letteratura nelle avanguardie italiane degli anni sessanta*. Roma: IEI, 1982.

[31] Edoardo Sanguineti, *L'orologio astronomico*. Illkirch: le Verger éd., 2002.

[32] Adriano Spatola, *Destinazione Achille*. In "Periodo ipotetico", I, 1, 1970, 80-87.

[33] La scelta di linguaggio alto nell'*Hilarotragoedia* manganelliana è assolutamente in contro tendenza alle altre prove narrative di gruppo; Arbasino, invece arriva a Fratelli d'Italia del 1963 attraverso due prove che ne avevano anticipato modi e maniere: *Le piccole vacanze*. Torino: Einaudi, 1957, e *L'anonimo lombardo*. Milano: Feltrinelli. 1959.

[34] Alfredo Giuliani, *Prefazione*. In *La scuola di Palermo*, cit., 11-12.

[35] Beppe Cavatorta, *cit.*

[36] *Edoardo Sanguineti. Literature, Ideology and the Avant-Garde*. (A cura di) Paolo Chirumbolo e John Picchione. London: Maney, 2013.

Gianluca Rizzo

Il Faust della Neo-avanguardia: Celli, Pagliarani e le riscritture di Goethe

Parlare di teatro a un convegno dedicato ai confini della neo-avanguardia potrebbe sembrare fuori luogo. Dopo tutto, il palcoscenico ha svolto un ruolo cruciale nella scrittura e nella riflessione teorica del Gruppo 63. Eppure, nonostante la sua centralità, la critica gli ha dedicato un'attenzione discontinua (fatte salve alcune, notevoli eccezioni).[1] Il presente saggio è l'ultimo in una serie di interventi con i quali mi propongo di dare una sistemazione più organica ed esauriente agli esperimenti e ai risultati conseguiti in ambito teatrale da alcuni fra i maggiori protagonisti della letteratura italiana fra i primi anni '60 e la metà degli anni '80. In questo caso guarderemo a due riscritture del dramma goethiano di Faust, portate a termine da Giorgio Celli e Elio Pagliarani, rispettivamente nel 1975 e nel 1984.[2] Prima di entrare nel merito dei testi, però, bisognerà fare alcune considerazioni preliminari.

L'interesse della neo-avanguardia per il teatro è questione importantissima e, per molti versi, indispensabile per comprendere appieno l'esperienza del Gruppo 63, incluse le divisioni interne che l'avrebbero poi condotto allo scioglimento. Cercare di approfondire questo aspetto ci porterebbe troppo lontano, e del resto non potremmo che riprendere quanto scritto in precedenza.[3] A quanto già affermato in quelle sedi, aggiungeremo qualche rapida indicazione, desumendola da citazioni di giornali e riviste contemporanei, in modo da dare anche l'idea dell'atmosfera di quegli anni.

Perché, allora, tanto interesse da parte del Gruppo 63 per il teatro? Guardiamo a questo articolo di Vito Pandolfi apparso su *Il Punto* del 26 dicembre 1964. L'occasione è uno spettacolo organizzato per la televisione tedesca da Enrico Filippini: una rappresentazione di *Povera Juliet* di Alfredo Giuliani e *Traumdeutung* di Edoardo Sanguineti, con scenografie di Toti Scialoja. Il progetto iniziale includeva anche l'atto unico di Filippini *Gioco con la scimmia*, ma:

> La complicazione dei casi ha finito col sacrificare l'atto di Filippini. Già da quindici giorni, durante le prove, lo si stava amputando. Era divenuto sempre più esile, fin-

> ché nelle tempeste che inevitabilmente precedono le prime e particolarmente quelle all'insegna della mancanza di mezzi, non è stato reciso brutalmente d'un sol colpo, e sostituito da colloqui tipo «tavola rotonda» in merito al gruppo e all'iniziativa, che potevano apparire superflui, ma che hanno rivelato, attraverso gli interventi di Sanguineti e Scialoia [sic], non solo il perché dello spettacolo, ma anche le ragioni dell'evidente tendenza del gruppo alla raffigurazione scenica.
> Edoardo Sanguineti e Nanni Balestrini (che rappresentava il gruppo, pur non presentandosi come autore teatrale) si sono fatti portavoce di una esigenza diffusa: quella di comunicare direttamente con il pubblico (e in definitiva non c'è mezzo più idoneo idealmente della scena, tanto più che consente una utile intesa con l'arte figurativa e con la musica).[4]

È, dunque, il teatro un'"esigenza diffusa" fra i membri del Gruppo, perché giudicato il modo migliore per interagire da un lato con il pubblico (senza mediazioni tecnologiche, siano esse la pagina scritta o lo schermo cinematografico e televisivo), e dall'altro con altri artisti compagni di strada, sia all'interno della letteratura, sia nelle altre forme d'arte come la musica e la pittura.

Del resto, per molti dei testimoni di quel primo incontro di Palermo, il teatro era il ricordo più vivo e sorprendente. Piero Dallamano, ad esempio, dalle pagine di *Paese Sera*[5], scrive della rappresentazione organizzata presso la Sala Scarlatti del Conservatorio di Palermo, il 3 ottobre 1963:

> Nella rassegna palermitana delle musiche di avanguardia il teatro è entrato di prepotenza, con qualche titolo di legittimità. Ed è forse una facile previsione che assegna, per il futuro, al teatro il boccone più grosso di queste settimane internazionali della «Musica nuova»: si accorgeranno i musicisti di aver covato nel loro nido l'uovo di cuculo.
> Sia come sia, la serata dedicata a ben undici atti unici, di poeti e scrittori che occasionalmente si sono rivolti al teatro di avanguardia, ha sollevato una curiosità, nel pubblico, quale i concerti più stravaganti non possono avere. Va da sé che in un pranzo di undici portate, tutte di nuova confezione, azzardate secondo un ricettario che mescola la paprica alla panna, c'è da uscirne con lo stomaco sconvolto. Qualcuno però ha fatto centro.

Perché, è bene ricordarlo, in occasione del loro primo incontro, il Gruppo 63 era ospite di un festival musicale prestigioso e ormai collaudatissimo. È anche interessante notare come Dallamano non menzioni altro che il teatro, tacendo delle letture di poesie e prose, e dei dibattiti che si andavano svolgendo all'Hotel Zagarella. Ma se questa recensione è tutto sommato positiva, nei giornali usciti in quelle settimane se ne incontrano altre ben più critiche, tanto che Piero Buttitta può ricucirle insieme e farne uno spassoso articolo, incluso nell'*Antologia* del Gruppo 63.[6] Eccone un breve saggio:

Per Beppe Fazio dell'"Ora" (4-5 ottobre 1963) è rimasto, tra gli altri, questo interrogativo, dopo aver assistito allo spettacolo teatrale organizzato dai partecipanti all'"Incontro":

In realtà certe volte viene da chiedersi se molti di questi giovani autori teatrali non ritengano che per fare dell'avanguardia basti sostituire alle parole che strappavano l'applauso nel drammone borghese perché ritenute cariche di *pathos* – come *madre*, *ideale*, *patria* – la parola *culo*, per esempio; se, addirittura, non trasportino sinceramente quel vecchio retorico pathos in queste parole da loro usate non soltanto per *choccare* gli ingenui.[7]

I brani di articoli trascritti finora ci servono per mostrare come il teatro non fosse assolutamente inteso come manifestazione a margine dei lavori del Gruppo 63, come spesso si legge nei resoconti della critica. Sia i protagonisti sia i testimoni di quegli anni lo consideravano al centro degli sforzi di rinnovamento del panorama artistico e letterario nazionale cui si stava lavorando da ormai qualche tempo. E questo rinnovamento, come si vede in filigrana attraverso quest'ultima citazione, cominciava proprio dal linguaggio, e si estendeva poi agli istituti stilistici codificati nel "drammone borghese". È da questa prospettiva che bisognerà guardare ai due *Faust* qui in esame: entrambi sono esperimenti e veicoli di una riflessione che investe non solo la lingua di cui sono fatti, ma anche le strutture drammaturgiche che impiegano, e la dimensione politica e sociale delle istituzioni verso le quali dirigono la loro critica impietosa. Se gli anni di rappresentazione e pubblicazione di questi due testi sono posteriori allo scioglimento formale del Gruppo 63 (come dicevamo, il 1975 per Celli e il 1984 per Pagliarani), lo sperimentalismo che li anima è lo stesso che aveva accomunato gli intellettuali convenuti a Palermo nel 1963: alcuni, come Celli e Pagliarani, hanno continuato a navigare sulla rotta lì stabilita; altri, purtroppo, hanno cambiato corso, sedotti dalle sirene della letteratura di consumo *mainstream*.

Ma sarà il caso di spendere qualche parola su questa convergenza dei due autori verso il dramma di Goethe: come mai sia Celli sia Pagliarani, del tutto indipendentemente (sia pur in tempi vicini tra loro), hanno deciso di riscrivere il *Faust*? La questione diventa ancora più interessante se si ricorda che anche Sanguineti ne scrive un "travestimento", rappresentandolo e facendolo pubblicare nel 1985. E proprio in un saggio su quest'ultimo *Faust*, Niva Lorenzini, in un paragrafo che riportiamo per intero, spiega le ragioni principali del fascino esercitato da quest'opera sugli autori della neo-avanguardia:

Il *Faust* di Goethe non l'ostacola certo quella disposizione al gioco, al *puzzle* testuale e strutturale, predisposto com'è, sin dall'inizio, alla frammentazione: lo stesso autore ne autorizzava infatti, intenzionalmente e polemicamente, una chiave di lettura che proprio a un sistema di frammenti rinvia, quando nel *Prologo in Teatro* steso nel 1798 (da accostarsi alla Dedica del '97 e al *Prologo in Cielo*, scritti tutti dopo anni di interruzione) accennava, per bocca del Direttore ("Direktor") in dialogo col Poeta teatrale ("Dichter") e col Comico ("Lustige Person"), all'opportunità di blandire i gusti del pubblico, offrendoglielo a pezzi, il dramma [...] e infarcendolo, stipandolo, di materiale eterogeneo. Una decisa presa di posizione, la sua, contro un'idea di opera armonica scritta da "veri poeti" in bilico tra tormento e estasi, a favore di un contenitore, straordinario intruglio ("der beste Trank") in cui si riversi, desublimato, il "romanzo" della vita. Un'"opera mondo", per dirla con Franco Moretti, difficilmente classificabile (tragedia? Testo lirico? Saggio filosofico?). Di sicuro anche un'opera contesta di digressioni e fratture, priva di continuità, specie nella fase avanzata del secondo *Faust*, polifonica e monologante, disarmonica ed eterogenea. Un beverone, qualcuno ha detto, triviale e tragico, frammentario e aperto alle contaminazioni: quelle del *Puppenspiel*, intanto, il teatro delle marionette che aveva rielaborato in proprio il dramma popolare, e che Goethe conosceva bene.[8]

Vale la pena aprire, qui, una piccola parentesi per parlare del rapporto che la leggenda di Faust intrattiene con la cultura popolare, rapporto che, come nota intelligentemente Lorenzini nella conclusione di questo brano, passa principalmente dal *puppenspiel*. Se alcuni dei tratti stilistici adoperati da Goethe riportano alla memoria il teatro delle marionette, non manca, però, chi lamenti la poca dimestichezza di Goethe con questa tradizione. Heinrich Heine, per esempio, nella prefazione al suo poco conosciuto *Der Doktor Faust* (che porta il sottotitolo significativo di *Ein Tanzpoem*), dapprima osserva:

I burattinai, la cui arte era molto apprezzata nell'Inghilterra elisabettiana, non perdevano mai occasione di appropriarsi di un dramma di successo, e il capolavoro di Marlowe venne presto trasformato per il teatro delle marionette. In questa nuova versione, più castigata, viaggiò per tutta Europa, finché, ben lardellato di scherzi terragni e tipicamente tedeschi, non raggiunse i mercati del mio paese. Qui intrattenne lo strato più basso della popolazione, accendendo, allo stesso momento, l'immaginazione del nostro grande Goethe. Infatti, è dalla versione per burattini di questa leggenda che il poeta trasse la forma generale del suo capolavoro.[9]

Si ricostruisce così, dunque, quel legame fra il *Faust* di Goethe e il teatro *puppenspiel* di cui dicevamo. Ma nella più lunga e splendidamente erudita lettera, contenuta sempre in quel volumetto, indirizzata a Lumley, il direttore del teatro di sua Maestà la Regina, committente dell'opera, Heine spiega:

Il lettore avrà notato come non mi faccia scrupolo di giudicare la seconda parte del Faust di Goethe in modo severo, o perfino brusco. Un'eccezione va fatta per l'episodio di Elena... per una volta il poeta è rimasto fedele all'origine della storia. Sfortunatamente, però, quest'adesione fedele alla leggenda è cosa molto rara nel dramma di Goethe, e questo grave difetto merita di essere censurato nel modo più categorico! Il Diavolo ha buone ragioni di lagnarsi, dal momento che il Mefistofele creato dal poeta non assomiglia in niente all'angelo caduto dei libelli più antichi. Anche solo questo particolare mi porta a credere che Goethe non avesse assolutamente letto queste opere prima di scrivere il suo dramma.[10]

E cioè, nonostante il legame con il teatro delle marionette, Goethe non sarebbe stato a conoscenza della più antica tradizione dalla quale gli intrattenitori di piazza derivavano la loro materia. Heine, al contrario, ne aveva un'intima dimestichezza, che dimostra tanto nella dottissima introduzione al suo poema per danza, quanto nella ricchezza e varietà dei temi che è stato capace di includervi.

Ma, per ritornare al nostro argomento, guardando l'opera di Goethe alla luce di quanto scrive Heine, se ne apprezza ancora meglio la dimensione sperimentale: si tratta in fondo, di un "contenitore" nel quale sono confluite esperienze diverse e che si pone in maniera critica nei confronti dello spazio scenico e ideale che andrà ad occupare una volta rappresentato. E questo non poteva che attirare enormemente gli scrittori del Gruppo 63, che si trovavano proprio nella posizione di voler rinnovare la letteratura tradizionale e i suoi istituti attraverso l'esperimento. Ma nel caso di Pagliarani e Celli c'è un'ulteriore ragione che rende l'avvicinamento al *Faust* quasi necessario: il legame che la vicenda narrata da Goethe ha con la storia e le metodologie delle scienze naturali e fisiche.

La famosissima scena dello studio,[11] nella quale Faust elenca tutte le discipline alle quali si è dedicato e ne lamenta l'inutilità, consacra questo personaggio ad una dimensione di eroe moderno, facendone un simbolo della passione umana per l'accumulo della conoscenza e il depositario del dubbio paralizzante che tanta conoscenza sia poi inutile alla vita. Peggio, forse non solo inutile, ma addirittura dannosa: un ostacolo al raggiungimento di un equilibrio con la natura e l'ambiente che ci circonda. Questa doppia inquietudine, l'assillo all'accumulo di conoscenza e il dubbio che tale attività allontani il conseguimento della felicità, rende Faust un ottimo surrogato dell'uomo contemporaneo. Per Celli e Pagliarani, quindi, che tanto avevano riflettuto sul metodo e il futuro delle discipline scientifiche, l'avvicinamento alle sue vicende deve essere sembrato un fatto naturalissimo.

Il loro è un atteggiamento opposto a quello preso da Bertold Brecht, che nel suo *Vita di Galileo* fa del fisico pisano un eroe del libero pensiero e un ribelle contro l'oppressione e l'oscurantismo del Sant'Uffizio. Il discorso è complicato dalle diverse versioni che l'autore ci ha dato del dramma, ma il rapporto fra scienza e società rimane costante: lo scienziato è portatore di una novità dirompente che, anche attraverso le innovazioni tecnologiche (il telescopio, in questo caso) cambia la realtà alterando i rapporti di potere all'interno del tessuto sociale. Nonostante le ambiguità, che pure sono numerose nella figura e nelle vicende della *Vita di Galileo*, quella di Brecht è una fede incrollabile nella capacità umana di conoscere il mondo, un credo utopico nella possibilità di piegare la realtà alle forme dell'intelletto, e un ottimismo che lo porta ad elogiare la rivoluzione scientifica e a vederla come una prima rivoluzione materialistica contro l'oppressione della religione. Celli e Pagliarani, invece, più giovani di due generazioni, sono molto più pessimisti sulle reali possibilità della scienza di liberare le coscienze degli uomini. Come vedremo nel volgere di qualche pagina, se anche considerano il paradigma scientifico come un valido alleato per mettere in discussione i pregiudizi sulla realtà che ci circonda, li preoccupa enormemente la manipolazione sistematica cui il potere costituito sottopone la ricerca scientifica.

Il confronto con Brecht è un argomento vasto e interessantissimo che dobbiamo, per il momento, mettere da parte. Rimandiamo a un'altra occasione un saggio dedicato interamente ai rapporti fra il drammaturgo tedesco e la neo-avanguardia italiana. Faremo, invece, un'ultima riflessione prima di passare ai testi che intendiamo esaminare: uno degli assunti più comuni nei confronti della scienza (del suo linguaggio, degli uomini e delle donne che la frequentano) riguarda la sua presunta neutralità. E cioè, nell'opinione corrente, la scienza è il regno della verità empirica, e gli scienziati sono esseri quasi a-morali, che spendono la propria vita nello sforzo di offrire alla verità nuove e migliori opportunità per manifestarsi, con sempre più chiarezza, e in modo sempre più diretto. Ma basterà chiedere a qualunque scienziato per sentirsi dire quanto questa aspettativa sia lontana dalla realtà. Non solo i metodi scientifici (né del resto coloro che li praticano) non sono neutrali e imparziali, ma l'idea stessa di verità empirica, unica e immutabile, è concetto più che problematico. E sia Celli sia Pagliarani tematizzano proprio questo aspetto nei loro *Faust* così come in altri loro testi, inclusi quelli di riflessione teorica. Potremmo citare molti passi, ma, per ragioni di spazio, ci limiteremo a un brano per ciascuno.

Celli pone il rapporto fra scienza e letteratura in questo modo, in uno scritto teorico pubblicato in appendice alla sua prima raccolta poetica, *Il pesce gotico*:

Vi sono stati, credo, momenti storici nei quali l'operazione poetica doveva necessariamente essere condotta 'all'interno di un linguaggio letterario altamente specializzato e istituzionale.' [...] Altri momenti storici, d'altra parte, esigono invece un ricambio, un attivo 'metabolismo linguistico,' nel senso che la 'sperimentazione poetica' deve essere veduta non in superficie, ma in sezione, nella prospettiva metodologica di più livelli linguistici da 'coinvolgere' nel processo espressivo. Tale 'sperimentazione,' quindi, sarà sempre correttamente intesa come una 'estrapolazione' del discorso dall'area linguistica codificata come 'letteraria' (demistificandone la sopravvenuta inadempienza) in altre aree extraletterarie come (e il discorso ci coinvolge direttamente) quelle scientifiche. Sembra ovvio affermare che questa nuova posizione 'registra' una 'sopravvenuta e acuta dilatazione della nozione di reale,' cui deve necessariamente conseguire un ricambio dei moduli espressivi, nel senso che, di tali moduli, quelli notatamente letterari hanno dimostrato la loro 'irreversibile inerzia elastica'.[12]

Vorrei sottolineare soprattutto quest'idea di "dilatazione della nozione di reale". La realtà non è un dato oggettivo e statico, ma piuttosto qualcosa in continuo flusso. La letteratura deve essere abbastanza "elastica" da tener dietro a questi cambiamenti. Quando si registra uno scarto fra la realtà e i mezzi letterari utilizzati per rappresentarla, allora si potrà ricorrere (fra le altre cose) alla scienza, al suo vocabolario e alle sue nozioni, per iniettare nuova vita in moduli espressivi esausti.

Per Pagliarani sceglieremo un brano famosissimo dalla sua *Lezione di fisica*:

> Se si vuol sapere se A è causa dell'effetto di B
> se il microggetto in sé è inconoscibile
> se l'onda di Broglie per i fisici di Copenaghen
> non è altro che l'espressione fisica della probabilità posseduta
> dalla particella di trovarsi in un luogo piuttosto che in un
> altro onda cioè generata
> dalla mancanza di un rigoroso nesso causale in microfisica[13]

Si riconoscerà il riferimento diretto alla fisica quantistica, e in particolare al principio di indeterminatezza di Heisenberg, che dice:

> Nell'ambito della realtà le cui connessioni sono formulate dalla teoria quantistica, le leggi naturali non conducono quindi ad una completa determinazione di ciò che accade nello spazio e nel tempo; l'accadere (all'interno delle frequenze determinate per mezzo delle connessioni) è piuttosto rimesso al gioco del caso.[14]

E quindi la realtà, anche per la scienza (ma sarebbe meglio dire: soprattutto per la scienza), non è statica, pacifica, data una volta per tutte, ma si offre all'indagine umana come un campo di probabilità in continuo flusso. Sia per Pagliarani, sia per Celli il paradigma scientifico fornisce una conferma della loro visione della realtà come fenomeno complesso, frammentato, stratificato. Allo stesso tempo ne traggono una conferma riguardo l'opportunità delle loro scelte stilistiche; e questo diventa poi particolarmente vero quando decidono di rivisitare il *Faust*, sulla cui struttura riversano tutte le inquietudini (di ordine storico, sociologico, linguistico, stilistico) suscitate dagli eventi della politica mondiale e dalle scoperte scientifiche delle decadi a loro e a noi più vicine.

Del resto, questa sfiducia nella possibilità di attingere direttamente al reale viene condivisa dalla quasi totalità degli autori del Gruppo 63, che nutrivano seri dubbi (quando non aperta ostilità) nei confronti di un realismo di tipo mimetico, uno stile che potesse dare l'impressione di una realtà considerata come a-problematica, una sorta di finestra aperta direttamente sul mondo. Non solo, una letteratura di questo tipo implica pesanti conseguenze politiche ed ideologiche: può solo incoraggiare all'evasione e alla consolazione. Per il cambiamento occorre, invece, un atteggiamento critico, che investa non solo gli argomenti dei quali si discute (i contenuti, nel dibattito dell'epoca), ma soprattutto le categorie impiegate nella discussione, tra le quali il linguaggio occupa un posto di primo piano. Ecco come pone la questione Sanguineti:

> il linguaggio non può darmi la realtà nella sua immediatezza, o come neutralità, [...], ma [crea] artificiosamente un certo prodotto convenzionale, culturale, storico, che mi rinvia alla realtà ma che nello stesso tempo forma un certo organismo, caratterizzato ideologicamente dalla sua stessa struttura. Il linguaggio naturalistico era un filtro verso la realtà; il linguaggio naturalistico, che finge che non ci sia praticamente divario fra ciò che è detto e le cose come sono, in realtà è, lo sappiamo, un certo modo di organizzare ideologicamente la realtà, di filtrarla, in un sistema culturale, in una mitologia, per usare il mio termine, in cui questi elementi ambiscono a presentarsi al massimo grado neutri ed innocenti.[15]

Sanguineti non si limita a indicare l'impossibilità di una rappresentazione naturalistica della realtà. Continua, infatti, a mostrare come una tale concezione sia non solo un'illusione fittizia, ma piuttosto una pericolosa arma ideologica:

> Ora, l'aspirazione a creare un linguaggio neutro, a offrire una neutralità di percezione del reale, è l'aspirazione borghese massima proprio perché nell'orizzonte borghese non c'è più realmente storia ma è ormai soltanto natura; il linguaggio della borghesia si presenta come il linguaggio naturale dell'uomo allo stesso modo che l'esperienza dell'uomo borghese si presenta come l'esperienza naturale dell'uomo. Il capitalismo

è la forma immortale verso cui tendeva la storia dell'umanità, e ora essa, finalmente pacificata, guarda il mondo così com'è, una volta per tutte.[16]

Quello appena espresso da Sanguineti è un modo di guardare al realismo diffuso fra tutti gli scrittori che praticavano poesia di ricerca. Ed eccoci, quindi, arrivati alla connessione fra linguaggio, realismo e neutralità. Uno degli sforzi più felici della neoavanguardia si è indirizzato proprio contro la neutralità: nello stile, ma anche nel disimpegno politico, e quindi nell'illusione di trasparenza e immediatezza che nasconde il pericolo di un'ideologia accettata in modo a-critico.

Ma, per tornare ai nostri *Faust*, se più radicato è il pregiudizio di neutralità nei confronti del linguaggio quando esso esprime le idee e i processi di ricerca della scienza, allora dimostrare che proprio nell'ambito della scienza una tale neutralità (di lingua, di politica, di morale) non esiste, equivale a dimostrare che in tutte le manifestazioni del pensiero umano, in tutti gli enunciati linguistici, siamo esposti allo stesso tipo di distorsioni, ostacoli, falsature. Da qui si spiega la convergenza di Celli e Pagliarani[17] sul *Faust*: la negazione della neutralità che sta al centro dei loro interessi è tematizzata sia a livello della lingua, sia a livello della vicenda, sia al livello delle convenzioni teatrali che vengono utilizzate come veicolo per l'uno e l'altra. Passiamo, dunque e finalmente, ai testi.

Celli comincia a lavorare al suo *Le tentazioni del professor Faust* nei primi anni '70, lo mette in scena nel 1975, e nello stesso anno vince il Premio Pirandello. Il protagonista del suo dramma è un professore di chimica: lo incontriamo per la prima volta in occasione del suo cinquantesimo compleanno. Recentemente, Faust ha attaccato pubblicamente l'HT, un insetticida che provoca orrendi effetti collaterali nell'uomo (incluse mutazioni genetiche). Il CEO della Supernova, la "società per azioni a responsabilità illimitata" che ha creato e produce l'HT, una figura quasi diabolica che Celli designa solo col titolo "Praxeologo massimo", incarica Mefis, uno dei suoi impiegati, di ridurre Faust al silenzio. Il Praxeologo massimo (e la scelta del titolo denuncia il bruto pseudo-positivismo del personaggio) suggerisce una "morte silenziosa", ma Mefis non è d'accordo:

> Mefis: Solo gli ideali, le utopie, i sogni muoiono in un grande silenzio. Ogni uomo li ha veduti morire, in sé, a poco a poco. E, dopo, è uscito sulla piazza, e si è sentito, ad un tratto, uguale a tutti gli altri. E ha scoperto – come tornato da un lungo esilio – la gioia del... consenso. Se deve morire – perché non diventi ciò che non è, una figura menzognera ed esemplare – deve prima abiurare e consentire.

> Praxeologo massimo: Sì, deve, prima, riconoscersi in noi. Come farai?
> Mefis: Con una lobotomia... spirituale...
> Praxeologo massimo: Usando il bisturi d'acciaio della logica?
> Mefis: ... il rasoio assiderato della dialettica...
> Praxeologo massimo: La parola è un'arma discreta...
> Mefis: Discreta e micidiale: le sue vittime non imbrattano, con il sangue, i tappeti. Perdono quota a poco a poco, senza neppure accorgersene, finché nell'abisso trovano la loro personale... verità.[18]

Si tratta di convincerlo, dunque, che, nonostante le apparenze, tanto lui quanto la Supernova lavorano per lo stesso fine, e dunque appartengono alla stessa categoria umana e antropologica. Già da questo primo breve scambio, poi, si nota una caratteristica che sarà constante nel testo: la punteggiatura che ossessivamente scandisce le battute dei personaggi, quasi che l'autore voglia esercitare un controllo direttissimo sulla lingua parlata e sulla recitazione dell'attore, frammentandole quanto più possibile.[19]

Il ruolo di Gretchen, anche se radicalmente modificato, viene qui svolto da Elena. Mefis in prima istanza decide di tentare il professore facendo leva sulla sua solitudine e sfruttando l'avvenenza della donna, ma il tentativo fallisce. Nel passo che segue Elena, per meglio sedurre Faust, ha chiesto di essere condotta nel suo laboratorio. Ed eccolo che si lancia in una descrizione idealizzata del suo lavoro da scienziato:

> Faust: [...] Quando sono qui e prevedo, verifico, deduco, inferisco, sperimento, non sono più solo. Tutti gli uomini che amano la verità sono con me. Una invisibile rete di simpatia e di collaborazione trasforma le cellule isolate dei laboratori del mondo in un unico, grande, palpitante organismo.
> Elena: Non ti credo. Gli scienziati si odiano, come tutti gli uomini. Si battono a colpi di equazioni e di esperienze. Braccano i tuoi errori come una muta di lupi, che ti abbaia, dietro, nelle riviste scientifiche, instancabile. Tu non hai amici. Se mai: solo complici. Come lui. (*Indica Mefis*).[20]

La presunta neutralità e amoralità della ricerca scientifica viene qui chiaramente denunciata come un'illusione. Non solo, è l'idea stessa di verità ad essere resa problematica. A questo proposito, ecco un altro scambio fra Faust e Mefis, nel quale Celli mette in chiara evidenza l'ipocrisia del professore:

> Elena (*con la voce dolce e un po' falsa di chi si rivolga a un bambino*): Hai detto delle bugie, Faust.
> Faust: No, no. Perché non volete capire? Non mentivo.
> Mefis: La verità ha molte facce, lo so.

Elena: Devi sempre dire la verità, ricordatelo, Faust.
Faust: Ma io... io la dicevo. Era solo un modo...
Mefis: Dialettico?
Faust: Sì, un modo... dialettico di vedere le cose. A e B, tesi e antitesi, attraverso la loro opposizione, dalla loro mutua mobilitazione, scaturisce un nuovo valore, che li comprende, che li trascende. (*Disperato*) Non è così?[21]

Si noti anche l'ironia nell'uso di un certo lessico (e certi concetti) così comune alle discussioni di quegli anni. A questo punto della vicenda, Elena si trasforma in un surrogato di madre ed evoca un ricordo d'infanzia in Faust, riportandogli alla mente un episodio nel quale aveva cercato di avvelenare alcuni topi e, per sbaglio, aveva finito per uccidere anche il gatto di casa. La scena si sposta in un giardino della memoria, dove Elena e Mefis cercano di intrappolare il professore, facendolo regredire a uno stadio infantile.

Nel frattempo, però, Faust ricorda di essere stato morso da uno di quei topi che aveva dapprima avvelenato e poi cercato di curare. Nella dimensione onirica del ricordo, il topo sembra diventare il simbolo di un evento rimosso, e quel morso (come dire, un primo emergere del rimosso) gli fa prendere coscienza del gioco psicologico al quale lo stavano sottoponendo Mefis e Elena. Faust torna padrone di sé e scaccia i due importuni.

Mefis viene convocato dal Praxeologo massimo per dare spiegazioni del suo fallimento e riceve il permesso di fare un secondo tentativo. Il nuovo piano, nelle sue parole, consiste nel passare dalla "psicologia, dalla... persuasione occulta, alla ideologia".

Mefis: Gli uomini più puri, spesso, nascondono strane, imprevedibili latitudini. Vanno al di là dei loro rimorsi con una insospettata leggerezza. Il loro senso di colpa – perché sempre, sempre, la purezza è impura – che avresti giudicato così... ipertrofico, così tirannico, è un paravento di carta attraverso cui passano facilmente, per tornare a sorridere nel mondo.
Praxeologo massimo: Sento che hai un piano.
Mefis: Sì.
Praxeologo massimo: Quante probabilità di riuscita?
Mefis: Tutte.
Praxeologo massimo: Che cosa farai?
Mefis: Passerò dalla psicologia, dalla... persuasione occulta, alla... ideologia.
Praxeologo massimo: Lo avrò?
Mefis: Non avevo capito una cosa.
Praxeologo massimo: E cioè?
Mefis: È sempre stato tuo. Lo è anche ora, che ti rinnega. Deve solo prendere coscienza.[22]

Non esiste, sembra dire Celli, l'uomo essenzialmente buono. Bisogna continuamente sorvegliarsi, nei pensieri come nelle azioni. E poi c'è la questione ideologica: quando si è convinti dell'esistenza di una verità assoluta (come lo è Faust) basta convincersi che l'azione che ci si propone di fare è al servizio di quella verità. Si sarà così capaci di qualsiasi cosa, anche di orribili nefandezze. La questione è ben diversa se si dubita dell'esistenza di un vero "naturale", assoluto. In questo secondo caso sarà più difficile compiere azioni moralmente ripugnanti, non importa quanto alto il fine ultimo che si dice di voler perseguire.

Continuando, Mefis prefigura la fine di Faust come suicidio: il sangue, ci dice, gli ripugna, e del resto non vuole che Faust gli porti rancore:

> Mefis: (*la fissa a lungo, poi mormora*): Gli voglio bene, sai? Scivolerà nel buio dolcemente. Desidero che tutto gli sembri, in questo chiuso universo di geometrie e di belve, armonioso, organico, perfetto. Il suo ultimo sorriso mi assolverà. Elena, ascolta.
> Elena: Sì
> Mefis: Solo chi persuade vince.[23]

Il metodo scelto da Mefis non è indifferente: si tratta di un'istigazione al suicidio attraverso una manipolazione ideologica. È questa un'applicazione estrema del principio di funzionamento del regime neoliberista, che preferisce l'assimilazione e la neutralizzazione al confronto diretto. È sempre meglio fare in modo che le persone interiorizzino il controllo (e la compulsione al consumo); così, in una sorta di sindrome di Stoccolma estesa a livello planetario, ci si invaghisce dei propri aguzzini, si finisce per amare le catene che tengono prigionieri, e infine si accoglie la sentenza di morte come espressione di una giustizia impersonale; oppure, addirittura, una liberazione alla quale si è lavorato a lungo e con intensa volontà.

È questo un filo che corre attraverso molti dei drammi scritti da Celli, una questione spesso al centro delle sue riflessioni, specialmente per il ruolo giocato dalla scienza e dalla ricerca. Ecco come inquadra la questione Claudio Beghelli:

> C'è un ultimo aspetto della riflessione di Celli in merito al potere sul quale vorrei – brevemente – soffermarmi. L'Autore mostra a più riprese in alcuni dei suoi più importanti lavori teatrali (ne cito uno per tutti: *Le tentazioni del professor Faust*) come gli uomini di scienza, pur continuando ad affermare la propria neutralità, tendano, spesso (gli avvenimenti del ventesimo secolo lo testimoniano), a farsi «conniventi e complici»[24]– in maniera più o meno diretta – di quella forza «oggettiva, impersonale, autonoma» (la quale travolge e supera, nei suoi effetti, le stesse volontà soggettive e particolari da cui viene innescata) che è il moderno potere tecnico economico. Tale potere egemone e invisibile, personificato – con brillante intuizione di Celli – nel praxeologo massimo

(«demiurgo della produzione e degli scambi, del profitto e delle perdite, dei dividendi e dei pacchetti azionari, che è ormai l'unico vero dio dell'Occidente»)[25] fa avvelenare l'albero della conoscenza e si impadronisce della verità scientifica, distorcendola a proprio vantaggio: così l'opinione pubblica viene a sapere che l'HT è un insetticida utile a debellare l'insetto vettore della malaria e può contribuire allo sviluppo del terzo mondo, ma resta all'oscuro del fatto che, questa stessa sostanza, ha effetti secondari che potrebbero rivelarsi disastrosi per la salute dell'uomo e per la vita animale e vegetale del pianeta.[26]

Infatti, e per tornare alle vicende del professor Faust, a questo punto il dramma prende una piega decisamente inaspettata. Nella scena intitolata "La grande tentazione", Mefis fa credere a Faust che l'HT abbia come scopo ultimo il controllo delle nascite (e non solo la riduzione degli insetti indesiderati). Inoltre le mutazioni che sono indotte dalla sostanza chimica servono un programma di eugenetica, inteso alla "purificazione" del genere umano. Coloro che non sono degni di entrare nel "nuovo mondo", perché afflitti da tabi fisiche, morali, comportamentali o ideologiche, vengono uccisi dall'HT. Faust, dopo qualche timida resistenza, si scopre in accordo con il fine ultimo perseguito da Mefis e dalla Supernova, e infine cede alla vaga promessa di un premio Nobel. In una delle ultime scene, a significare l'avvenuto convincimento, Faust e il Praxeologo massimo ballano insieme un valzer, mentre Mefis suona il piano.

La vicenda si conclude nel giardino della memoria (che a questo punto ricorda molto il giardino dell'Eden), dove Faust muore ingerendo una mela nella quale egli stesso aveva iniettato dell'HT. Dal momento che Mefis gli aveva promesso che i puri e meritevoli sarebbero stati immuni agli effetti collaterali dell'insetticida, la sua morte diventa una prova inconfutabile della sua indegnità a vivere in quel mondo nuovo appena inaugurato. Poco prima che cada la tela, una radio annuncia l'assegnazione del premio Nobel al professor Faust. La rappresentazione si chiude con Mefis, Elena e il Praxeologo massimo che scandiscono la morale della vicenda, recitando una sorta di cantilena a rime alternate, in un quadro che si intitola "Il Music-Hall del Paradiso".

Anche soltanto leggendo questa breve sinossi del dramma, si vede chiaramente con quanta coerenza Celli critichi quell'idea di neutralità della scienza che abbiamo descritto. Come dicevamo più sopra, indubbiamente gli scienziati hanno una responsabilità morale e sono chiamati a compiere continue scelte su come verranno adoperate le loro scoperte. A questa critica, espressa attraverso le azioni dei personaggi, se ne accompagna un'altra, altrettanto forte, diretta alla lingua da loro adoperata. E, infine, una critica a quelle strutture teatrali del "drammone borghese" che cercano di rendere la rappresentazione quanto più possibile neutrale, naturale, a-problematica. Cominciamo dal linguaggio: abbiamo già notato la punteggiatura, e come la frase venga continuamente interrotta e manipolata dall'autore. L'andamento generale del dialogo, però, sembra rimanere abbastanza "naturale": non si riscontrano forti cesure, scelte linguistiche inconsuete, forzature o altre distorsioni espressionistiche. Questo linguaggio, solo apparentemente spontaneo, è invece il frutto dell'arte dello scrittore, che cerca di raggiungere una naturalezza di ritorno, "ritrovata", come si dice nella breve nota che introduce *La zattera di Vesalio e altri drammi*, il volume che raccoglie tutti i suoi testi teatrali:

> Il teatro è un luogo dove gli uomini si sfidano a parole, e dove le peripezie dell'intelligenza si fanno, nella loquacità, trasparenti, con tutto il loro carico di implicita violenza. Perché l'uso intenzionale della parola, l'esercizio impudente della dialettica, la conversazione che si ponga al servizio del potere, evocano quella idea di teatro della crudeltà di Artaud, a cui devo molte delle prospettive di fondo dei miei testi.
> Ma se il teatro è parola, non è parola da strada o da osteria, due uomini che litigano al mercato fanno teatro solo a patto che il loro linguaggio sia passato attraverso quella sublimazione che lo trasporta al di sopra del grado zero della comunicazione. La scrittura teatrale esige, difatti, una naturalezza alla seconda potenza, non *data* ma *ritrovata*, e le parole, come diceva Mallarmé, devono assolvere a un processo di purificazione del linguaggio della tribù.
> Perché il teatro non è la vita, ma un'altra vita possibile, che si rispecchia nella prima attraverso l'infedeltà dei sogni, le prospettive della cultura e della storia, la necessità di passare dal quotidiano al sublime. Come ha detto Marianne Moore della poesia, il teatro è un giardino immaginario con rospi veri dentro.[27]

Questa naturalezza ottenuta ad arte viene corretta, problematizzata, resa meno trasparente attraverso l'inserto costante di termini presi dall'ambito delle scienze. È questo un tratto stilistico che va molto al di là delle necessità della trama, e diventa un modo per scongiurare un'identificazione passiva del pubblico con il protagonista della vicenda. A questo proposito, possiamo citare un brano in cui lo stesso Celli spiega il perché del suo frequente ricorso a termini scientifici. Qui lo scrittore sta guardando retrospettivamente al proprio percorso artistico, in occasione del quarantesimo anniversario della fondazione del Gruppo 63:

> ... la scrittura che avevo adottato era stata intenzionalmente e massicciamente contaminata da parole pescate nel lessico scientifico, non usate, però, come semplici fonemi, ma come inneschi cognitivi, per un loro trasferimento di metafore, che tenessero conto delle nozioni d'origine, sempre trasparenti nella filigrana del verso.[28]

Oltre al sottile straniamento linguistico così ottenuto, Celli adopera una messa in scena "irregolare", allo scopo di problematizzare l'immediatezza della rappresentazione teatrale tradizionale. Lo si vede chiaramente in almeno tre punti: le scene ambientate nel giardino della memoria, l'intermezzo nel quale il Praxeologo massimo e Faust danzano sulla musica suonata da Mefis al pianoforte, e nella scena finale, dove la morale della storia viene espressa come una filastrocca canticchiata nel "music-hall del paradiso".

Di particolare interesse è il primo di questi tre strappi all'illusione di realismo mimetico, perché introduce con forza una riflessione sul limite (e la permeabilità di tale limite) fra coscienza individuale e mondo. Il risultato è una sorta di realismo stralunato che denuncia le assurdità di una realtà che la scienza e la tecnologia hanno mutato in modo tanto radicale da renderla quasi inabitabile. Per approfondire meglio, sarà il caso di rileggere questo passo della recensione di Celli alla raccolta di Adriano Spatola *L'ebreo negro*, apparsa sul Quaderno 1 di *Malebolge*:

> Oggi è divenuto sempre più difficile discriminare se un evento sia pertinente al sogno o alla veglia, al funzionamento normale o anormale del pensiero, allorché tale discriminazione si fondi sul concetto di probabilità, nel senso che il sogno o l'idea coatta descriverebbero eventi e concatenazioni casuali estremamente improbabili a livello dell'esperienza. L'Apocalisse, il totale e improvviso annullamento planetario del genere umano, o del mondo biologico, dalla psicosi collettiva del Mille fino ad Alamogordo, si è configurata come un evento altamente improbabile, un'idea coatta confinabile a livello paranoico. In un mondo, però, dove esiste la bomba H e la possibilità di un conflitto nucleare, come convincere, osserva giustamente Franco Fornari, il malato di mente ossessionato dal terrore di un avvenimento escatologico che tale avvenimento è illusorio o che, per lo meno, possiede la massima impossibilità di avverarsi? [...] Non è più il sonno della ragione, è la ragione stessa che genera dei mostri.[29]

Quindi l'inclusione del mondo interiore nella rappresentazione teatrale non va interpretata come una fuga introspettiva. Tutt'altro: si tratta di una critica verso una realtà che, per l'assurdità delle scelte umane, è divenuta un incubo a cielo aperto. L'altro aspetto importante di questo passo sta nell'interesse per il tema dell'apocalisse, causata dall'uomo attraverso mezzi tecnologici. Si tratta di un'idea che ritroviamo sia in Celli sia in Spatola, come si vede nel passo testé citato, ed è comune anche al *Faust* di Pagliarani.

Per completare la nostra rapidissima carrellata sulle scelte stilistiche antimimetiche in questo dramma, bisognerà guardare alla conclusione. Come accennavamo, gli attori che hanno interpretato i ruoli di Mefis, Elena e del Praxeologo massimo (dunque, in un certo senso, i cattivi della vicenda) sono quelli ai quali è affidato il compito di tirare le somme e mettere in chiaro la morale della storia. Eccone un brano:

Praxeologo massimo:	Le differenze tra gli uomini sono apparenti chi non ha unghie ha denti.
Mefis:	Quando due uomini parlano cercando la verità uno dei due morirà.
Elena:	La scienza è una bella ragazza che si dà la notte a chi vuole ma poi nella luce del sole diventa una vecchia pazza.
Praxeologo massimo:	All'ospedale di Hiroshima si moriva in grande allegria imbottiti di penicillina.
Mefis:	Nel tribunale della storia i fisici si dichiarano innocenti hanno perduto la memoria.[30]

Invece di far coincidere la fine delle vicende di Faust con la conclusione dello spettacolo, Celli istituisce questo spazio intermedio, esterno alla finzione scenica e contiguo alla realtà abitata dagli spettatori. Uno spazio che viene utilizzato per rendere assolutamente espliciti i collegamenti con la realtà quotidiana, una specie di coro, che commenta l'azione che si è appena conclusa. In questo passo, poi, alle preoccupazioni per la manipolazione della biologia e dell'ambiente, e alla sfiducia nella capacità della comunità scientifica di gestire con accettabile grado di moralità i conflitti fra i propri membri e le responsabilità nei confronti della società, i temi che hanno occupato la maggior parte di questo *Faust*, si aggiunge la minaccia dell'apocalisse nucleare. E anche in questo caso Celli denuncia senza mezzi termini le responsabilità dei ricercatori cui dobbiamo questo grande "avanzamento" dell'umanità.

Il *Faust di Copenaghen* di Pagliarani si costruisce precisamente intorno a questo tema: l'incubo di una possibile guerra atomica. Nel suo caso l'approdo a Goethe avviene solo dopo la scoperta di un altro *Faust di Copenaghen*, pubblicato da Gamow nel 1966. George Gamow era un fisico russo, testimone di quella grande stagione di scoperte che va dagli anni 30 alla fine della seconda guerra mondiale. Nel suo libro, che Pagliarani legge nell'edizione italiana, include un gran numero di aneddoti sui protagonisti di quelle rivoluzioni scientifiche, assieme al testo del *Faust di Copenaghen*, una goliardata organizzata nel corso di un convegno dai ricercatori più giovani, ricalcata sul *Faust* di Goethe, e intesa a parodiare le scoperte che si andavano facendo, e più in particolare la prima teorizzazione dell'esistenza del neutrino. Ed è proprio questa insistenza sull'idea di neutralità (o, meglio, di presunta neutralità della scienza) che piace a Pagliarani. Lo dice in occasione della prima e forse unica rappresentazione del suo *Faust*, nel 1984, in un'intervista rilasciata a Franco Pecori[31]:

> Con la scusa del neutrone e del neutrino, loro mettevano le mani avanti; non c'era ancora il problema dell'atomica, ma capivano che stavano toccando delle cose da matti. Sicché, la parodia del Faust finiva con una specie di inno alla neutralità (neutrino, neutralità). [...]

Più avanti leggiamo della genesi di questa pièce:

> Racconta Pagliarani: «Il testo originale, molto breve, l'ho letto nel '71, in un libricino del russo Gamov, edito da Cappelli nel '66, *I trent'anni che sconvolsero il mondo*, che parlava della fisica tra il '20 e il '50. Ho pensato subito di farne uno spettacolo. Mi ricordo che ero eccitatissimo, per due anni non mi sono occupato di altro. Tanto più che, contemporaneamente, successe che alcuni dei poemetti della mia *Lezione di fisica* furono tradotti da Fausta Segrè, la figlia del premio Nobel, per la rivista americana *New Directions*.»

Continuando incontriamo una nota interessante riguardo il finale dello spettacolo:

> Ho scritto un finale, che ha due o tre possibili sviluppi, da scegliere. Ho messo insieme brani che mi sembravano profetici, misteriosi, apocalittici; una sorta di antologia sull'atomica.

E poi, con uno dei suoi caratteristici scarti retorici, Pagliarani torna all'inizio:

> Ma prima del finale parliamo del prologo. «La struttura» dice Pagliarani «è molto banal-pirandelliana. Gli attori stanno provando, il regista spiega le parti, raccontando problemi e aneddoti sui personaggi. Rispetto al Faust di Copenaghen, l'unica figura inventata è Fausta (femminile di Faust). È il personaggio più reale di tutti, perché è Fausta Segrè e racconta la verità su di sé; mentre gli altri discutono, lei arriva e dice:

so che Elio mi cercava per aiutarlo a tradurre la parte centrale... dov'è Elio?... mah, si vede che ho sbagliato. E si presenta: sono Fausta Segrè, sono nata nel '43 a Casella Postale Militare n. 1663. Era la casella di Los Alamos, quando non esisteva nemmeno sulle carte. Praticamente, una creatura nata accanto alla bomba atomica.»

Uno sdoppiamento ulteriore del personaggio di Faust, dunque. Se nel *Faust di Copenaghen* originale siamo di fronte alla sovrapposizione Faust-Ehrenfest, la versione di Pagliarani arricchisce l'ambiguità e il carico di significati introducendo una versione femminile del Faust. Formulare una spiegazione esauriente per quest'aggiunta non è cosa agevole, ma la tentazione a ricordare Carla, altra protagonista del primo romanzo in versi di Pagliarani, è fortissima. Se quella era figlia del dopoguerra a Milano, questa è "una creatura nata accanto alla bomba atomica".

Nonostante alcune aggiunte, le vicende del *Faust di Copenaghen* di Pagliarani seguono da qui in poi il canovaccio pubblicato da Gamov: in un' "apoteosi del vero neutrone" Faust muore e viene portato via da quattro spiriti; segue l'elogio (ironico) della neutralità. Lo spettacolo non si ferma alla conclusione delle vicende, ma continua con una lettura di versi che include: brani dalla "Notte di Valpurga", dall'originale di Goethe (nella traduzione di Fortini), la prima parte della "Lezione di fisica" di Pagliarani stesso, poesie di William Carlos Williams e la "Bomba" di Gregory Corso.

A questo punto, malgrado tutte le indicazioni che abbiamo desunto dalle parole dello stesso Pagliarani, il lettore sarà forse ancora un po' confuso sul suo *Faust*, e i suoi rapporti con le versioni che l'hanno preceduto. E allora ecco una breve ricapitolazione dei diversi strati:

1) Il *Faust di Copenaghen* di autore anonimo, rappresentato a Copenaghen nel 1932: in questa versione ai personaggi di Goethe vengono abbinati alcuni dei fisici nucleari più famosi del momento, e la recita viene svolta (con ogni probabilità) da giovani studenti di fisica;

2) Prima riscrittura del *Faust di Copenaghen* da parte di Pagliarani: l'impianto dato a questa rielaborazione viene definito dallo stesso autore come "banal-pirandelliano", e segue la formula dei *Sei personaggi in cerca d'autore*. Le discussioni sui ruoli fra gli attori servono a introdurre una serie di aneddoti riguardo i protagonisti della fisica quantistica degli anni '30, assieme a informazioni utili perché il pubblico possa apprezzare le conseguenze delle loro scoperte;

3) Seconda riscrittura per lo spettacolo diretto da Luigi Gozzi: si cerca di controbilanciare la spinta didascalica della prima riscrittura con una dimensione ludica, che molti dei recensori associano alle avanguardie storiche futuriste e

dada. Si inseriscono anche elementi video e musicali che rendono lo spettacolo multimediale e assicurano un più immediato coinvolgimento del pubblico; Le sovrapposizioni fra i vari personaggi e l'assegnazione delle parti agli attori che li rappresentano, diventa, dunque, un complicato gioco di scatole cinesi. Prendiamo l'esempio di Mefistofele, il diavolo mandato a tentare il protagonista. Il primo *Faust di Copenaghen*, la parodia goliardica del 1932, fingeva che a recitarne la parte fosse Wolfgang Pauli, lo scopritore del neutrino. Nella prima riscrittura del *Faust* di Pagliarani, la cornice "banal-pirandelliana", per usare le parole dello stesso autore, aggiunge un livello meta-teatrale facendoci conoscere l'attore che interpreta la parte di Pauli (che interpreta Mefistofele). La seconda riscrittura di Pagliarani aumenta lo spazio dedicato alla dimensione meta-teatrale, marcando ancora di più la distanza che separa l'attore dal ruolo duplice che gli era stata assegnato. La cosa si complica ulteriormente se si pensa che nella prima rappresentazione, quella del '32, gli attori erano, con ogni probabilità, giovani studenti di fisica, che facevano la parte dei loro professori (fra i quali Pauli), che recitavano il ruolo dei personaggi di Goethe (nel nostro caso, Mefistofele). Ecco un brano nel quale la Gretchen di Pagliarani (che è in realtà Fausta Segrè) cerca di mettere un po' d'ordine:

> Gretchen: — È vero, è vero. Voi dovreste
> capire che si tratta di una rappresentazione
> convenzionale; Pauli che fa Mefistofele,
> Bohr che fa Dio, Ehrenfest eccetera.
> Perché poi niente è vero, cioè
> nessuno di questi che ho detto – illustri fisici
> fece la sua parte. Nella rappresentazione che ci fu,
> le parti di Bohr, Ehrenfest eccetera furono sicuramente
> interpretate dagli allievi più giovani.
> Adesso poi ci sono gli attori che fanno la parte
> degli allievi che facevano la parte dei maestri
> che a loro volta avrebbero dovuto fare la parte
> dei personaggi del Faust di Goethe.[32]

Ce n'è abbastanza da far girar la testa al povero lettore. Chiaramente non si ha alcun interesse a coinvolgerlo a un livello passivo; al contrario, la sua attenzione viene puntata continuamente sull'artificialità e l'arbitrarietà dell'azione che si sta svolgendo sul palcoscenico.

Il parallelo fra i mezzi e i linguaggi della ricerca scientifica e quelli della ricerca artistica viene reso esplicito nel programma di sala, distribuito per la prima rappresentazione dello spettacolo:

L'affinità tra le nuove procedure teoretico-scientifiche e quelle artistico-progettuali è tanto paradossale quanto significativa ed evidenzia un complessivo spostamento culturale.

Elio Pagliarani, critico e scrittore da tempo impegnato in una rilettura di questi processi conoscitivi (*La lezione di fisica*, 1968), ha riscoperto, tradotto e curato il testo del Faust di Copenaghen riproducendolo come un frammento importante della nostra storia culturale.

L'allestimento di Luigi Gozzi è invece occasione per rileggere le avanguardie teatrali nei loro impianti concettuali e formali, in particolare la convenzionalità della rappresentazione e l'uso multimediale del palcoscenico.[33]

E poi si può anche guardare al fondamentale testo di Pagliarani "Per una definizione di avanguardia", che cerca di sistemare la questione a livello teorico, al di là delle contingenze dei singoli testi, e così si esprime sul parallelo fra scienze e avanguardia:

Ecco anche perché le avanguardie sono più direttamente coinvolte di altri movimenti artistico-letterari, lo sono istituzionalmente direi con altre manifestazioni socioculturali, dalla attività politica alla ricerca scientifica: anche perché l'indagine della funzione dell'operatore e del rapporto operatore-consumatore è prevalentemente scientifica (di qui il peso e la rispondenza particolari, nella nostra avanguardia, degli scritti e degli orientamenti di quanti storici della cultura operano a chiarire i rapporti tra arti e scienza, fra arti e società) e le proposte e il comportamento risultano prevalentemente etico-politici, e in maniera immediata, come non può non essere – almeno quanto a immediatezza – nell'opera d'arte.[34]

Pagliarani e Gozzi, nel loro spettacolo, riescono a coniugare avanguardia e scienza in maniera intuitiva e immediata, sfruttando le risorse dello spettacolo di varietà, del mimo e del circo: tutti strumenti già adoperati allo stesso scopo proprio dalle avanguardie storiche. Ad esempio, ecco una breve citazione dall'apertura; gli attori entrano in scena e drammatizzano un esperimento scientifico, una pantomima-dimostrazione del principio di indeterminatezza di Heisenberg:

(*entra la palla-dio che viene spinta da alcuni attori*)
C: — Heisenberg criticò nel millenovecentoventisette
la teoria classica della traiettoria di un corpo materiale in movimento
F: — Prendiamo un corpo di dimensioni limitate
(*gli attori manovrano la palla-dio*)
e facciamolo avanzare nello spazio
anche senz'aria. È infatti un esperimento ideale.   (*respirazione affannosa*)
Poiché stiamo eseguendo un esperimento ideale   (*migliore respirazione*)

dobbiamo tener conto di ogni effetto capace di disturbare
il moto delle particelle.
G: — Eccone uno!
A: — Sì, eccone uno, nonostante sia eliminata l'aria (*respirazione affannosa*)
– siamo in un esperimento ideale – la luce proveniente
dalla lampadina esercita sulla particella (*tutti guardano la lampadina*)
una certa pressione che può deviare la particella medesima
dalla traiettoria parabolica classicamente provata. (*sbandamenti etc.*)
[...]
F: — Abbassiamo la luce e ripetiamo le osservazioni (*buio: nel buio la palla si sposta notevolmente*)
G: — Per quanto osserviamo
C: — per quanto riduciamo la luce
I: — non possiamo evitare di perturbare
la traiettoria di almeno un Σ   (*luce: la palla è fuori posto, lite*)
che equivale alla più piccola lunghezza d'onda della luce
(*buio improvviso*)
G: — Dimostrazione: ogni osservazione ricorrendo
C: — almeno per poco
A: — anche per pochissimo
G: — alla luce, comporta una piccola anche
piccolissima deformazione a causa della piccola
C: — anche piccolissima
G: — quantità di luce usata (*luce normale; la palla-dio è al suo posto*)
A: — Heisenberg, mettendo da parte le geometrie lineari classiche
osservò che nella realtà i quanti di luce
modificano del tutto la procedura del nostro esperimento.[35]

L'illustrazione del principio di indeterminazione di Heisenberg viene dunque trasformata in un'occasione per abbandonarsi alla commedia fisica, slapstick, e introdurre l'uso di oggetti e forme geometriche: tutti elementi tipici del teatro dell'avanguardia storica (si pensi, per esempio, ad *Anihccam del 3000*, il balletto meccanizzato futurista che Fortunato Depero mise in scena nel 1924). Si noti anche la scansione delle battute, che vengono frantumate e divise fra più attori. E questo ci riporta alle osservazioni fatte pocanzi a proposito di Celli. Nel suo caso, però, era la punteggiatura a svolgere questa stessa funzione, anche se in modo molto meno intrusivo e con risultati meno anti-mimetici.

Dopo questa introduzione, con gli esperimenti che rendono l'idea dell'importanza delle scoperte parodiate e delle loro profonde implicazioni per la vita di tutti i giorni, si passa al prologo del *Faust di Copenaghen*, preso direttamente dal testo pubblicato da Gamov, con l'aggiunta di quelle spiegazioni indispensabili alla comprensione del contesto di riferimento. Uno di questi inserti viene sfruttato per offrire un commento esplicito sulla neutralità della scienza. Come abbiamo visto, la scoperta del neutrino e della sua mancanza di carica elettrica è al centro della trama, ma Pagliarani vuole assicurarsi che non ci sfugga il collegamento con il piano morale delle questioni sollevate dall'energia atomica:

> Drammaturgo: Sì, e in fondo *Il Faust di Copenaghen* può anche significare una gara fra il neutrino e il neutrone, e la prevalenza di quest'ultimo, che alla fine Pauli-Mefistofele saluta così: «Buona fortuna a te Ersatz, peso massimo, ti diamo con piacere il benvenuto; ma la passione fila sempre le nostre trame e Gretchen è il mio tesoro!»
> Attore 2: Neutrino o neutrone, il "Coro Mistico" degli scienziati atomici conclude *Il Faust di Copenaghen* con l'alibi della Neutralità!
> Drammaturgo: In realtà, sia il neutrino che il neutrone sono neutri, cioè non hanno carica elettrica, né positiva né negativa...
> Gretchen: Ma la carica gliel'hanno data eccome... ci bombardano il nucleo, coi neutroni...[36]

Si ritorna, poi, alle vicende del *Faust di Copenaghen* di Gamov, dove si dà la parodia della scena dello "Studio di Faust". Pagliarani segue la versione di Gamov con pochi cambiamenti ma poi, a un certo punto, irrompe sulla scena Fausta Segrè, di cui abbiamo già detto.[37] Si passa alla "Cantina della signora Ann Arbour", dove si mette in scena una sorta di convito fra scienziati, per discutere i meriti dell'idea di neutrino. Si chiude così il primo atto.

All'apertura del secondo, ritroviamo le stesse incursioni degli attori verso i moduli teatrali dell'avanguardia storica. Questa volta si tratta di illustrare la struttura e il principio di funzionamento dell'atomo. Da qui in poi, l'argomento si fa sempre più tecnico e Pagliarani è piuttosto avaro di didascalie: vengono parodiati concetti di difficile spiegazione, presto affastellati gli uni sugli altri, in una "Notte di Valpurga" che è una baraonda dadaista di asinelli, buchi di Dirac, draghi dei gruppi, e invarianti di Gauge (tutti termini tecnici appartenenti alla fisica quantistica):

> MAE.: — Osservate il segno falso: è perplesso e scocciato.
> Ferito nel suo amor proprio. Ce l'ha fatta con Dirac,
> ma Darwin è un osso duro, Darwin non lo si può manovrare,
> Darwin è come un uccellino in cielo, non più di uno spicchio
> di luce nell'occhio di un fisico
> (*solleva un cartello con la scritta:*
> *RELAZIONE DI SCAMBIO PQ – QP = h/2 ϖ i*)
> Guardate qui! Darwin si è trasformato in P. (*entra Fowler*)
> Ed ecco Fowler (lui è una Q). Come vedete,
> per spiegare la Relazione scritta sul cartello,

saltano alla cavallina per tutto il palcoscenico.
(salti; a ogni salto lampeggia la scritta "h/2 ϖ i"; dal fondo un generico coro)
Così P e Q si scambiano fra loro,
continuando a scambiarsi, continuando a scambiarsi,
eppure brilla sempre h/2 ϖ i, h/2 ϖ i!
Non avranno mai pace
finché resteranno qui impalati come oche
finché resteranno qui impalati come oche
eppure brilla sempre h/2 ϖ i!
Attenzione! Attenzione! Stanno trasformandosi...
(P e Q subiscono ora la dolorosa trasformazione in Elettroni Asinelli, e cadono in uno dei Buchi di Dirac)
... in Elettroni Asinelli. Osservate: barcollano e cadono,
sbadatamente in uno di quei buchi
disseminati dappertutto come trappole
poveri cocchi!
(passa lo Spin del Fotone, rapidamente)
Attenzione! Sfreccia ora lo Spin del Fotone
vestito di un sari indiano e di una giacca.[38]

Il secondo atto si conclude con l'"Apoteosi del vero neutrone", che è poi la conclusione del *Faust* di Gamov: si è arrivati a dirimere la questione della neutralità e si accetta il neutrino senza massa e senza carica accanto al neutrone senza carica ma dotato di massa.

Finale – Apoteosi del vero neutrone
(Wagner inmpersonifica lo sperimentatore ideale, tiene in equilibrio sul dito un palloncino nero.)

Wagner: È nato, è nato il Neutrone
con la sua brava Massa,
e senza impicci di Carica.
Sei d'accordo, Pauli?
Mefistofele: Anche se la teoria non c'è
il frutto dell'esperienza
ha sempre qualche valore sicuro
ha sempre presa nella mente e nel cuore.
Buona fortuna a te, Succedaneo pesante:
ti diamo con piacere il benvenuto!
Ma Gretchen-Neutrino
resta sempre il mio tesoro!
Coro mistico: Finalmente realtà
ciò che era visione.
Che classicità

grazia e precisione!
Accolta con cordialità
onorata nei cantici,
Eterna Neutralità, portaci con te!³⁹

Questo inno alla neutralità si carica di fortissima ironia, visti tutti gli inserti sulla storia della bomba di cui Pagliarani ha infarcito lo spettacolo fino a questo punto. La critica è resa anche più esplicita dal terzo e ultimo atto. Ecco le indicazioni di regia fornite dal testo di Pagliarani:

> Terza e ultima parte
>
> (*Collage di poesie riducibili e/o orchestrabili, manipolabili a seconda delle esigenze della regia.*)
>
> (*Arrivano in scena diverse persone come a formare un corteo, alcune recano cartelli, che al loro arrivo ostenteranno al pubblico. Portano scritto:* «*LE LIVRE ARBITRE DES ATOMES*»; «*Nel regno delle molecole e degli atomi (Visioni dilettevoli della Natura)*»; «*L'ESSENZA SPIRITUALE DELL'ATOMO*»; «*ATOMI IN AZIONE – IL MONDO DELLA FISICA CREATIVA*»; «*LA GENESI E L'ETERNA EVOLUZIONE PERIODICA DELLA MATERIA*».)
>
> (*Ultimi Faust e Mefistofele, e poi un Fuoco Fatuo e Cori e Streghe, verosimilmente interpretati dai dimostranti dell'inizio, che declamano i seguenti brani della* Notte di Valpurga, *nella traduzione di Fortini.*)⁴⁰

Questo è un esempio di un procedimento molto comune nella poesia e nel teatro di Pagliarani, un procedimento che Ballerini ha chiamato di "foce a delta":

> *Carla* si conclude, come in una foce a estuario, con lo straordinario ed enfatico congedo di sapore cavalcantiano: "Quanto di morte noi circonda e quanto", pronunciato da un coreuta del ventesimo secolo, impegnato nel difficile e tuttavia irrinunciabile compito di godere della propria pulsione di morte. [...] la foce di *Rudi* non è un estuario, è un delta. È una foce sparpagliata e poco importa se ciascun braccio di scorrimento delle acque si ritiene, preso da sé, un estuario. La differenza è sostanziale e comprovata dal cosiddetto regime delle acque, ricco e impetuoso nel caso dello sbocco unico di Carla, tortuoso e rallentato nel caso dello sbocco molteplice di Rudi: instabile, pronto tanto a insabbiarsi quanto a modificare la direzione del proprio defluire.⁴¹

Nell'introduzione a *Tutto il teatro* di Pagliarani avevo ripreso proprio questo passo di Ballerini, e commentato scrivendo:

Di regola, il teatro di Pagliarani sfocia a delta, è sfilacciato alla conclusione, proprio perché rifiuta la necessità del rapporto di causa-effetto. La poesia gioca un ruolo fondamentale per rinviare la conclusione sino a farne una semplice sospensione del processo, un rimando a continuare in altro tempo e luogo. È questa la funzione che la recitazione di versi svolge nei finali del "Faust" e della "Bella addormentata".[42]

Dal confronto con Celli, possiamo derivare l'ulteriore osservazione che questa non è una scelta stilistica limitata soltanto a Pagliarani, almeno per quanto riguarda il teatro. Entrambi concludono con una recitazione di versi, a occupare lo spazio liminale fra rappresentazione e realtà: la poesia, declamata ad alta voce, fa da tramite fra la finzione che esiste esclusivamente sulla scena e il mondo reale che esiste al di fuori del teatro. Dunque la poesia, ci sembra di capire, è il modo in cui si può mettere in relazione la letteratura e la politica, a patto che la si legga ad alta voce, a teatro o comunque davanti a un pubblico in carne e ossa.

Ed è questo l'ultimo dei molti parallelli che abbiamo individuato fra i due autori. Per entrambi, il linguaggio è antimimetico e spezzettato, anche se con gradi diversi di sperimentalismo (maggiore per Pagliarani, più attenuato per Celli). Entrambi devono molto alle avanguardie storiche: nel loro spettacolo non c'è posto per l'illusione del realismo, e lo spazio scenico viene costantemente denunciato come fittizio. Tale denuncia avviene attraverso l'assegnazione delle parti, i movimenti e i giochi degli attori sulla scena, le parentesi oniriche, e la dimensione ludica e dadaista che percorre tutta la rappresentazione.

Al livello dei temi, poi, entrambi avanzano una critica fortissima all'idea di neutralità, sfruttando l'occasione offerta dalla scienza e dal ruolo che il suo linguaggio riveste nella nostra società, unito al pericolo concreto dell'applicazione a-morale e a-politica (ma diremmo meglio, finta a-morale e finta a-politica) delle sue scoperte.

La differenza principale fra i due sta, oltre che nel grado di sperimentalismo, nella maniera in cui la lingua e le convenzioni del teatro borghese vengono criticate. Celli le consuma dal di dentro, spingendole fino al limite della loro potenzialità comunicativa e poi oltre, verso il punto di rottura. Le vicende seguono ancora una chiara linea di sviluppo, con una trama riconoscibile, che viene però spesso sospesa e messa in crisi. La conclusione serve a mettere in contatto direttamente il mondo della rappresentazione sulla scena al mondo dell'azione in platea e fra il pubblico. Pagliarani segue una strategia più diretta, quasi violenta, e dunque più vicina a quella dell'avanguardia storica: trasforma il suo *Faust* in un contenitore dove la provocazione e la didascalia si alternano al gusto per la parola poetica recitata e la pantomima.

In conclusione, il dato più impressionante mi pare sia la sintonia che dimostrano questi due autori, nonostante le molte differenze di stile. Nell'introduzione all'*Antologia del Gruppo 63*, Balestrini e Giuliani scrivono riguardo al grado di disaccordo interno al Gruppo:

> L'anno dopo, tornati a Palermo, discutemmo del romanzo con rinnovati e proficui contrasti. Eco andava dicendo che ormai il disaccordo interno era il nostro "sport statutario".[43]

Eppure, a guardare i due testi qui presentati si direbbe che i punti di contatto siano in realtà molti di più di quelli di divergenza. Del resto, come abbiamo detto, proprio sulla centralità del teatro per la riforma della letteratura contemporanea i membri del Gruppo erano quasi tutti d'accordo. Si conferma così un'intuizione che abbiamo più volte espresso, e cioè che una migliore e più completa comprensione della neo-avanguardia passa proprio dalla riflessione e dallo studio degli scritti teatrali. Grazie a questi si possono infatti costituire categorie critiche più solide e mappe più sicure, capaci di tracciare le posizioni relative dei diversi autori e le rotte da loro seguite.

Note

[1] Per alcuni membri del Gruppo 63, come Edoardo Sanguineti, Alberto Arbasino e Giorgio Manganelli abbiamo volumi che raccolgono tutto il teatro; per altri come Elio Pagliarani e Giorgio Celli un'edizione completa si è resa disponibile solo da poco; per alcuni come Germano Lombardi, nonostante abbiano scritto moltissimo per il palcoscenico, e pubblicato soprattutto in rivista, non si è mai raccolto il loro lavoro in volume; infine per alcuni fra i protagonisti di primo piano, come Alfredo Giuliani e Antonio Porta, che al teatro si sono dedicati con costanza attraverso le loro carriere, e che hanno pubblicato anche in volume, manca una riedizione dei testi, che a questo punto risultano di difficile reperibilità. Lo stato del discorso critico sulla produzione teatrale di questi scrittori corrisponde da vicino al grado di disponibilità dei testi; se per Sanguineti le questioni di maggiore interesse sono ben impostate, per Pagliarani e Porta (per fare due esempi) siamo ancora ai lavori preliminari.

[2] Giorgio Celli, *Le tentazioni del professor Faust*, Milano: Feltrinelli, 1976. Ma Celli aveva già ricevuto il premio Pirandello per quest'opera nel 1975. Il dramma è ora disponibile in G. Celli, *La zattera di Vesalio e altri drammi*, Mantova: Tre lune edizioni, 2007. "Il Faust di Copenaghen" di Pagliarani ha una storia abbastanza complicata: ne parleremo per esteso più avanti. La prima rappresentazione, però, risale al settembre del 1984. Il testo è ora disponibile in Elio Pagliarani, *Tutto il teatro*, a cura di G. Rizzo, Venezia: Marsilio, 2013.

[3] Si vedano: "La verifica della poesia: il teatro secondo i novissimi, Pagliarani (e T.S. Eliot)", in *Autografo*, No. 46, inverno 2014; "'Proviamo ancora col corpo': The Theatrical Aspects of Elio

Pagliarani's Poetry," in *The Politics of Poetics: Poetry and Social Activism in Early-Modern through Contemporary Italy*, a cura di F. Santini and G. Summerfield (Newcastle upon Tyne: Cambridge Scholars Publishing, 2013); e l'introduzione al volume già menzionato, che raccoglie *Tutto il teatro di Pagliarani*.

[4] Ho ritrovato il ritaglio con questo articolo di giornale fra le carte di Germano Lombardi che sono custodite al Centro Manoscritti di Pavia. Colgo quest'occasione per ringraziare il Centro, la sua presidente, Prof.ssa Maria Antonietta Grignani, la direttrice tecnica, Dott.ssa Nicoletta Trotta, e la bibliotecaria Michela Tamburnotti, per tutto il loro aiuto nelle mie ricerche degli ultimi due anni.

[5] Presumibilmente del 6 ottobre 1963, ma il ritaglio, anche questo rinvenuto nell'archivio di Germano Lombardi, non conservava la data. Il titolo dell'articolo è: "Una serata a teatro giocata in scena e a colpi di dadi. La quarta settimana palermitana di 'Musica Nuova'. Una serie di atti unici presentati dal Centro teatrale di Bologna e dalla Compagnia A.C.T. – 'Povera Juliet' di Giuliani ha ottenuto il maggior successo".

[6] *Gruppo 63. L'Antologia*, pubblicato a cura e con introduzione di Nanni Balestrini e Alfredo Giuliani, Torino: Testo & Immagine, 2002. Poi riedito da Bompiani, assieme al più vecchio *Gruppo 63. Critica e Teoria*, a cura e con introduzione di Renato Barilli e Angelo Guglielmi, Milano: Feltrinelli,1976. La nuova edizione Bompiani si intitola *Gruppo 63. L'antologia – Critica e teoria*, Milano: Bompiani, 2013.

[7] Questo passo è a p. 430 della nuova edizione Bompiani.

[8] Niva Lorenzini, *Sanguineti e il teatro della scrittura. La pratica del travestimento da Dante a Dürer*, Milano, FrancoAngeli, 2011, p. 28. Il capitolo, che si intitola "La parola all'inferno: Faust", è un ampliamento dell'"Introduzione" al volume Edoardo Sanguineti, *Faust. Un travestimento*, Roma Carrocci, 2003.

[9] Leggiamo questo piccolo capolavoro di Heine nella sua traduzione in inglese: Heinrich Heine, *Doktor Faust: A Dance Poem*, traduzione di Basil Ashmore, introduzione di J. C. Trewin, pubblicato da Peter Nevill, a Londra e New York, nel 1952. La versione italiana riportata nel testo è nostra. Ecco l'inglese di Ashmore, che si legge a p. 11: "Puppet-masters, who flourished in Elizabethan England, were swift to seize on any play which proved to be a popular success, and Marlowe's masterpiece was speedily transformed to fit the puppet-market. Thus bowdlerized, it travelled through the length and breadth of Europe till, at last, larded with good earthly German jokes it reached the market stalls of my country. Here it greatly entertained the lower strata of the populace, at the same time inflaming the imagination of our mighty Goethe. For it was from the puppet version of the legend that our poet took the shape and form of his own masterpiece".

[10] La citazione viene dalle pp. 28-9 del già citato libriccino. In inglese: "You will have observed that I am not afraid to judge the second part of Goethe's Faust sternly, even harshly. Exception must be made for the manner in which treats the episode of Helena… for once the poet has remained true to the story's origin. Unfortunately, such faithful adherence to the legend is very rare in Goethe's play and for this great fault I can scarcely find language strong enough to censure him! The Devil has most cause for complaint on this account, for the poet's Mephistophiles bears not the slightest resemblance to the fallen angel of the chapbooks. This fact alone lends strength to my suspicion that Goethe had not read these works when he wrote his play".

[11] Vale la pena rilevare che questa è una delle poche scene riprese quasi senza alcuna alterazione da tutti e tre gli autori, e cioè Celli, Pagliarani e Sanguineti.

[12] Giorgio Celli, *Il pesce gotico*, Bologna: Geiger, 1968. Dal saggio riprodotto in appendice "L'operazione poetica", s.p..

[13] Elio Pagliarani, *Tutte le poesie (1946-2005)*, a cura di A. Cortellessa, Milano: Garzanti, 2006, p. 176.

[14] Werner Heisenberg, *Indeterminazione e realtà*, Napoli: Guida, 1991, p. 128.

[15] Il brano è tratto da un'intervista di Sanguineti con Fernando Camon, in *Il mestiere di poeta*, Milano: Lerici, 1965, pp. 215-239.

[16] *Ibidem*, p. 221.

[17] E anche di Sanguineti, ma, come detto, non se ne parlerà qui. Rimandiamo a un'altra occasione lo studio parallelo dei tre testi.

[18] G. Celli, "Le tentazioni del professor Faust", in *La zattera di Vesalio e altri drammi*, op. cit., p. 29.

[19] E vedremo che Pagliarani, nel perseguire obiettivi molto simili, sceglierà una strategia congruente, lasciando però maggiore libertà agli attori e al regista.

[20] Giorgio Celli, *La zattera di Vesalio...*, op. cit., p. 42.

[21] *Ibidem*, p. 47.

[22] *Ibidem*, p. 60.

[23] *Ibidem*, p. 63.

[24] In nota, Beghelli avverte: Celli, *Da Borgia a Faust. Le tentazioni del potere*, Bologna, 1997, p. 83.

[25] Altra nota di Beghelli che specifica: Celli, *Da Borgia a Faust*, cit., p. 84.

[26] Claudio Beghelli, "Meccanismi del potere", in *La zattera di Vesalio...*", op. cit., pp. 802-803.

[27] Giorgio Celli, "Qualche parola di introduzione", in *La zattera di Vesalio...*", op. cit., pp. 11-12.

[28] Da *Il Gruppo 63 quarant'anni dopo*, a cura di R. Barilli, F. Curi, N. Lorenzini, Bologna: Pendragon, 2005. A p. 69 Giorgio Celli ricorda il gruppo di Reggio Emilia e la rivista *Malebolge*.

[29] Giorgio Celli, "L'ebreo negro di Adriano Spatola", in *Malebolge*, Quaderno n.1, Primavera-estate 1967, p. 53. Questo numero di Malebolge, assieme a tutti gli altri, è stato raccolto e ripubblicato a cura di Eugenio Gazzola, «Malebolge». L'altra rivista delle avanguardie, Reggio Emilia, Diabasis, 2011.

[30] Giorgio Celli, *La zattera di Vesalio...*, op. cit., p. 82.

[31] L'intervista è intitolata "L''anima gemella' del superuomo è il neutrino e non Margherita. Elio Pagliarani ci racconta il suo Faust di Copenaghen", ed è apparsa su *Paese Sera*, giovedì 31 maggio 1984.

[32] Elio Pagliarani, *Tutto il teatro*, op. cit., p. 172.

[33] Adesso ripubblicato in Elio Pagliarani, *Tutto il teatro*, op. cit., p. 133-134.

[34] Il saggio "Per una definizione dell'avanguardia" è stato presentato da Pagliarani al convegno COMES (Comunità europea degli scrittori) dedicato alle avanguardie, svoltosi a Roma nell'ottobre del 1965. Poi è stato incluso nel libro *Gruppo 63. Critica e teoria*, a cura di Renato Barilli e Angelo Guglielmi, stampato per la prima volta da Feltrinelli nel 1976. Adesso ripubblicato da Bompiani assieme all'*Antologia del Gruppo 63*, op. cit., pp. 878-9.

[35] Elio Pagliarani, *Tutto il teatro*, op. cit., pp. 163-164.

[36] *Ibidem*, p. 157.

[37] Sempre nella già citata intervista con Franco Pecori leggiamo: "Il personaggio di Fausta non ha molto spazio, nel prologo, appare appena, una presenza minima, ma... «Una carica elettrica paurosa, per farlo ci vuole un'attrice con un grande peso scenico, quel peso per cui, se sono 5 persone in

palcoscenico tutti ne guardano una sola. Eduardo per esempio. Per Fausta penserei a una Lina Sastri, che è una vera pila elettrica»".

[38] Elio Pagliarani, *Tutto il teatro*, op. cit., pp. 184-185.
[39] *Ibidem*, p. 186.
[40] *Ibidem*, p. 187.
[41] Luigi Ballerini, "'Prosimetro' per Pagliarani", in *l'immaginazione*, No. 254, aprile-maggio 2010, p. 21.
[42] Elio Pagliarani, *Tutto il teatro*, op. cit., p. 33.
[43] *L'antologia – Critica e teoria*, Milano, Bompiani: 2013, p. 35.

Mimmo Cangiano

Il chierico dietro la maschera. Il travestimento come ritorno della Storia nel teatro di Sanguineti

> Ammettiamo che la nostra sia una società di spettacoli e di simulacri. Il punto è l'acquisire coscienza critica degli interessi reali e dei progetti latenti che stanno sotto lo spettacolo.
>
> Edoardo Sanguineti, *Per musica*

Partiamo da un esempio. Nel travestimento sanguinetiano da *L'amore delle tre melarance* di Gozzi,[1] la quasi totalità dell'opera è strutturata in, talvolta imperfetti, martelliani. È ben noto che nel canovaccio gozziano (l'opera andò in scena nel 1761) il martelliano ha funzione ironico/sarcastica nei confronti delle innovazioni teatrali di Goldoni e di Chiari: nel testo originale il suo uso va infatti a provocare l'aumento della topica malinconia fiabesca del principe Tartaglia.[2] In Sanguineti non si tratta, ovviamente, di un recupero dell'alessandrino al fine di prendere posizione con il 'reazionario' Gozzi (con la lotta ideologica compiuta da Gozzi) contro il 'borghese' Goldoni: si tratta (ed è una dinamica che coinvolge l'intera produzione di Sanguineti *en travesti*) di riattivare la Totalità dialettica del divenire storico,[3] si tratta, come vedremo, di rimettere in movimento quella progressione storica che la borghesia, giunta alla sua fase egemonica, prova a negare trasformando la sua lotta ideologica in difesa, anti-storica, dello *status quo* raggiunto. Uno *status quo* (di volta in volta 'simbolizzato' nel testo di partenza), che il testo 'travestito' ha ora il compito di porre in crisi.

Nel caso di *L'amore delle tre melarance*, Sanguineti si propone di tracciare una linea, dialettica più che 'dialogica,'[4] fra lo sviluppo del teatro borghese in Italia e l'onnipervasività di una simulacrale società dello spettacolo identificata nell'attuale egemonia dell'immaginario televisivo. È proprio questo, infatti, che viene ora posto sotto accusa dall'utilizzo del metro in questione, creando così una sorprendente connessione fra le differenti prospettive ideologiche (non ultima quella dello stesso riscrittore marxista) in lotta, in lotta sul piano del divenire storico:

> E se proprio volete la mia schietta opinione,
> la vostra è indigestione, ma di televisione.

[...]
Ecco la tazza, e adesso, coraggio, vomitate:
di ogni laido marciume il ventre liberate!
Vedo un canale cinque, un quattro, un italia uno:
è tutto un blob infetto, velenoso, importuno (71)

Ci troviamo cioè di fronte a un testo che, mentre va a colpire i meccanismi 'persuasori'[5] dell'intrattenimento borghese come sviluppato in un 'oggi,' inevitabilmente berlusconiano, condizionante la nostra percezione del reale, pone però al contempo a critica le movenze difensive della mentalità 'reazionaria' nel periodo storico di partenza (qui, ad esempio, la fiaba come regressione infantile), assegnando ad esse gli stessi tratti appartenenti allo schieramento opposto, sottolineando cioè di una degradazione dell'elemento fiabesco (con tutto il suo carico di 'atemporalità') nella linea del comico,[6] vale a dire nell'elemento storico ed ideologico che è il terreno della lotta fra classi[7] (qui Feudalesimo e Borghesia): non "è il passato del «c'era una volta», insomma, quale si addice specialmente a una fiaba, ma il passato della messa in scena, anno 1761" (Sanguineti: *L'amore delle tre melarance* 9). L'editto finale del re Silvio, infatti, colpendo proprio l'utilizzo dei martelliani, sancirà, al contempo, le esequie della struttura 'difensiva' della fiaba gozziana[8] e la critica del modello televisivo su cui è modellata la nostra concezione del reale, che è poi, stante proprio il martelliano, la stessa messa in scena del testo sanguinetiano, (non disdegnando un ironico meta-travestimento finale nella requisitoria anti-alessandrino di Scipione Maffei, anno 1713):

Dal regno sien banditi tutti gli alessandrini,
e si prenda or congedo con i versi più fini:
si parli civilmente, non da scemi e da stolti:
vogliamo endecasillabi, e li vogliamo sciolti (114)

E si chiude infatti in gesto di requisitoria auto-diretto:

noi qui reciteremo, per quella scellerata,
quelle Tre Melarance, che sono una cagata (113)

Il palcoscenico – come luogo della 'maschera'[9] e, nelle sue parole, del meccanismo sociale costitutivo – ha giocato, per Sanguineti, un ruolo fondamentale sin dagli anni '60 (dalle traduzioni dal greco ai primi, rudimentali, travestimenti, come quello ronconiano dell'*Orlando*).[10] Fra Dante e Petronio, fra *Faust* e *Macbeth Remix*, la possibilità di indossare la maschera ha seguito uno svolgimento dialettico che ha permesso la progressiva messa a fuoco di elementi poetici, e teoretici, che sono venuti rinsaldando e perfezionando la concezione sanguinetiana dell'intervento letterario, vale a dire, per lui, dell'intervento politico dell'intellettuale. Neppure sarebbe impossibile seguire tale progressione ponendola in correlazione al suo lavoro critico: se, per esempio, l'*Orlando* era ancora giocato sulle fondamentali direttive poetiche della 'piazza,' del 'baraccone,'[11] del ruolo degradato dell'artista come saltimbanco, capace di introdurre la critica delle posizioni sublimanti dell'atto letterario (riportando ad esempio questo al suo nucleo generativo: in questo caso i *Cantari*), vedremo, ad esempio, apparire in controluce le note di *Tra liberty e crepuscolarismo* e dei saggi gozzaniani, oppure, nella ricercata distruzione della fruizione contemplativa del pubblico (inevitabile raddoppiamento di quell'attitudine contemplativa dettata dalla razionalizzazione dei meccanismi produttivi; di quella meccanizzazione comportamentale che la funzione 'specialistica' del lavoro porta fin dentro l'anima di ogni individuo, ponendolo di fronte a un sistema che funziona indipendentemente da lui e che può solo... contemplare), vedremo in trasparenza le note artaudiane sullo spettatore fantoccio/voyeur, come anche quelle benjaminiane dedicate a Brecht e al meccanismo dell''interruzione:' ad un fruitore fatalmente imprigionato dalla componente 'emotiva,' dunque non straniata, di una rappresentazione già in forma ideologica; fondata, voglio dire, sull'esclusione di una componente autoriflessiva che vorrebbe determinare l'autonomia del suo spazio d'azione e così reiterare, come 'armonico' (e addirittura potenzialmente progressista), quello stesso conflitto sociale che la limita ad essere priva di un reale 'effetto sociale.' Fra Brecht e Artaud, 'travestirsi' vuol così inevitabilmente dire riportare l'oggetto nell'autenticità della contraddizione su cui esso stesso si fonda: straniarlo al fine di ricostituirlo come oggetto storico al di là della 'forma' in cui il testo stesso si presenta.

È, a mio giudizio, proprio tale "ideologia della forma" che l'atto del travestirsi pone a bersaglio: erodendo nella riscrittura, per dirla con Jameson, le "strategie di contenimento" che il testo mette in atto, e rivelando così al contempo l'inconscio politico del testo stesso. In questo senso l'atto del mettersi in maschera corrisponde paradossalmente a uno smascheramento,[12] alla capacità del riscrittore, vale a dire, di riportare il testo d'origine al suo *quid* strutturale, alla struttura identitaria che la maschera vuole occultare. Non si tratta dunque di usare la maschera per sancire, pirandellianamente, l'impossibilità di un'identità, ma per portare a coscienza il luogo di un'identità fittizia (un'identità socialmente imposta) che occulta ciò che 'realmente' agisce nel gioco relazionale, che è poi il gioco stesso della Storia.

Facciamo subito l'esempio più clamoroso: in *Sei personaggi.com*[13] Sanguineti mixa l'originale pirandelliano con *Questa sera si recita a soggetto*, tracciando dunque l'ovvia linea fra i due drammi meta-teatrali, ma elimina poi *in toto* il meccanismo del teatro nel teatro. La macchina modernista tesa a indicare il dissidio fra 'vita' e 'forma' (e dunque, simmellianamente, la natura contraddittoria dell'esistenza) si caratterizza per il riscrittore come tentativo di dissimulazione (assolutamente disonesta!) di una contraddizione ben più materiale: il rapporto sessuale fra padre e figlia, originato, nella differenza di censo dei due personaggi, su di un'antinomia a carattere economico che la 'forma' originale tenta invano di occultare. Ciò che sopravvive della *pièce* pirandelliana sono solo alcuni elementi essenziali:[14] la scarnificazione (di scena, personaggi e battute) conduce l'opera ad un *quid* sostanziale che è immediatamente strumento di una critica 'militante.' L'eliminazione di ciò che a questo *quid* faceva da 'contorno' vuole infatti definire quello stesso 'contorno' come falsa coscienza, come materiale eccedente teso a dissimulare il reale conflitto portato in scena. L'eliminazione del dispositivo meta-teatrale permette infatti, da un lato, di definire il 'pensiero della crisi' pirandelliano come azione ideologica (la vita è in sé contraddittoria!) e, dall'altro, fa emergere il gioco dialettico (storico!) delle identità nella lotta di classe, recuperando, col Gramsci critico di Pirandello,[15] la capacità dell'opera di mettere a contatto "i dominatori con gli oppressi," il "presente con l'avvenire" (il gioco costitutivo), e, con Lucien Goldmann, l'idea del gruppo sociale come autentico produttore di un testo e dell'ideologia ad esso connessa, e che è poi, ancora con Jameson, la sua 'rete relazionale.' Negli intellettuali infatti, e cito da Sanguineti, "non parla un Nume ma, per dirla con Goldmann, che è poi un dirla proprio con Gramsci, parla un gruppo sociale, un gruppo sociale fondamentale. [...] Personalmente direi con tutta tranquillità che parla una classe" (*Il chierico organico* 21).

Il testo originale mantiene in tal modo un'importanza decisiva: si presenta come la necessità di lottare sul terreno storico-ideologico che quel testo incarna, di valorizzarlo come espressione di un determinato momento storico che esprime una determinata ideologia, al fine di riportarlo, però, fuori dall'illeggibilità del *continuum* storico (cioè del canone): nell'autenticità della ora dissimulata contraddizione — storica — su cui esso stesso si fonda, dove quella stessa contraddizione (quello *choc*), pur armonizzata in una 'forma,' è resa mediante questa 'memorabile.' Tale dissimulazione è il centro operazionale rispetto a tutto ciò che Sanguineti modifica rispetto all'originale: la trasformazione della figliastra in figlia, la sovrapposizione pressoché completa fra il personaggio dell'autore e quello del padre (a sottolineare che Pirandello ha operato un distanziamento occultante fra la figura che meglio lo rappresenta e quella che compie l'incesto), l'apparizione di Balthus, i dialoghi tratti da *La filosofia nel boudoir* di Sade[16] e così via. Se, come scrive Sanguineti, travestimento "non vuol dire falsificazione. Vuol dire [...] non vivere i ruoli del vissuto trascinati dall'inconscio e personale e sociale; non viverli passivamente" ("Teatro come travestimento" 126), l'operazione non ha dunque niente a che fare con iniziative sovra-storiche quali "i classici nostri contemporanei," e pure ha pochi elementi di contatto con operazioni parodico/dialogiche di marca tardo bachtiniana, finalizzate ad eliminare la componente dialettica del dialogismo, finalizzate, fra l'altro, all'elisione dell'istanza autoriale: eliminazione del punto di vista che per Sanguineti si rovescerebbe in una sorta "di apologia di una realtà non più dominabile" (*Colloquio con Edoardo Sanguineti* 167), cioè in una prospettiva, come si è detto già per la poetica pirandelliana, dai caratteri fortemente ideologici: "travestimento, eccellente parola barocca, purché depurata da ogni esclusiva inclinazione verso l'orizzonte del burlesco e del parodico" ("Notizia," in *Faust* 124).

Se ne ha chiara riprova proprio nella riscrittura de *L'amore delle tre melarance*, dove l'irruzione della componente carnevalesca (finalizzata a far guarire il principe Tartaglia dalla malinconia) serve solo a rivelare le strutture di un immaginario prepotentemente colonizzato dal sistema televisivo, il quale, già, ha applicato, e dunque disinnescato, la progressione distruttiva del 'mondo alla rovescia:'[17] se il carnevale trasmesso in Tv ha strutturato il nostro immaginario, ha perso anche qualsiasi forza critica,[18] è anzi diventato — perché così vuole proporsi — l'eterna apparenza del mondo. Sanguineti, del resto, non è mai stato tenero verso le prospettive della 'vita': si pensi al violento attacco a Grotowski, "manualetto vivente [...] delle filosofie della vita in blocco," dove la sostituzione dei 'desideri' ai 'bisogni' viene letta come sintomo del guattarismo dilagante, vale a dire come simbolo di una, in prospettiva egemonica (e lo vediamo bene oggi), metafisica del molteplice.[19]

La prospettiva capitalistica ha mostrato di essere in grado di fare del 'disordine' un suo preciso punto di forza: rivelando così l'effettivo disordine espresso a livello strutturale come piano ideologico d'azione (ed è anche per questo che gli autori neo-avanguardisti non possono ripercorrere il cammino "incendiario" dei loro predecessori).

Altro, insomma, che 'maschera' come emblema di una *differenza* che non rimanda a niente mettendo così al riparo dal 'potere' correlato alla struttura identitaria: dietro la maschera vi è il "chierico rosso" di *Postkarten* che porta in scena il "tragico striptease dell'ideologico." (*Il gatto lupesco* 195) Non dunque la questione dell'uno, nessuno e centomila che è una prospettiva ideologica "molto particolare e, non a caso credo, in qualche modo reazionaria" ("Teatro come travestimento" 126), ma la coscienza di ciò che realmente 'agisce' nelle relazioni intersoggettive.

Travestirsi è un atto prammatico, corrisponde a una lettura 'attualizzante' del passato tesa a portare il testo al di fuori dell'illeggibilità armonica che il *continuum* storico determina, fino (sempre con Benjamin) a farlo deflagrare, decostruendo così con lui la storia stessa (la storia dei vincitori), e costituendo, in tal modo, l'oggetto storico per la prima volta (costituendolo, cioè, per la prima volta come storico), per forza di *critica*, cioè per contestazione ideologica e, formalmente, per deturpamento e sabotaggio. Evitare la fuga, come scriveva Benjamin a proposito di Brecht, di ciò che si presenta come "realmente significativo" (*Che cos'è il teatro epico?*): scoprire tale 'significazione' fuori dallo schema rappresentativo che implica la mera contemplazione[20] e, dunque, l'immagine non-storica del testo di partenza.

Il sabotaggio del linguaggio (per mezzo di deformazione, abbassamento, esasperazione della sua *mediocritas* quotidiana, citazioni, interpolazioni, ecc.) si costituisce così, com'è ben noto, sull'assunzione di questo come prospettiva immediatamente ideologica,[21] cioè, ricordando la famosa battuta con Zanzotto, come ideologia di una prospettiva storica,[22] come linguaggio già reificato che prova a veicolarsi in aspetto 'innocente.' La lingua, non solo rispecchia la struttura che la determina, ma rafforza, anche se tematicamente la critica, quella stessa struttura. Vale naturalmente anche il discorso opposto: la manipolazione della lingua si dà infatti, avanguardisticamente, come atto 'speranzoso' di modifica immediata del mondo, di modifica, vale a dire, del momento ideologico inerente (e incisivo) rispetto all'elemento strutturale in cui si adagia; dove l'elemento ideologico non è, ovviamente, mero rispecchiamento di quello strutturale, ma la sua più viva necessità di sussistenza: la necessità che il mondo funzioni, 'naturalmente' (anti-storicamente), nello stesso modo, secondo le stesse logiche che quella 'struttura' esprime (e ripete nel testo 'di partenza').[23] Tale deformazione (la deformazione che infrange la 'sclerotizzazione' di un senso comune 'alienato' proprio nel suo sentirsi 'naturale,') istituisce una nuova ideologia (che è presa di coscienza delle ideologie), il cui compito è dissimulare la "valenza pratico-suasoria" dello stesso atto linguistico. Mai si tratta del gioco 'anarchico' finalizzato all'esaltazione cinica correlata al 'disordinamento' del reale, ma sempre alla possibilità della sua redenzione, dove si presenta l'occasione per "trasformare l'esistente, rifondare il mondo" (Lorenzini: 115). In quest'ottica il compito del critico si caratterizza come quello di un "analista della persuasione ideologica" (Sanguineti: *La missione del critico* 211), dove con critico va ovviamente inteso, gramscianamente, un potenziale chiunque: un 'chiunque' il cui compito è sperimentare criticamente le gerarchie della realtà quali sono vissute nelle parole. L'azione deformante conduce fatalmente a una crisi della testualità che è, contemporaneamente, crisi dell'ordine simbolico-ideologico operante nel testo. È proprio in tale azione che va ad inserirsi quell'azione dialettica rispetto al *continuum* storico (canone!) che abbiamo citato in precedenza: l'azione deformante vuole infatti mettere in crisi la capacità armonica di questo *continuum* mediante l'attacco alla 'chiusura' dell'ordine testuale.

Tale crisi si esprime nell'attacco frontale all'ordine del discorso, vale a dire nello smascheramento della parola occultatrice e nella sua definizione in termini di 'chiacchiera,' di 'ciarla.' Siamo certo con Benjamin lettore di Kierkegaard, ma siamo anche forse ancora con Gozzano, con un linguaggio della letteratura abbassato alla forma storicamente assunta da questo nella società borghese (e non a caso Gozzano appare direttamente nel travestimento dantesco: "non son colui, non son colui che credi") e, indirettamente, in quello gozziano in diade con Corazzini ("in un freddo giaciglio lasciatemi... morire"), dove del resto il Pindaro citato da Gozzi si traveste da D'Annunzio. Ma è certo l'allegoria, di nuovo con Benjamin, a presentarsi come l'arma principale di questa operazione.[24] L'allegoria, infatti, si caratterizza come la possibilità di riattivare la funzionalità di una parola, di un nome, che si presenta ora come incapace a comunicare (a comunicare al di là del suo essere 'ciarla'), si presenta come dissoluzione — fra scrittore e spettatore — di un patto comunicativo che si rivela così essere, soltanto, ripetizione alienata dell'alienazione che nella stessa lingua di partenza si esprime, dove gli uomini parlano ma non dicono nulla[25] (e il carattere rivelativo della coscienza nel linguaggio è naturalmente un altro tema che, attraverso Benjamin, Sanguineti mutua dal primo storicismo tedesco). L'infrazione a questo patto che, tramite l'operazione di "montaggio,"[26] l'allegorista sviluppa trasformando l'opera in un elemento di pura reificazione/alienazione (alludendo chiaramente alla reificazione di qualsiasi 'prodotto'), si determina come presentazione 'rovinosa' del reale che, mentre assegna il proprio attuale 'significato' alla struttura alienata del mondo, da qui rimanda a ciò che storicamente sta oltre questa alienazione, cioè al 'concreto' che infrange le regole della propria 'astrazione' riattivando l'utopia del messaggio, o, più semplicemente, rivelando (e attivando) la latenza della verità rivoluzionaria.

Lo scarto linguistico che il nuovo linguaggio adopera — quello scarto linguistico che è intimamente connesso con il contenuto di pensiero che esso articola — è dunque riappropriazione di valore: è nominazione della cosa al fine di sottolineare la struttura che a quella stessa cosa è collegata. La destrutturazione vuole riattivare, sebbene solo come nostalgia (o utopia), ciò che la lingua conserva rispetto al suo valore primigenio. Ed è per l'appunto la possibilità di questo elemento originario a permettere lo sviluppo di un'istanza rivoluzionaria, riferendo a quella Verità che 'l'armonia delle contraddizioni' occulta.[27]

Tale riattivazione viene ad esempio affermata, secondo Benjamin, all'interno della traduzione, nel mostrare l'affinità che lega i linguaggi fra loro: non le affinità strutturali delle singole lingue, ma la nostalgia che tutte accomuna verso quella d'Origine. Ecco perché, per Benjamin, la traduzione ostenta maggior fedeltà verso l'originale che l'originale stesso,[28] e presenta, altresì, un *surplus* di libertà nei confronti della lingua d'approdo. È in questa relazione doppiamente determinata che il circolo comunicativo legato indissolubilmente alla 'chiacchiera' ha speranza di infrangersi: nella riattivazione, come rovina e nostalgia, del testo originale, nella rinnovata libertà che, in questa operazione, il testo d'approdo rivendica per sé.

Non potrà a questo punto stupire il legame profondo che nella poetica sanguinetiana viene a introdursi fra traduzione e travestimento. Nel primo come nel secondo caso, infatti, ciò che è in gioco è una capacità di azione intersoggettiva tesa al disvelamento, e insieme al superamento, di un precedente ordine ideologico, quell'ordine, quegli ordini, che nella 'ciarla' di un linguaggio reificato trovano il proprio rispecchiamento e stabilizzazione. Disvelamento che viene introdotto, mediante la riscrittura, per forza di critica: concetto, questo, che diviene così affine all'ironia romantica. Infatti, cogliendo il punto della critica romantica rispetto a quelle tradizionali di stampo illuministico, Benjamin delineava la funzione di questa (estranea a qualsiasi presupposto normativo) come elemento essenziale, intrinseco, dell'opera stessa, parte integrante di essa come, esattamente, parte integrante dell'opera originale vuole diventare il 'travestimento' sanguinetiano, quell'opera conducendo alla sua 'realtà' storico-ideologica che la stessa provava a occultare: "la critica dovrà rivelare nell'opera la sua verità indicibile" (Guarnieri: 48). Ed è, del resto, proprio quella stessa ironia che Benjamin riscontrava nel compito del traduttore. Ironia, traduzione, critica hanno il medesimo compito di far emergere dall'opera la sua verità ineffabile, ma quella è poi, per Sanguineti, la verità del conflitto di classe: la verità che l'opera non vuole (non può) dire. Ed ecco allora perché il gioco linguistico che lo scrittore marxista intraprende con i modelli scelti a riferimento — respingendo consolazioni e celebrazioni — è dunque, come dicevamo, il "gioco socialmente costitutivo," ed è un gioco tragico, "perché è il gioco della lotta di classe *tout court*" (Sanguineti: "Teatro come travestimento" 127). È lo straniamento a permettere la redenzione del 'significato:' del significato autentico.

Eppure l'allegoria non spiega tutto: il radicale allontanamento da una mimesi di tipo naturalistico[29] e, al contempo, la volontà di disoccultamento di ciò che giace al di sotto dell'armonia 'formale' del testo di partenza, non esaurisce l'operazione avanguardistica sanguinetiana. La scelta a favore del sintagma "realismo allegorico"[30] ha, a mio giudizio, il compito di eludere, storicamente, quel rischio di una 'mistica del fallimento' che l'opzione 'allegoria,' dovendo ergersi contro qualsiasi approdo 'formale' — contro qualsiasi sintesi di una concreta situazione sociale — inevitabilmente ospita.

Quando Sanguineti pone il realismo come opposto al naturalismo (che è puro rispecchiamento, anche linguistico; e può dunque solo ripetere e rafforzare le strutture dell'ideologia dominante che nella lingua si esprimono), fa riferimento diretto all'amato-odiato Lukács e, paradossalmente per un autore 'sperimentale,' al modello di realismo da questi proposto sulla linea di Marx. Non può trattarsi, ovviamente, del modello estetico che Lukács proponeva (un modello che, per Sanguineti, resta dogmatico), ma può di contro trattarsi del riferimento proprio a quell'idea di Totalità che il realismo lukácsiano portava in gioco, evidenziando la specificità di questa forma nella capacità, per l'appunto, di rivelazione di ciò che il punto prospettico anti-realista esclude, punto prospettico che viene ad essere affine a ciò che per Sanguineti è la natura simulatoria del testo di partenza: la sua volontà di occultare quel 'qualcosa' di fondamentale; la sua volontà di occultarsi come parte in lotta nel gioco relazionale della Storia. In questo senso, per tornare al testo di Pirandello,[31] la rimozione dell'incesto (atto in cui si reifica un'intera struttura di rapporti sociali falsificati e occultati nel loro *quid* generativo) è la stessa rimozione della totalità, e il riportarlo al centro della scena mediante la riscrittura/critica del testo originale, è il tentativo di recupero proprio di quella totalità. Secondo Lukács, del resto, ciò che impedisce il punto di vista della totalità è il suo essere in contrasto con l'essenza della razionalizzazione capitalista: il processo della specializzazione (che è la base stessa di quell'atteggiamento 'contemplativo' di cui abbiamo parlato in precedenza), ed è proprio in mancanza di tale punto di vista (che, ricordo, è il punto di vista del proletariato che giunge ad autocoscienza) la strada della prassi è totalmente sbarrata. Tale processo era, del resto, parte integrante di ciò che il procedimento avanguardistico — almeno secondo Bürger — poneva come 'sintomo' della propria condizione sociale, cioè di uno spazio autonomo che era — in questo caso consapevolmente, uno spazio di mistificazione ideologica, sebbene volto alla denuncia di tale mistificazione: alla denuncia di quello stesso spazio autonomo che tale arte pone sul terreno operativo (e potenzialmente prammatico) della contraddizione. Si guardi ora al collegamento fra specializzazione e prassi nella celeberrima apertura del *Faust* sanguinetiano:

> ho studiato [...]
> la sociologia delle comunicazioni di massa,
> la bibliografia e la biblioteconomia,
> la semiotica, la semantica,
> la cibernetica, la prossemica,
> l'informatica, la telematica
> [...]
> né gli uomini io mi spero migliorare,
> né di riuscirsi il mondo, a trasformare (51-52)

Così, nell'immagine di Faust irretito fra una Greta paninara e una notte di Valpurga al *night club*, accompagnato da un Mefistofele gramsciano intellettuale cosmopolita[32] e, modernisticamente (o già post-modernisticamente), assertore di una ricomposizione impossibile fra parola e cosa (vale a dire assertore dell'impossibilità del linguaggio della Verità:[33] dove la parola, quella parola storicamente reificata dalla razionalizzazione borghese, diventa astoricamente, cioè surrettiziamente, astratta), è proprio la questione dell'intellettuale a tornare alla luce: quell'intellettuale che, per parlare il discorso della 'Verità,' necessita di farsi organico alla classe che quella Verità esprime nel prendere coscienza di sé come tale, e che, di certo, non può affidarsi alla separatezza di un orizzonte culturale che non contempla la prassi. Punto che Sanguineti veniva chiarendo proprio dal suo ruolo gramsciano di recensore teatrale per l'Unità, o, come amava definirsi al tempo, "quinta colonna" per quelli che a teatro non possono andarci.[34]

E dunque:

> A me piacerebbe elaborare davvero questa teoria del teatro come travestimento [...].
> Che non è mica la scoperta dell'America; però, forse, collocare il travestimento come elemento centrale [...] non mi pare che sia mai stato fatto. La prima deduzione, fra l'altro, è proprio di ordine sociale. Perché il teatro è una macchina sociale, in senso forte [...]. È, fra l'altro, certamente, un modo di terapia sociale. Intendo questo, però, non nel modo solitamente medicalizzato, con cui oggi si abusa di questa metafora, ma

dell'equilibrio dei rapporti sociali, o, per meglio dire, dell'equilibrio degli squilibri sociali (Sanguineti, in Vazzoler 183)

Il testo di approdo è così il rivelatore di tali squilibri, il punto in cui l'intellettuale, approdato gramscianamente al punto di vista della classe di riferimento,[35] ingaggia, sul terreno di una letteratura riportata, oltre le mistificazioni, alla sua funzione di documento storico, una lotta con l'ideologia avversa; cercando quella Lingua della Autenticità, quel significato, che vive ancora come lutto fra le rovine di un linguaggio reificato e razionalizzato, preda, vale dire, di una contraddizione non più avvertita come tale, anzi addirittura esaltata come 'verità' del mondo. Ma tale lotta per il significato viene così ad essere tutt'uno con il progetto egemonico di matrice gramsciana, perché il suo proponimento conclusivo (fuori da qualsiasi soluzione mistichggiante e/o teleologica) è per l'appunto la riattivazione della prospettiva storica, vale a dire lo smascheramento del marxiano "tradimento della borghesia" che, approdata 'storicamente' al potere, il compito della Storia pretende concluso e le proprie modalità operative spaccia come Natura, come *condition humaine*, affidando proprio agli intellettuali la gestione del "consenso spontaneo" che quella prospettiva fortifica. Ma sotto quella, distintamente, l'intellettuale marxista registra invece le reali condizioni di vita degli individui (e dei testi letterari) quel tradimento rivelando; o, per dirla proprio con Sanguineti, "Non c'è personaggio, infatti, dove c'è *persona*" ("La maschera e la fiaba", in *L'amore delle tre melarance* 10).

Note

[1] Il testo andò in scena, nell'ambito della Biennale-Teatro, a Venezia nel luglio 2001 al Teatro Verde nell'isola di San Giorgio

[2] Cf. Vazzoler: *Il chierico e la scena* 136-137: "L'interesse di Sanguineti per Gozzi [...] data almeno al 1979, quando interviene in occasione della *Donna serpente* di Marcucci, prima contribuendo al libro di sala (è il testo di una conferenza), poi recensendo il fortunato spettacolo dello "Stabile" di Genova. In questo caso Gozzi interessa Sanguineti non nell'ambito della storia teatrale settecentesca (la polemica con Goldoni) [...], ma in quanto autore di "fiabe" [...] il carattere di archetipo (il meccanismo di divieto e iniziazione, l'uscire dall'immortalità della natura per entrare nel tempo della storia) [...], in cui la favola di Gozzi gioca il ruolo, alla Benjamin, dell' "Eterno Infantile."

[3] E si potranno già qui ricordare le illuminanti affermazioni sulla capacità critica del *Dante reazionario*.

[4] Cf. Francesco Muzzioli, "Prefazione" a Venturo: *Parola e travestimento* 5: "Polifonia bachtiniana, di certo, dialogicità, ma nondimeno dialettica".

[5] Non a caso quando Smeraldina seduce la terza melarancia con stilemi ripresi dall'immaginario televisivo, il coro dichiara che fa "persuasione occulta."

[6] Cf. Grignani: "Sanguineti-Gozzi: un travestimento (anamorfosi) del canovaccio" 50-63.

[7] Non manca un riferimento diretto al Fascismo, compiuto proprio da quel personaggio, Truffaldino, che nell'originale gozziano, proponendosi come motore della storia, mirava alla salvaguardia delle ragioni dell'autore. Cf. *L'amore delle tre melarance* 79: "Il petto in fuori, forza! Su il collo, sguardo scemo, / fate faccia feroce! Vincere, e vinceremo!"

[8] Cf. Giovannuzzi: *Introduzione* a *Fiabe teatrali*: 11-12: "le *Fiabe* […]. Dinanzi al *caos* dilagante, incarnano il bisogno di ordine, riaffermano dispettosamente valori e principi nei fatti smentiti […]. In rapporto alla spaventosa aridità delle *Memorie*, dove i legami famigliari sono vincolati ad una ineludibile legge economica, le *Fiabe* prolungano una visione cupa del mondo, ma anche la alleggeriscono garantendo uno sfogo in più, fantastico […] e il rifugio della letteratura."

[9] Cf. Sanguineti: "La scena, il corpo, il travestimento," in Vazzoler: 187: "che cos'è il teatro? È travestirsi. Qualcuno sta per un altro. In fondo, il mettersi in maschera […]. Allora: il travestimento è un altro elemento fondamentale, per me, e forse quello davvero fondamentale. E poi, credo, tutto il discorso dello straniamento brechtiano si può ridurre a questo nucleo. Anzi, io preferirei parlare di travestimento piuttosto ché di straniamento, il quale è rimasto, non a caso, piuttosto mitico. Perché, in sostanza, che cosa è lo straniamento se non il riconoscere esplicitamente che si è in situazione di travestimento?"

[10] Vazzoler: 34: "l'*Orlando* è un travestimento ancora 'involontario' e solo la successiva riflessione su quell'esperienza porterà Sanguineti ad una teorizzazione più consapevole." L'*Orlando*, fra l'altro, proprio nella sua assoluta 'fedeltà' al testo di partenza, rappresenta un caso particolarissimo nella strategia sanguinetiana, in quanto riproposizione di un 'mondo' che, già in Ariosto, veniva a porsi come struttura di un 'meraviglioso impossibile' a cui non era più dato di credere; veniva cioè a porsi, direttamente, nella prospettiva storica dello spazio degradato della 'fiera' (del teatro) che, come è ben noto, è luogo topico di quella riflessione sanguinetiana connessa alla decadenza del sublime.

[11] Cf. Sanguineti: "Evviva il teatro Lunapark" 46: "Quello che mi affascina del teatro è il suo aspetto di grande baraccone."

[12] Cf. Weber: *Usando gli utensili di utopia* 165: "l'atto del travestimento comporta, nello stesso tempo, un suo implicito smascheramento."

[13] Il testo viene portato in scena per la prima volta il 20 Giugno 2001 al Piccolo Teatro della Corte di Genova. La regia e la musica sono di Andrea Liberovici. Tale opera rappresenta l'ultima collaborazione tra Sanguineti e il giovane regista.

[14] Vazzoler: 161: "critica antispettacolare della spettacolare metateatralità pirandelliana."

[15] Cf. Gramsci: *Quaderni del carcere* Q6§26 705: "L'importanza del Pirandello mi pare di carattere intellettuale e morale, cioè culturale, più che artistica: egli ha cercato di introdurre nella cultura popolare la «dialettica» della filosofia moderna, in opposizione al modo aristotelico-cattolico di concepire l'«oggettività del reale»."

Per Gramsci la critica pirandelliana alla "realtà oggettiva" può sì essere esaltata in quanto capacità distruttiva del "senso comune" (che è calcificazione di precedenti sistemi ideologici), ma non può certo condurre alla prospettiva relativista di una nuova sofistica, perché questa si caratterizzerebbe, ancora una volta, come astrazione dal piano storico-economico, vale a dire come ennesima maschera dell'ideologia borghese, estremo tentativo proiettato alla difesa dello *status quo*. E infatti cf. Sanguineti: "Il grande teatro è solo hard," in *Sei personaggi.com* 8: "Condivido la diagnosi di

Gramsci. Gramsci, che pure non ignorava l'adesione di Pirandello al fascismo dopo l'assassinio di Matteotti, ne apprezzava comunque l'atteggiamento distruttivo."

[16] È naturalmente impossibile non considerare la strettissima connessione fra Sade e Artaud.

[17] Cf. *L'amore delle tre melarance* 59: "Soltanto un carnevale, follemente sardonico, / un mondo alla rovescia, per lui sarà un buon tonico. / […] / E nemmeno sghignazza davanti a un Berlusconi, / se vede e ascolta Bossi gli cascano i coglioni, / prende sul serio Fini, se parla Buttiglione / se lo crede un Tommaso, un Hegel, un Platone. / Se legge la Tamaro, diventa un funerale, / se appare Emilio Fede, non ghigna, anzi sta male."

[18] Cf. *L'amore delle tre melarance* 63-64: "Silvio: La reggia sia un bordello. / E quanto più bordello, tanto sarà più bello. / Omo, etero, baldracche, trans, travestiti, vergini / […] / Pantalone: Sire, il decreto è saggio. Sono al vostro servizio. / La virtù ceda all'orgia, il bene ceda al vizio."

[19] Cf. Vazzoler: 68-69.

[20] È naturalmente tutt'altro che un caso che una delle 'movenze' dell'*interruzione* brechtiana consistesse nel meccanismo della citazione. Ma anche qui, naturalmente, siamo agli antipodi dal meccanismo citazionale degli autori postmoderni. Cf. Sanguineti: in *Sei personaggi.com* 10: "Quindi anche qui ci sono degli schermi e sono citazionali. Ma la loro funzione è rovesciata perché sono spinti a rendere evidente tutto ciò che è stato occultato." Si pensi, per fare ora solo un esempio, alla trasfigurazione della Madama Pace pirandelliana nella signora Sosostris eliottiana, la cui figura va, da un lato, ad introdurre una riflessione sull'inglese (e quindi sul mondo "angloamericanizzato e globalizzato") e, dall'altro, diventa probabilmente critica sarcastica (attraverso i suoi tarocchi) del gioco narrativo calviniano de *Il castello dei destini incrociati*, romanzo duramente criticato da Sanguineti nel 1973.

[21] Cf. Baccarani: 187: "smascherare la finzione del linguaggio poetico come linguaggio innocente e metterne a nudo la valenza comune e sempre ideologica."

[22] Cf. Lorenzini: 25: "un problema di ideologia espressa nel linguaggio."

[23] È, naturalmente, nel concetto di "omologia" di Lucien Goldmann, come più volte sottolineato da Renato Barilli, che Sanguineti trova una possibilità operativa attraverso il linguaggio, possibilità, voglio dire, di un intervento attivo all'interno della sovrastruttura.

[24] Cf. Pesce: 69: "L'allegoria, utilizzando e intrepretando Benjamin, è la modalità attraverso la quale si può traslare in immagine (figura) autonoma, ma non scollegata, il senso del discorso della parola, disperso nella progressiva attenuazione della (loro) funzionalità significante, in un contesto in cui le cose (i nomi) si sono allontanati dalla loro *impronta* creativa e cognitiva. È il raffigurare, mediante la sua trasposizione, ciò che il significante *primo* non riesce più a comunicare […]. Allegoria, per Benjamin, è dunque conferimento di senso che però si realizza attraverso un *trasferimento*. […] nello *straniamento*, consente un rinnovato conferimento di senso."

[25] È lo stesso meccanismo connesso alla necessità di infrangere, nello straniamento, la componente 'emozionale' provata dallo spettatore.

[26] Cf. Curi: "Una poetica della *contrainte*" 421: "sperimentare con la tradizione, mutare le forme tradizionali in semplici materiali da costruzione, dissacrare e straniare i moduli più illustri facendone degli oggetti ludici, ri-usandoli con ironia o con sarcasmo."

[27] Quella verità, scriveva proprio Brecht in *Cinque difficoltà per chi scrive la verità*, che va riconosciuta proprio perché ovunque viene travisata.

[28] Così come per Sanguineti, si potrebbe dire, *Sei personaggi.com* è più fedele a *Sei personaggi in cerca d'autore* della stessa opera pirandelliana.

[29] Cf. Sanguineti, in Pesce 155: "cerca di prendere tutte le distanze da una mimesi di tipo naturalistico. Cercavo un tipo di dialogo e comunicazione che sotto apparenze di una relativa quotidianità però si allontanasse da questa sorta di comunicazione "ingenua" del rifare la vita sulla scena."

[30] Cf. Sanguineti: *Il amore è come una febbre e mi rovescio* 116-117: "Io ho sempre pensato che l'avanguardia è la forma adeguata oggi del realismo; oggi neorealismo è parola che storicamente mi disturba, ma *realismo* no. [...] e realistico è l'opposto del naturalismo [...]. La formula che mi è più cara è *realismo allegorico*."

[31] Sempre nell'ottica dell'emersione del gioco relazione fra le componenti in lotta, è ovviamente possibile notare come il riferimento a Pirandello sia inevitabilmente, anche, un riferimento proprio a Brecht, cioè a quell'autore che fu in grado di sviluppare in senso materialista alcuni dei portati dell'estetica pirandelliana.

[32] Cf. *Faust* 61: "Per cavarti i tuoi capricci, /eccomi qui, travestito da intellettuale internazionale."

[33] Mefistofele appare come un intellettuale soggiogato dal cosiddetto *turn* linguistico della filosofia.

[34] Cf. Sanguineti, in Vazzoler: 203: "il critico sta a teatro, nella situazione sociale attuale, a nome di quelli che non possono andarci. [...] Da materialista storico lo sentivo ancora più fortemente. [...] risulta molto chiaro che la destinazione prima era estremamente selezionante; [...] con caratteri di classe molto netti [...]. Allora parlavo di questa funzione quasi di spia, di quinta colonna."

[35] Sanguineti: "Di scrittura e altro," in Lorenzini: 132: "si è condizionati a essere legati storicamente a una classe definita." Non si tratta ovviamente di una 'limitazione,' è anzi proprio questa 'scelta' che permette all'intellettuale, infrangendo la consueta illusione di essere autonomo, di slegare il proprio punto di vista da quello della classe a cui appartiene per nascita. La rottura di questo patto, ricorda proprio il Baudelaire di Benjamin, è il trauma che permette l'operazione sovversiva.

Bibliografia

Baccarani, Elisabetta. *La poesia nel labirinto: razionalismo e istanza "antiletteraria" nell'opera e nella cultura di Edoardo Sanguineti*. Bologna: Il Mulino, 2002.
Benjamin, Walter. *Angelus novus: saggi e frammenti*. Torino: Einaudi, 1995.
———. *Avanguardia e rivoluzione: saggi sulla letteratura*. Torino: Einaudi, 1973.
Brecht, Bertolt. *Scritti sulla letteratura e l'arte*. A cura di Cesare Cases. Torino: Einaudi, 1973.
Bürger, Peter. *Teoria dell'avanguardia*. Torino: Bollati Boringhieri, 1990.
Curi, Fausto. "Una poetica della *contrainte*. Sanguineti, l'avanguardia, l'Oulipo." *Poetiche* VIII, 3, 2006.
Gozzi, Carlo. *Fiabe teatrali*. A cura di Stefano Giovannuzzi. Milano: Mursia, 1998.
Gramsci, Antonio. *Quaderni del carcere*. A cura di Valentino Gerratana. Torino: G. Einaudi, 1975.
Grignani, Antonietta. "Sanguineti-Gozzi: Un Travestimento (anamorfosi) Del Canovaccio." *Il Verri* 29 (ottobre 2005): 50–63.
Guarnieri, Cristina. *Il linguaggio allo specchio: Walter Benjamin e il primo romanticismo tedesco*. Milano: Mimesis, 2009.

Jameson, Fredric. *The Political Unconscious: Narrative as a Socially Symbolic Act.* Ithaca, N.Y.: Cornell University Press, 1981.

Lorenzini, Niva. *Sanguineti e il teatro della scrittura: la pratica del travestimento da Dante a Dürer.* Milano: Franco Angeli, 2011.

Lukács, György. *Scritti sul realismo.* Torino: G. Einaudi, 1978.

Pesce, Maria Dolores. *Edoardo Sanguineti e il teatro: la poetica del travestimento.* Alessandria: Edizioni dell'Orso, 2003.

Quattrini, E. "Sanguineti: Evviva Il Teatro Lunapark. Intervista." *Hystrio* II, no. 1 (March 1989): 46–48.

Sade. *La filosofia nel boudoir: ovvero I precettori immorali.* Milano: SE Studio Editoriale, 1986.

Sanguineti, Edoardo. *Dante reazionario.* Rome: Editori Riuniti, 1992.

———. *Faust: un travestimento.* Genova: Costa & Nolan, 1985.

———. *Guido Gozzano; indagini e letture.* Torino: Einaudi Editore, 1966.

———. *Il chierico organico: scritture e intellettuali.* Milano: Feltrinelli, 2000.

———. *Il gatto lupesco: poesie (1982-2001).* Milano: Feltrinelli, 2002.

———. *La missione del critico.* Genova: Marietti, 1987.

———. *Sei personaggi.com: un travestimento pirandelliano.* Genova: Il melangolo, 2001.

———. *Tra Liberty e crepuscolarismo.* Pp. 223. Milano, 1961.

Sanguineti, Edoardo, and Fabio Gambaro. *Colloquio con Edoardo Sanguineti: quarant'anni di cultura italiana attraverso i ricordi di un poeta intellettuale.* Milano: Anabasi, 1993.

Sanguineti, Edoardo, and Carlo Gozzi. *L'amore delle tre melarance: un travestimento fiabesco dal canovaccio di Carlo Gozzi.* Genova: Melangolo, 2001.

Sanguineti, Edoardo, and Andrea Liberovici. *Il mio amore è come una febbre e mi rovescio.* Milano: Bompiani, 1998.

Sanguineti, Edoardo, and Luigi Pestalozza. *Per musica.* Modena; Milano: Mucchi ; Ricordi, 1993.

Sanguineti, Edoardo, and Luca Ronconi. *"Orlando furioso" di Ludovico Ariosto.* Roma: Bulzoni, 1970.

Vazzoler, Franco. *Il chierico e la scena: cinque capitoli su Sanguineti e il teatro.* Genova: il melangolo, 2009.

Venturo, Mariafrancesca, and Francesco Muzzioli. *Parola e travestimento nella poetica teatrale di Edoardo Sanguineti.* Roma: Fermenti, 2007.

Weber, Luigi. *Usando gli utensili di utopia: traduzione, parodia e riscrittura in Edoardo Sanguineti.* Bologna: GEDIT, 2004.

Luigi Ballerini

Di confini e margini, e frange (e di un centro di cui si può fare a meno)

> *Houses live and die: there is a time for building*
> *And a time for living and for generation*
> *And a time for the wind to break the loosened pane*
> *And to shake the wainscot where the field-mouse trots*
> *And to shake the tattered arras woven with a silent motto.*
> T.S. Eliot

Mi è stato *benevolmente* assegnato l'*ingrato* compito di chiudere, senza per altro pretendere ch'io ne metta in perfetta evidenza i tratti più appetitosi, queste tre giornate di lavori intorno al tema *Ai confini della Neo-avanguardia*, assai felicemente scelto da Gianluca Rizzo per "celebrare" anche qui, a Los Angeles, a distanza di 10.563,29 km da Palermo, e cinquant'anni dopo il noto convegno che in quella città si tenne, i fasti e le rovine di quel che da allora si chiama, per convenzione, "Gruppo '63" o "neo-avanguardia".

Sono termini che, in realtà non si sovrappongono perfettamente, e questo per due ragioni almeno: primo non tutti "gli iscritti" al gruppo produssero scritture a elevato tasso di ricerca letteraria, come il termine avanguardia, neo o paleo, implicherebbe; e secondo perché scritture "d'avanguardia" o, appunto, di "ricerca", furono praticate anche da scrittori e poeti che con il Gruppo '63 ebbero poco o nulla a che fare.

Non è grave; e anche noi qui ci lasceremo cullare da questa leggera imperfezione. Il secondo punto tuttavia va ribadito: il lavoro di svecchiamento delle istituzioni letterarie compiuto da un buon numero degli appartenenti al gruppo, nonché il forte incremento che grazie al loro lavoro si registrò nelle operazioni e nelle modalità del significare, non fu esclusivo appannaggio di chi risultava ufficialmente iscritto al partito delle innovazioni o dello sperimentalismo linguistico, come usava dire all'epoca. Numerosi furono infatti i compagni di viaggio, più o meno riluttanti (Giancarlo Majorino, Emilio Isgrò etc.) e non meno numerosi i predecessori, rimasti per lo più nell'ombra, "un po' per celia e un un po' per non morire al primo incontro" come canterebbe Madame Butterfly, ma in realtà per una loro dichiarata volontà di esilio (Emilio Villa, Mario Diacono, per fare altri due nomi con cui si comincia soltanto adesso a fare i conti).

Non si può neppure dire, per altro, che la trama, assai rada e piuttosto elastica dell'appartenenza al plotone neo-avanguardista consenta una netta distinzione tra centro, margini e frange, o confini, appunto, anche i più estremi, come questo di Los Angeles, oltre il quale, se ci si muove da Est a Ovest, la neo-avanguardia italiana non ha potuto e non potrà veramente spingersi.

In direzione da Ovest a Est, abbiamo notizia che sia arrivata fino a Kyoto. Ce lo ricorda Alfredo Giuliani nella deliziosa *Aneddoto di una trasferta in Giappone* (ora in *Poetrix Bazaar*, Napoli, Pironti, 2003) in cui si legge come il "veteronovissimo Edoardo" (Sanguineti), cogliesse l'occasione di una "squisita piccola cena" per spiegare all'eminente dantista prof. Iwakura, non proprio le poetiche dei novissimi di cui aveva competenza, ma il cattivo andamento dell'economia nipponica, "come e qualmente il loro guaio sia la politica / finanziaria". La spiegazione viene accolta, commenta Giuliani, con un "impeccabile silenzio zenico".

Forse, quando, del Gruppo '63, si celebrerà un altro importante anniversario (il settantacinquesimo? Il centesimo?) alcuni dei lavori usciti dalle sue officine avranno completato il giro del mondo (*Vogliamo tutto*, di Nanni Balestrini, è stato appena pubblicato in inglese da una casa editrice australiana) e i loro autori saranno entrati a far parte del piano di studi degli studenti di Italiano dell'Università di Samoa. Chi può dirlo?

Schizzato così alla bella e buona il favolello geografico e cronachistico, e passando senza troppi sacrifici semiologici, da confine a margine, direi, in generale, che mentre ci sono stati autori intenzionalmente marginali – vuoi perché la loro adesione non fu mai più che tiepida o strumentale (Alberto Arbasino, Furio Colombo, Luigi Malerba etc.), vuoi perché si sentirono fin da sempre attratti da istigazioni esterne più radicali di quelle proposte dal gruppo, (Adriano Spatola, Corrado Costa etc.), – ci sono stati anche autori i cui esiti letterari situati inizialmente al centro dell'operazione, sono finiti ai margini a causa del progressivo infiacchirsi delle istanze di ricerca che avevano determinato la nascita del gruppo, e alle quali essi, invece, intendevano restare fedeli.

Ciò non significa che dopo la fase aurorale del suo percorso, un poeta come Elio Pagliarani si sia irrigidito nella pratica di stilemi e movenze fissati una volta per tutti, quanto, al contrario, che la sua scrittura si è evoluta da *La ragazza Carla* (1960) agli *Epigrammi Ferraresi* (1987), opere che più diverse sarebbe difficile immaginare, all'insegna di una non interrotta consapevolezza linguistica e di un lucido impegno etico: grazie a queste due "dignità", lo scivolamento ai margini del suo lavoro poetico si oppone al ripudio dello sperimentalismo (sostenuto magari in teoria, ma accuratamente evitato nella pratica) da parte di narratori come Umberto Eco e di poeti come Antonio Porta, che sono dunque rimasti sì al centro, ma solo perché a questo punto, il centro della neo-avanguardia ha finito con il coincidere, inopinatamente, con il centro della letteratura ufficiale, quella del cosiddetto *establishment*, contro cui i sessantreisti si erano originariamente scagliati.

Di questa "coincidenza" causata, c'è da scommettere, dal legittimo desiderio di farsi capire da un più vasto (e nel caso di Eco da un vastissimo) pubblico c'è chi si è rallegrato. Altri, che per ragione anagrafiche è entrato nell'arena della scrittura poetica dopo il dissolversi della neo-avanguardia nei tardi anni sessanta e primi settanta, ha preferito considerare quell'esperienza come qualcosa di isolato, che non faceva veramente parte di un naturale decorso evolutivo. Né centro, né margini, dunque, ma semplicemente una bizzarria, un'aberrazione, per altro del tutto *négligeable*. Se prendiamo, per esempio, l'antologia *Dopo la lirica* di Enrico Testa (Einaudi, 2005), vi leggiamo che tutto sommato la fase neoavanguardistica, almeno per quanto riguarda la poesia, deve considerarsi una parentesi[1] aperta non si sa come, e chiusa dalle grandi convulsioni sociali e politiche la cui urgenza avrebbe messo in forse la validità stessa della scrittura poetica. Passata la buriana, e cioè la crisi della metà degli anni '70 (che però alla luce dei testi pubblicati, sembra piuttosto un'invenzione della critica e dell'editoria che una realtà della scrittura) uomini e donne colpiti da nuove incertezze e precarietà avrebbero poi dato voce (la propria) a una poesia che si ricollegava a un prima della neo-avanguardia, scandito da nomi molto precisi, Sereni, Bertolucci, Luzi, a tacere di molti altri encomiabili scrittori. È lecito dubitare della correttezza di questa disanima.

Ma per tornare ai margini: oltre a quelli esterni e temporalmente definiti (in cui si situano dei tipi di lavoro poetico che vengono prima e dopo di quello dei neo-avanguardisti della poesia, e dei *Novissimi* in particolare), è doveroso segnalare la presenza di un margine esterno, spostato di poco (all'indietro) rispetto a quella che avrebbe finito col chiamarsi, secondo la proposta di Francesco Muzzioli, la poesia di ricerca. Alludo al margine "occupato" da Pier Paolo Pasolini, dal primo Roberto Roversi e dal primo Francesco Leonetti, in buona sostanza dai Redattori della rivista *Officina*, il cui tratto di maggior rilievo, non fu, credo, l'aspirazione a chiarire ideologicamente il valore della letteratura, che pure consumò gran parte delle loro energie, ma il coraggio non sporadico con cui denunciarono le gravi arretratezze sia della società italiana in generale, sia le tematiche e le istituzioni frequentate dai letterati italiani nei primi dieci anni del secondo dopoguerra.

Si può ricorrere, per far un esempio molto conosciuto, all'invettiva scritta da Pasolini contro Pio XII che il poeta accusa di totale negligenza nei riguardi delle miserabili condizioni di vita della plebe romana, di cui il papa – al secolo principe Eugenio Pacelli – non sembra neppure accorgersi. Il testo, che si conclude con "Tu sei il più grande peccatore di tutti" (non avendo fatto quel che avrebbe potuto fare) incontrò l'approvazione entusiasta di Leonetti che in una lettera all'amico, datata 5 dicembre 1958, ne loda la forza e il candore[2], ma spaventò a tal punto l'editore Valentino Bompiani che volle immediatamente sciogliersi dall'obbligo di continuare a pubblicare la rivista. E fu questo l'unico vero risultato perché la giovanile baldanza pasoliniana era pur sempre redatta nel linguaggio del "nemico", e come tale facilmente metabolizzabile. Il che dimostra come spesso il coraggio, anche quello più degno di elogio, da solo non basta.

Proprio qui, infatti, stava, e sta tuttavia, il busillis: nella ricerca di un linguaggio funambolico, irrequieto nel lessico e nella sintassi, e quindi capace di accogliere e praticare modalità discorsive appartenenti ad altri registri dell'espressione artistica, quello musicale, per esempio, o quello delle arti plastiche etc. Se il testo poetico non si butta a capofitto fuori delle coordinate e delle subordinate di cui ci si serve per la comunicazione ordinaria, intesa cioè all'ottenimento di qualcosa, nessuno dei suoi strepiti riuscirà mai a procurare quell'accrescimento della consapevolezza necessaria al conoscere in tutte le sue manifestazioni, che è il compito specifico e la funzione politica della poesia.

In questo margine che, come si è accennato, precede di poco la formazione della compagine novissima (1961) ed è parallelo ai fermenti che le dettero vita, si colloca anche la "Polemica in prosa" con cui Edoardo Sanguineti (a colpi di concettosità e leziosità secentesche) accusa Pasolini di averlo incluso "a tradimento" nella *Piccola antologia sperimentale* pubblicata sui numeri 9-10 di *Officina* (giugno 1957).

Negli anni dell'aperto conflitto tra le posizioni "sperimentali" di Pasolini e quelle dei Novissimi che, appropriatisi a loro volta di questo termine ne avevano però ridefinito la piattaforma linguistica e retorica della sua più intima sostanza,[3] Pasolini aveva, a sua volta, denunciato, nella celebre *In morte del realismo* (1961) – parodia del discorso che Shakespeare mette in bocca a Marco Antonio nel suo *Giulio Cesare* – il "voltafaccia" di scrittori quali Cassola, rei di aver abbandonato lo "stile realista" di cui però Pasolini non fornisce che una vaghissima definizione per abbracciare un bellettrismo, anch'esso assai vagamente definito.

Sono anni, questi che vanno dalla metà degli anni '50 fino all'esaurirsi del decennio successivo, in cui denunciare una "deviazione" poteva voler dire pensarsi al centro di un'ortodossia come sembrano implicare le staffilate di Pasolini contro i "puristi" delle patrie lettere, oppure al "centro di una precarietà", come ha scritto egregiamente Sanguineti[4], pensando agli obblighi "rivoluzionari" che una scrittura d'avanguardia non può non contrarre nei riguardi di chi, ignorando l'estro di chi compone, diventa vittima compiaciuta delle esigenze di chi propone (e, di riflesso, di chi acquista).

Le discussioni intorno al centro e ai margini toccarono già negli anni ruggenti della neo-avanguardia un punto di bassa pressione quando si cercò di ridurre le istanze sperimentali della narrativa e della poesia sessantatreista a una strategia per la conquista del potere. Fu Eco, se non ricordo male, che dalle pagine di "Quindici" rispose beffardamente che l'accusa era priva di senso, in quanto che gli scrittori e i poeti neo-avanguardisti il potere ce l'avevano già, nel mondo dell'editoria, per esempio, o in quelle delle accademie e delle università.

Si trattava, come spesso, di un falso problema. Il vero nocciolo della questione era capire che cosa si sarebbe potuto e dovuto fare con quel potere cui, per esempio, mancò quasi del tutto la volontà di spiegare come funzionassero i meccanismi linguistico-espressivi su cui si reggevano scritture che avevano ridotto a poco più di zero le funzioni diegetiche e referenziali.[5]

Oggi, sotto questo profilo, la situazione è assai migliorata, nel senso che la distanza che ci separa dagli anni della neo-avanguardia consente di affrontarne i testi con quegli strumenti, squisitamente filologici che forse alcuni membri del gruppo, ma non certo Sanguineti, avrebbero avuto, almeno in parte, "a disdegno". È sotto gli occhi di tutti l'apporto critico fondamentale di Francesco Muzzioli[6], che ha tenuto con precisione ed eleganza, il discorso di apertura di questo convegno, così come, tra i rappresentanti delle ultime leve della critica letteraria italiana, la pregnanza dei contributi di Stefano Colangelo alla comprensione della poesia di Emilio Villa, le monografie di Antonio Loreto su Nanni Balestrini e Amelia Rosselli, nonché gli studi dei "nostri" Beppe Cavatorta, Gianluca Rizzo e Federica Santini che hanno sbrogliato alcune non facili matasse dell'opera di Pagliarani, Spatola, Giuliani, Rosselli, etc.[7]

L'aria che si respira in questa saggistica è "rinfrescante", come si dice qui, nell'estremo occidente: il quadro che ci sta davanti è di tipo induttivo; le analisi sono condotte, primariamente sulla base delle coordinate strutturali e stilistiche di quel che si trova effettivamente sulla pagina (paratesto incluso), pur restando vivissima l'indagine delle ragioni storiche e sociali che hanno spinto, quelle parole a configurarsi nel modo in cui si sono aggregate. Siamo, in altre parole, davanti a un nuovo matrimonio di Filologia e Mercurio, con l'acquisto sottointeso che ciò che l'individuo trae dalla pratica della letteratura è un aumento di consapevolezza nelle gestione del lavoro, e non una conferma della giustezza delle proprie convinzioni o un aumento del proprio capitale contabile.

Per dirla ancora in altre parole siamo passati dalla critica etichettante della prima ora (l'ideologia sottoscritta dall'autore sdogana il testo) a una critica partecipativa, che trae effetti di senso dalla puntuale disamina della materialità del testo, alla luce di quanto è possibile sapere della condizione in cui opera il soggetto scrivente.

Ma è tempo di procedere verso almeno un'altra marginalità: quella cui, rispetto a quelli più frequentati (poesia e romanzo) furono condannati certi generi, e in particolar modo il teatro, inteso non solo come scrittura drammaturgica, ma proprio come liturgia generale dell'ascolto e del coinvolgimento del lettore/spettatore. Ricordo di passata che proprio questo mutato rapporto tra colui che invia un messaggio poetico e colui che lo riceve è stato proposto da Pagliarani come fattore di differenziazione tra le operazioni che si possono dire d'avanguardia e quelle che invece si sottraggono a tale definizione. Non possiamo, qui, entrare nel merito di questo importante svincolo nei percorsi e nei trascorsi delle scritture neo-avanguardiste. Per fortuna che nella sua recente edizione di *Tutto il teatro* di Elio Pagliarani,[8] Gianluca Rizzo, ha illuminato con grande accortezza la situazione riproponendo un documento prezioso, un "manifesto minimo" dello stesso Pagliarani il cui primo punto recita come segue: "Il teatro […] è il tramite ideale, il mezzo più diretto per verificare la capacità di provocazione della poesia". Scrive ancora, molto opportunamente, Rizzo:

> La lettura dei lavori qui raccolti renderà finalmente esplicito il rapporto di simbiosi che unisce la poesia al teatro: il genio poetico di Pagliarani, si potrebbe dire, si manifesta in forme e movenze squisitamente teatrali, tanto da rendere necessaria la conoscenza della sua produzione drammaturgica per una corretta interpretazione delle opere in versi.

Parlavamo poc'anzi di scivolamento ai margini di figure inizialmente centrali, e questa produzione teatrale di Elio Pagliarani, potrebbe proprio indicarsi come un ambito esemplare in cui verificare il fenomeno.

A scanso di equivoci e di valutazioni improprie, credo che sia doveroso, prima di procedere, chiarire il senso che si vuol dare qui, alla "condizione marginale" in cui hanno o avrebbero agito i neo-avanguardisti sessantreisti più ispirati, e più devoti alla causa della ricerca. Anziché irrigidirlo, e fino a renderlo equivalente di orlo, ciglio, cornice, recinzione, chiusura, limite, o di imporre al significante una ben congegnata museruola che lo veda perdente nei riguardi di ciò che è invece essenziale, fondativo, necessario etc., è preferibile e, nel caso nostro sicuramente più fertile, ricollegare la nozione di margine all'idea di uno spazio entro cui qualcosa può attuarsi, un luogo in cui è disponibile un certo "margine", per l'appunto, di libertà, di autonomia, e perfino, perché no, di stravaganza.

Se di confine deve proprio trattarsi, che sia un confine poroso, un transito, un andirivieni e, ancora, un'osmosi, una limitrofia. Quest'ultima locuzione è forse quella che meglio rende l'idea, perché viene da *limes*, cioè dal margine estremo dell'impero romano dov'erano di stanza le legioni che si nutrivano (*trophein*) con le derrate alimentari che si procacciavano commerciando con le popolazioni locali e anche coi barbari che stavano dall'altra parte della palizzata. Come ognun vede il margine può essere luogo di scambi intensi e di acquisizioni culturali stupefacenti. Per la lunghissima fioritura e la meravigliosa decadenza dell'impero romano non si devono forse ringraziare gli apporti illirici, bitinici, ispanici, etc. ... per non parlare delle fecondazioni prima elleniche e poi giudaico-cristiane.

È altrettanto doveroso dare al margine una dimensione temporale. Qui il centro s'identifica con il momento in cui il Gruppo '63 si formò, grazie soprattutto all'attivismo di Nanni Balestrini, e gli anni immediatamente successivi durante i quali fece adepti e proseliti che oggi, a distanza di 50 anni non è proprio facilissimo riconoscere, nemmeno se alla bisogna si accingono i protagonisti di allora, come Renato Barilli che è qui con noi, e al quale dobbiamo le sillogi più accurate dei principali documenti e dei testi concepiti e redatti dalle penne neo-avanguardiste.

Resta il margine del dopo. Abbiamo già accennato ai teorici che hanno visto nella neo-avanguardia una parentesi e dunque un'aberrazione, o tracimazione o traviamento, termini tutti da intendersi in senso strettamente etimologico. Sul versante invece di chi guarda benevolmente con gratitudine all'eredità lasciata dalla neo-avanguardia (e da coloro che fecero della ricerca e della lotta poetica una ragione di vita, pur non essendo associati al Gruppo '63) si registrano, da un lato, testimonianze esplicite e attestati di gratitudine rilasciati da numerosi esponenti delle ultime generazioni che vanno da Gian Maria Annovi a Valerio Magrelli a Sara Ventroni etc. – se ne trova un ricco regesto sul numero 47 del Verri (ottobre 2011), pubblicato in occasione del cinquantesimo anniversario de *I novissimi* – e dall'altro lato, radicali, e tutto sommato inattesi, cambiamenti di stile nei percorsi poetici di autori che vanno dallo stesso Pasolini, a Luzi, a Bigongiari, a Volponi, a Roversi, a Leonetti e altri ancora.

Non si afferma qui che quei cambiamenti siano il frutto diretto degli esempi offerti dai santoni della neo-avanguardia, ricaduti fragorosamente sulle spalle di "superbe altezze" convertitesi al "disonore" della "ricerca e dell'esperimento", ma il fatto resta che quei cambiamenti ci furono e che dunque, quanto meno come sveglia, i sessantatreisti non è affatto possibile ignorarli. Basta confrontare un qualsiasi brano de *Le Ceneri di Gramsci* (1957), con un qualsiasi brano di *Tasumanar e organizzar* (1971) nella cui bandella editoriale, firmata dallo stesso Pasolini si legge:

> Lo devo ammettere: i veri lettori di questo libro sono coloro che gli possono conferire una certa oggettività attraverso un interesse professionale. Ciò, è vero, accade in Italia per tutti i libri di poesia: ma per questo, credo, in modo particolare, perché almeno per la prima metà esso è costituito da "documenti", o privati (a testimoniare una vita) o letterari (a testimoniare una evoluzione linguistica e intellettuale).

Ancora più pregnanti ci paiono a questo proposito le tortuose (e in quanto tali assai rivelatrici) ammissioni di Raboni che conclude la sua recensione a *Descrizioni in atto (1963-1969)* di Roberto Roversi affermando:

> Appare tutt'altro che sorprendente che nel mettere a punto i suoi nuovi strumenti espressivi Roversi si sia trovato ad accettare alcune coincidenze di carattere formale con il lavoro delle cosiddette neoavanguardie. [...] Lontani come siamo dal presumere negli interessi di Roversi propensioni anche passeggere al piacere di un astratto sperimentalismo, crediamo di poter giudicare tali coincidenze come sintomi o indizi di un clima espressivo condensatosi in questi anni su un'area molto più vasta di quella di pertinenza del formalismo avanguardistico; clima espressivo che è tanto sbagliato voler ignorare, quanto ostinarsi a limitarlo a una schematica funzione provocatoria.[9]

Un classico della retorica, un colpo al cerchio e un colpo alla botte, da cui si evince che le coincidenze possono essere temporalmente disgiunte; la qualcosa potrebbe considerarsi accettabile quando due eventi aventi tratti in comune accadessero si uno prima e l'altro dopo, ma senza che il dopo sappia nulla del prima. Il che non è certo il caso di Roversi che, all'altezza del 1962 (a distanza di un anno dall'uscita de *I Novissimi*), pubblicando *Dopo Campoformio*, lanciava non ambigui strali contro le proposte dell'avanguardia a lui contemporanea, del cui lavoro, dunque, non poteva non essere a conoscenza. Descrivendo infatti la propria opera come "il ritratto dell'Italia rotta e adirata che ancora esiste e resiste" e ancora "come un libro che "non vuol essere di proposito, un libro tenero, ben fatto, o nuovo, [...] un libro d'opposizione, un libro di contrasto politico" riassumeva il lavoro della compagine neo-sperimentale sotto l'egida di un "il neofuturismo che s'affaccia con un plurilinguismo da crociera turistica".[10] Segnalo tutto questo per amore, se possibile, di verità e nella speranza che nessuno voglia interpretare questa genere di precisazione come segno di disistima nei riguardi dell'opera di Roversi.

Mi sia consentito un ulteriore riscontro, al quale, per prudenza, preferisco dare il colore di una domanda retorica per la quale non allestiremo risposte, se non nella forma assai problematica dell'illazione: è legittimo domandarsi cosa sia successo a Mario Luzi che, dopo il lunghissimo traghettamento (durato fino *Al fuoco della controversia*, del '78) durante il quale si allontana "per li gradi" dalle scritture tardo-ermetiche di cui era stato uno dei principali rappresentanti, esplode nelle fantasmagoriche sequenze di *Per il battesimo dei nostri frammenti* nella cui seconda composizione, e dunque quasi all'inizio dell'opera, incontriamo questa sofferta ammissione di smarrimento?

           Ed ora
Sopravanzano le cose il loro nome.
In avanscoperta
Esse, ma dove? – profondano
        dentro il loro numero,
        scoscendono ciascuna
        nel silenzio delle altre –
in avanscoperta le cose,
        al rimorchio
pilotata nell'oscuro
l'ancora tramortita
pattuglia delle parole.

Ma il terribile gioco delle cose che "sopravanzano il loro nome" lasciando nell'oscuro "l'ancòra tramortita / pattuglia delle parole" non segnala forse proprio quel dissidio tra dire e significare, tra significante e significato (e anzi tra due significanti) che costituisce, a sua volta, la consapevolezza necessaria al superamento di ogni illusione mimetica? Sembrerebbe dunque, data questa premessa, che il lavoro eminentemente linguistico della poesia neo-avanguardistica, quanto meno di quella genuinamente tale, offra sostegni alla maturità poetica di di Luzi. C'è tuttavia almeno un documento che fa vacillare questa ipotesi, ponendo Luzi nel campo di quelli che, beati loro, non hanno mai smarrito "la diritta via" e non hanno mai subito traumi da invadenze o influenze esteriori alla propria tradizione. In risposta a un'inchiesta sulla poesia promossa dal *Verri*, il poeta invia una breve lettera finemente indirizzata ai "Cari amici (e avversari) del Verri". È difficile non sospettare che nella frase che chiude il primo dei due paragrafi di cui la lettera si compone, non si celi un'irritazione e, indirettamente, una condanna per il lavoro di quei poeti che avevano privilegiato la ricerca formale a scapito (secondo l'accusa) del cosiddetto *vissuto*: "E al di sopra della diatriba e della rissa, nella lotta, ora, per la sopravvivenza riprende coraggio la voce di fondamentali richieste umane compresse, deviate, turlupinate dall'equivoca pantomima che fu anche un'abbuffata, finta per i più, vera per i furbi – una trappola comunque".[11]

E sia! È ormai tempo di prepararsi a sorprese anche maggiori. Paradossalmente, dell'eredità neo-avanguardista hanno beneficiato gli stessi neo-avanguardisti. O, per dire meglio: è segno della grande intelligenza e coerenza dei più svegli tra loro, il fatto di non essere rimasti prigionieri delle loro stesse dichiarazioni programmatiche. Su questo punto dell'evoluzione e dell'autosorpasso, per così dire, è tornato spesso Giuliani, e in maniera particolarmente saporita in uno scritto del 1977, *La neo-avanguardia s'è buttata via, perché non avrebbe dovuto*, ripubblicato sul citato numero 47 del *Verri*, in cui, rispondendo a Philippe Sollers che aveva posto la domanda "Che fine ha fatto il gruppo 63" (domanda per altro ritenuta "stonata e anacronistica", ricorda come fossero

> tutti d'accordo, […] e non da ieri nel collocare il gruppo nell'area del modernariato, tra antichità recenti. Dunque nessuna nostalgia e nessuna voglia d'intrerloquire d'ufficio. Alberto Arbasino che ha risposto a Sollers in modo brillante e giustamente infastidito, ha colto l'occasione per ricordare agli scacazzatori di casa nostra alcune verità che restano anche se il gruppo è tramontato. Non soltanto un discreto numero di opere che "sono lì", come dice Arbasino, ma anche certi influssi innegabili e alcuni dubbi sui come e perché della letteratura (e che prima nessuno si sognava di sollevare, nei beati tempi in cui ci si contentava del neo-realismo e del Kitsch da premio Strega).[12]

Un uguale spirito anima il commento di Elio Pagliarani alla proposta di Edoardo Sanguineti che, orripilato dagli orridi confessionalismi che impestano moltissima poesia giovane nei tardi anni settanta e primi ottanta, aveva suggerito ai suoi ex compagni novissimi, di riprendere il proprio ruolo guida e di fare una nuova antologia, non più certo per gli anni sessanta, ma per gli anni duemila.

La proposta emerge durante una conversazione (disponibile su Youtube) avvenuta nel luglio dell'86 a Cogolin (Francia meridionale), a conclusione del terzo Festival internazionale di poesia dedicato proprio alla poesia de *I novis-*

simi. A distanza di 25 anni dall'uscita dell'antologia, Sanguineti si domanda se quel ritrovarsi tutti insieme (per la prima volta dal '61) non possa suscitare "un accrescimento di voglia di scrivere", una specie di "rimotivazione del proprio fare". E qui appunto, interviene Pagliarani, asserendo che lui questa voglia non l'ha provata per niente e che gli piacerebbe al massimo veder realizzato uno zibaldone di documenti relativi al lavoro post-novissimo, svolto dal '61 all'86, corredato, en passant "metti da cinque poesie a testa attuali, tutte inedite, fatte adesso".

Pigrizie e malriposti entusiasmi a parte, l'eredità dei Novissimi (e in generale dei più genuini tra i sessantreisti) che, come Giuliani non si stancava di ripetere, non avevano mai voluto avere un programma teorico vincolante, non è certo divenuta lettera morta, e continua tuttora a evolversi verso una produzione di senso svincolata (o non asservita) dalla funzione immediatamente mimetica del linguaggio verbale, dall'impiego di sintassi stravolte che rivelano come la logica consequenziale non sia, a tutti gli effetti, niente più di un'abitudine (quando non addirittura un vizio).

Nessun cambiamento potrà avvenire nei rapporti di produzione dei beni e dell'informazione senza la messa in opera di logiche non fagocitabili di cui la poesia ha il dovere di farsi carico, importando modalità e comportamenti espressivi tipici di altre attività estetiche, quali la composizione musicale o quella cromatica, come va sostenendo Antonio Loreto che proprio in questa *suscettibilità*, individua il tratto essenziale delle operazioni d'avanguardia. Né mi pare a ciò irrelato quanto suggeriva Mimmo Cangiano nel suo intervento relativo alla nozione di travestimento nel teatro di Sanguineti, attivando un sarcasmo propositivo (non dunque un sarcasmo autolesionista), o, infine, sovvertendo l'obbligo di "rispettare" i generi letterari, cioè di trattarli come fossero contenitori prefabbricati per contenuti a venire. È lecito, anzi doveroso, in altre parole applicare formule narratologiche e liriche incongrue, stridenti, digrignanti perfino, rispetto alle richieste formali tradizionalmente avanzate dagli argomenti. Il travestimento è necessario, e forse è l'unico modo di produrre verità. Ciò in qualche modo non corrisponde alle attese, che non vi si sovrappone, è utile alla memoria, è utile alla vita.

Mi piace chiudere questa noterella in margine al convegno, visitando sia pur brevemente l'officina del poeta Corrado Costa che abbiamo definito marginale nel senso più proficuo del termine: e cioè nel senso che, consapevole dall'inizio alla fine della sua parabola, della necessità di pensare ricorrendo alla civilissima corrosività di un logica evenementale, paratattica, Costa ha sempre occupato, nel gruppo posizioni di confine, aperte alle affettuose lusinghe dell'oltreconfine, posizioni di cui si è fatto portavoce anche qualche artista non disperatamente muto o balbettante. Nel suo ultimo *barrage* di aforismi antiglossolalici, per esempio, il pittore Claudio Olivieri, del quale, tra una mezz'ora, sveleremo l'opera da lui donata, in occasione proprio del nostro convegno, al Dipartimento di italianistica di questo ateneo, ci invita a riflettere su questo tipo di apoftegma:

> Per non soccombere alla mortifera equivalenza a cui ci ha condotti il delirio informativo bisognerà imparare a far tesoro di ciò di cui siamo ignari.

Ma è a Corrado Costa che dobbiamo rapidamente tornare, il quale aggiunse alle direttive sopra citate anche una fertile e quasi ossessiva manipolazione di testi classici,[13] di lacerti di cultura popolare e segnatamente di quella cinematografica, nonché di documenti storici.

Con *Santa Giovanna Demonomaniaca* (1973) e con le *Decomposizioni esemplari: La notte in cui Giordano Bruno apparve a Shakespeare* (1988) la strada s'infila nel bosco che separa l'avrebbe potuto, voluto e dovuto fare, dal farebbe ancora. Nella prima *pièce* il processo per eresia diventa processo per stregoneria perché, come ha scritto Costa ne *Il territorio alle spalle* (stesso anno di Santa Giovanna): "l'esperienza [in poesia] è l'essere altrimenti di ciò che ho visto e toccato".[14] Nel testo della seconda, una fantasmagoria pseudo-barocca e fumettaia, si intrecciano allusioni, pseudo-citazioni, citazioni vere e proprie (dal *De umbris idearum* di Bruno, e da *Macbeth*, da *Otello*, da *Anthony & Cleopatra*) brani di pura fantasia ispirati da quelle opere, nonché istruzioni per la messa in scena. Per intendere quanto sia fitta e filologicamente ineccepibile la trama (nel senso della tessitura) di quest'opera di Costa, basterà l'esempio del personaggio del Venditore di tappeti che ricalcando in parte le parole di Amleto (III, 2, 1 et sgg.), implora: "Per carità evitatemi questo strazio! [dialogo tra Bruno e Shakespeare]! Dite il vostro discorso, vi prego, come ve l'ho detto io; non come vi danzasse sulla lingua. Se non me lo urlate come fa un venditore da piazza, tanto mi varrebbe affidare i miei tappeti a un attore moderno. E falciatemi l'aria con la mano, così."[15] Tragga ognuno le proprie conseguenze dal trasferimento delle parole di Amleto che istruisce gli attori a un venditore di tappeti.

Nella poesia che Costa ha scritto, spesso drammaturgicamente, e che, nelle forme ibridanti che gli erano congenite, avrebbe, io credo, continuato a scrivere, c'è sempre, in agguato, la vena di un sarcasmo immerso nell'ironia e stupefatto dalla propria comicità. Un sarcasmo camaleontico, collagistico, disposto sui margini di una pulsione invocante che rifiuta il racconto e lo risuscita, e lo strapazza "perché ogni sera l'anima lo possa amare / d'amor più forte",[16] in quanto presenza e sostegno di una invincibile persuasione umanistica, trafelata, in cerca di un porto che deve restare sepolto.

Ci troviamo per altro di fronte a una poesia che segue una logica precisa: l'impossibile è il contrario del possibile. Il possibile (virtuale) è il contrario dell'attuale. L'impossibile può coincidere con l'attuale. Il che, in buona sostanza, autorizza il reale, che trascende i limiti del simbolizzabile, a manifestarsi nella realtà esperita e simbolicamente condividibile. Nell'impossibile infatti, scrive Costa, non c'è contraddizione.

E ora, per chiudere veramente, permettete che mi congratuli con gli organizzatori di questo incontro, in cui, a più riprese, si è manifestato quello spirito polemico, quella voglia di dibattito e di individuazione del diverso, che non ha nulla in comune con i tanti spaccamenti del capello in due che circolano impunemente nelle aule accademiche, o con l'aneddotologia, o con il biografismo, tutte indagini che lasciano regolarmente il tempo che trovano. Mi è parso di ascoltare qui, invece, alcune voci impegnate a differire nell'altro il godimento di testi troppo spesso visitati come occasioni di "ridurre" in prosa il loro messaggio. Come questa riduzione a messaggio ideologico di un testo poetico che si pone in partenza come irriducibile, possa essere considerata un bene sfugge, onestamente, alle mie facoltà intellettive. Il più, m'avevano insegnato, è meglio del meno, specialmente in tempi di carestia.

Note

[1] Gli Italiani sono specializzati in parentesi: anche il Fascismo, secondo Benedetto Croce, non era stato che una parentesi, un abbaglio, dopo di che la storia "normale" avrebbe ripreso il suo corso ... oh yes!

[2] "Non tardiamo neanche un giorno a dirti che gli epigrammi sono molto piaciuti a Roversi e a me. Sono carichi della tua passione, che io, letteralmente, amo"

[3] Superlativa testimonianza dell'abissale differenza tra lo sperimentalismo pasoliniano e quello neo-avanguardista è, a tutt'oggi insuperata, la raccolta di saggi di Alfredo Giuliani, *Immagini e maniere*, Milano, Feltrinelli, 1965. Vedi in particolare" L'ideologia non supplisce il mestiere", un commento agli scritti critici di Majakovski.

[4] Vedi "A proposito del Verri" in *I problemi di Ulisse*, 38, 1960. Citato da Alfredo Giuliani nell'introduzione alla prima edizione de *I novissimi* (1961).

[5] Fanno eccezione alcuni interventi di Edoardio Sanguineti, tra cui "Come lavora Balestrini". Vedilo in *Ideologia e linguaggio*, Milano, Feltrinelli, 1965.

[6] È curioso che Muzzioli ci abbia ricordato che lui i libri della neo-avanguardia, li ha comperati al Rermainder's, segno inequivocabili che non andarono a ruba, e che le case editrici presso le quali lavoravano i neo-avanguardisti continuavano a stare in piedi pubblicando (e vendendo) i prodotti del *nemico*.

[7] Di tempestivi interventi esegetici furono peraltro autori Sanguineti e Giuliani. Vedi rispettivamente *Ideologia e Linguaggio* e *Immagini e maniere*, pubblicati entrambi nel '65 da Feltrinelli, l'editore che più "si spese", a sostegno della letteratura neo-avanguardista.

[9] Vedila ora col titolo *Roversi dentro la materia* in *La poesia che si fa*, Milano, Garzanti, 2005, pp. 302-305.

[10] Scheda editoriale inserita nell'edizione Feltrinelli. Nella ristampa (Einaudi, 1965) questi toni polemici sono lasciati cadere.

[11] La lettera è del 29 gennaio 1976. Vedila in *Il Verri*, no. 1, 1976, p. 101.

[12] L'articolo è stato pubblicato per la prima volta, con l'infelice titolo *Scrivere per gioco: ecco il nostro impegno*, su *La Repubblica* del 17 marzo 1976. È poi stato incluso, con il titolo attuale, nel volume *Le droghe di Marsiglia* (Milano, Adelphi, 1977). La "provocazione" di Philippe Sollers è contenuta nell'intervista di Tommaso Chiaretti *Che fine ha fatto il Gruppo '63?* uscita anch'essa su *La Repubblica* dell'11 febbraio di quello stesso anno. La risposta di Arbasino (*ibidem*) è del 7 marzo.

[13] Anche Pagliarani deve annoverarsi tra i grandi manipolatori di testi classici. Nel suo *Faust di Copenhagen* rientra dalla finestra il personaggio femminile di Fausta, uscito, al maschile, dalla porta di Goethe.

[14] *Ibid.*, p, 87.

[15] *Ibid.*, pp. 230-31.

[16] G. D'Annunzio, *La sera fiesolana*.

Finito di stampare
nel febbraio 2017

Printed by Libri Plureos GmbH in Hamburg, Germany